全球口碑相传的"营销圣经"

新战略营销

The New Strategic Selling

[美]罗伯特·B.米勒
[美]史蒂芬·E.黑曼
[美]泰德·图勒加
著

齐仲里
姚晓冬
王富滨
译

第 3 版

3rd Edition

中央编译出版社
Central Compilation & Translation Press

Copyright © Miller Heiman Inc 1995, 1998, 2004.

This translation of The New Strategic Selling 3 rd Edition is published by arrangement with Kogan Page.

北京市版权局著作权合同登记号　图字：01-2023-2866

图书在版编目（CIP）数据

新战略营销：第3版／（美）罗伯特·B.米勒,（美）史蒂芬·E.黑曼,（美）泰德·图勒加著；齐仲里，姚晓冬，王富滨译. —2版. —北京：中央编译出版社，2023.7

书名原文：The New Strategic Selling 3 rd Edition

ISBN 978-7-5117-4336-7

Ⅰ.①新… Ⅱ.①罗…②史…③泰…④齐…⑤姚…⑥王… Ⅲ.①市场营销学 Ⅳ.①F713.50

中国国家版本馆 CIP 数据核字（2023）第 002403 号

新战略营销：第3版

责任编辑	汪　婷
责任印制	刘　慧
出版发行	中央编译出版社
地　　址	北京市海淀区北四环西路69号（100080）
电　　话	（010）55627391（总编室）　　（010）55625176（编辑室）
	（010）55627320（发行部）　　（010）55627377（新技术部）
经　　销	全国新华书店
印　　刷	北京中兴印刷有限公司
开　　本	710毫米×1000毫米　1/16
字　　数	241千字
印　　张	20.75
版　　次	2023年7月第2版
印　　次	2023年7月第1次印刷
定　　价	68.00元

新浪微博　@中央编译出版社　　　　微　信　中央编译出版社（ID：cctphome）
淘宝店铺　中央编译出版社直销店（http://shop108367160.taobao.com）　（010）55627331

本社常年法律顾问　北京市吴栾赵阎律师事务所律师　闫军　梁勤
凡有印装质量问题，本社负责调换。电话：（010）55626985

既然销售业绩辉煌，为什么还要开发新的营销战略？

1985年，《战略营销》一书首次出版。虽然那本书介绍的基本流程只有大约8年时间，但是它已开始为米勒·黑曼公司以及那些参加过我们战略营销研讨班与计划的客户赢得了巨大的利益。1985年，世界上很多最成功的营销企业已开始将我们视为"流程专家"，同时，我们也赢得了惠普、万豪、通用电气、霍尔玛克和可口可乐这些创新型市场领军企业的信任。

正如我们在第一版序言中介绍的那样，我们将自己在这些企业和其他具有远见卓识的企业身上取得的成功大都归功于我们对非操纵性营销原则的极力推崇，而这项原则正是战略营销方法的原动力。此项原则基于这样一个前提，那就是赢得某个订单是远远不够的，**真正成功的销售业务取决于反复的业务、稳定的客户推荐和长期的合作关系这样一些"订单之外"的成绩**。我们一直认为，确保这些成绩的关键在于将每个销售目标作为共同风险活动进行管理——一项双方受益的交易，买卖双方实现了"双赢"。

1985年，将营销作为"双赢"过程的理念——的确，营销本身就是一个过程——仍是业内一种全新的方法。即使那些投巨资于营销培训工作的企业学会了面对面的营销技巧，但仍然摆脱不了传统销售人员的那几招：放钩、下线和收鱼。操作性战术仍大行其道。

米勒·黑曼公司几乎是咨询业界独树一帜的企业，它坚持认为这种过时的方法——"只要搞到订单就万事大吉"——归根结底是一种"搬起石头砸自己的脚"的方法。20年前，如果你大谈"为你自己的客户带来利益"，那么很多营销人员会觉得你不现实。对于客户的需要，大家都会满口答应，可实际上，根据20世纪80年代的处世哲学，数字、订单和硬性指标仍是衡量你成功的尺度。战略营销的客户型流程中存在着反常的现象，甚至是具有革命意义的现象。

其中也包括某种极为实用的东西——非常实用，就连那些已身为销售部门负责人的客户也认识到，那可能是一种让他们的销售更上一层楼的法宝。虽说那些接受过传统训练的营销人员会觉得我们"双赢"的方法"不现实"，然而，不容置疑的事实是这种方法切实有效。我们诸多客户的财务成果足以证明这一点。这些财务定期汇报的重大营业收入与实施我们的营销流程有着密不可分的关系。几乎数百个成功的故事讲述着类似的情节：一旦营销团队在米勒·黑曼的启发下撰写了行动计划，那么一个"看来毫无希望"的客户竟然开始带来可观的经营业绩。随着那些故事不断涌现，随着客户对我们所做的贡献予以肯定，我们满意地看到自己已经赢得了声誉，而按照一位部门经理的话来说，我们成了"将流程引入销售业务的人"。

不用说，我们成功的核心就是流程。无论我们的客户使用怎样内行的术语，这一点毋庸置疑。例如，在一家企业内，我们系统性的方法被称作"方法论"，而在另一家企业，这种方法被称作"技术"。我们的很多其他客户都直接运用了我们的语言，轻松而自然地谈论着购买影响者和获胜的结果。不管人们使用什么术语，其实质是不变的。我们首创的这种系统性方法已经在全球一流的营销企业内悄然掀起一场革命。

那场革命给我们带来的利益不亚于任何人。从某种意义上讲，等到本书第一版面世时，我们已成为自己最好的广告。通过运用战略营销原则来经营自己的企业，我们的营业收入每年都在急剧增长。今天，当无数企业在费力地应付裁员这个难题时，米勒·黑曼——像我们大多数客户一样——仍然如滚雪球一般在不断壮大。例如，在过去5年间，我们的年收入以及总公司的员工人数都在不断增加。从我们在英国建立办事处开始，我们的业务已遍布全球各地。通过与10年间增长了四倍的销售队伍——更别说数百个重要的客户进行的合作，我们已使超过100名营销专业人士参与到一个或多个米勒·黑曼流程内，同时，我们每年服务的新客户接近25000个。

而且，所有这一切都发生在国际局势动荡不安、政府的各项政策急剧波动，以及销售业务本身出现令人不解的"复杂化"现象这样一个时期。营销领域经历了上千次重大变革，但是，我们所倡导的流程足以应对这种挑战。它们仍然切实有效，它们仍在发挥作用，它们仍在增加着那些运用这些流程的企业的收入。市场上的营销"技巧"类图书层出不穷。由于我们的成功大都离不开战略营销——无论是流程还是图书——你可能会质疑是否有必要推出这个新版本。对于已经证明非常有效的东西，我们为何要进行调整呢？换句话说，为了重新诠释那句古老的经营格言——**"既然销售业绩辉煌，为什么还要开发新的营销战略？"**——这个问题可谓合情合理。其实，这个问题有两个答案。

其一，我们的客户要求我们这样做。虽然他们认为战略营销同样有效，其中的概念也同样适用，可这些都形成于1985年。有些客户觉得，25年后，即便是最好的流程也要得到改进。它们指出，书中的某些事例对于21世纪似乎有些过时，可能不像我们希望的那样与那些越来越关注未来的营销队伍密切相关。

例如，当我们描述那些风起云涌的变革怎样产生"未来震撼"时，我们提到了20世纪70年代的阿拉伯石油禁运，借此来阐明那种观点。尽管那个重大事件到了1985年仍令人记忆犹新,但这种情况已不复存在。最近,有位地区经理告诉我们:"今天,我们的很多年轻的专业销售人员在石油禁运发生时仍在'玩泥巴'。如果你想要给他们以有效的指导,那么你就要写出新的故事。"我们很重视这种建设性的批评,努力使这个新版本给读者更多的现代感。因此,这本书实现了时效性与永恒性的有效结合。

其二,我们之所以对《战略营销》一书进行修订,与流程本身的一项基本原则有关——**"今天的辉煌未必代表明天的成功"**。我们过去曾反复跟客户讲,自1977年以来,在客户和同事的极力倡议下,我们最终决心将这个原则运用到自己身上,决定对已经"使我们取得目前成绩"的计划进行彻底的反思。因此,经过征求那些一线营销专家的意见,我们对《战略营销》一书从头至尾进行了细致的梳理,逐字逐句进行提炼和润色。因此,与最初的那个版本相比,最终形成的这本书会更实用。

我们做的某些改动主要属于装饰性的——例如,我们重新绘制了插图,使这本书在读者眼中更具亲和力。可是,我们的大部分修改更具实用性。当我们在处理这份并没有真正破旧的草稿时,我们可不甘心胡乱涂抹一些颜料和新的油漆。我们想提高发动机本身的工作效率,进行无数个细小的调整,从而确保我们提供给客户的分析工具尽可能更有说服力、更强大。

结果,我们对最初的那本书进行了彻底的修订。在《新战略营销》(第3版)整本书中,你会发现每一页都有改动过的痕迹。尽管最初那一版非常出色,但这一版更上一层楼——内容更准确、表述更清晰;同时(最重要的是),对客户更有价值。而且,其中包括一些全新的概念。我们再一次根据客户的建议,在书中增加了对下列战略概念的讨论。这些概念以前并没有出现在最初的流程或版本中,只是在最近才成为我们整体培训过程的组成部分。

- 影响者的级别：任何优秀战略的分析基础就是确定我们所谓的购买影响者——那些影响所有销售业务最终结果的多位参与者。多年来，有些客户指出，虽然阐述所有的购买影响者必不可少，可区分其影响程度也很重要。因此，我们避免了那种以为"所有的客户都一样"的错误。我们对这种认识的看法详见第五章。

- 获胜结果陈述：战略营销中最有价值，然而最难把握的一项因素就是确定购买影响者的"获胜结果"这个概念。在第十章中，我们运用了一种分析工具来阐明这个概念。这种工具有助于你把企业的经营效果与重要参与者的个人收益进行实用的联系。

- 竞争：有客户问我们，为什么很少花时间探讨竞争问题。为了满足他们的需要，我们在本书中增加了全新的一章即第十三章，以说明我们对待这个关键问题的非传统性方法。在此，我们对竞争做了一个异常灵活的界定，解释了过于关注竞争对手和对他们视而不见同样会使你大伤元气，并说明了如何站在有利的地位去处理竞争压力。

- "改进"的销售漏斗。在第一版《战略营销》中，我们介绍了时间及区域管理工具、销售漏斗、我们独特的资格工具，以及理想的客户情况。由于某些客户觉得这种顺序令人费解，我们把这两个因素的顺序颠倒过来，而且从更广泛的意义上阐述了它们的关系。它们的相互影响在第十四章到第十八章中进行了说明。

我们还在本书结尾处补充了一个问答部分。在这部分中，我们谈到了客户向我们提出的一些主要的营销挑战，并介绍了我们对于一些基于流程的解决方案的看法。

通过提供这些补充性内容并且进行了大约数百处细小的调整之后，我们认为，《新战略营销》（第 3 版）是对 1977 年以来有效地服务于数千家客户的那个流程的重大"改进"，而它取得的成功恰恰证明了这些改进确实合情合理。

当时，《战略营销》向我们的企业客户以及众多的读者群指明了一条在复杂的销售业务中取得实实在在业绩的越来越成功的道路。在那本书面世两年之后，为一份经营成功的杂志工作的司各特·迪嘉莫写到，那本书和它的姊妹篇《概念营销》无疑是"我读过的最好的营销书"。这句话代表了很多人的看法。自那时起，这两本书一直畅销不衰，而仅仅《战略营销》一书的销量就多达数十万本。

现在，在米勒·黑曼成立 32 周年之际，当众多企业面临着有史以来最激烈的全球竞争时，对我们经营经典进行"重新调整"的时机已成熟。我们充满自信、满怀热情地向新一代读者推出这本书，同时，也向那些帮助我们企业走向成功的人士致谢——那些勇于创新的专业人士——我们可以自豪地称作客户的人。

SHE，DSH

美国内华达州 雷诺

目 录

第1部分 战略营销

第1章 在瞬息万变的世界里实现成功的营销 …………… 3
第2章 战略及战术的定义 …………… 20
第3章 你的起点:定位 …………… 28
第4章 战略蓝图概览:战略营销的六个关键元素 …………… 39

第2部分 大厦的基石:为战略分析打基础

第5章 关键元素1:购买影响者 …………… 53
第6章 关键元素2:红旗/实力杠杆 …………… 78
第7章 买方的接受程度 …………… 92
第8章 关键元素3:四种反应模式 …………… 95
第9章 取胜的重要性 …………… 118
第10章 关键元素4:双赢结果 …………… 130

第 3 部分　共同的问题，不同的解决方法

第 11 章　接近资金型购买影响者：战略和战术 ………… 155

第 12 章　顾问：你的主要信息来源 ………… 187

第 13 章　如何应对竞争？ ………… 207

第 4 部分　策略和版图：集中精力于你的双赢客户身上

第 14 章　关键元素 5：理想客户 ………… 231

第 15 章　你的理想客户档案：从人口统计学和

消费心理学出发 ………… 236

第 5 部分　战略和领域：管理好你的销售时间

第 16 章　时间、领域和金钱 ………… 253

第 17 章　关键元素 6：销售漏斗 ………… 258

第 18 章　优先次序和分配：利用漏斗工作 ………… 270

第 6 部分　从分析到行动

第 19 章　你的行动计划 ………… 287

第 20 章　时间紧迫时的策略 ………… 297

第 21 章　战略销售：一个长期的策略 ………… 303

30 年后：对客户提出的最具挑战性的问题的答复 ………… 306

关于米勒·黑曼公司 ………… 318

第 1 部分

战略营销

第 1 章

在瞬息万变的世界里实现成功的营销

在一个古老的希腊传说中，克里特岛的统治者迈诺斯国王在自己宫殿的附近建有一座地下迷宫，而这个固若金汤的"牢房"里囚禁着臭名昭著的、牛头人身的贪婪怪兽迈诺陶。任何进入迷宫的人一旦迷失了方向，就会被迈诺陶吃掉。这种可怕的故事在不断上演，直至有一天，青年英雄提修斯在公主阿里阿德妮的帮助下，用计杀死怪兽并走出了迷宫。

杀死怪兽并非难事，毕竟提修斯是位英雄，斩妖除魔是他的本分所在，问题是找到离开迷宫的道路。由于意识到这个问题，阿里阿德妮在提修斯进入迷宫时，将一根长线系在他的腰间，并将线的另一头紧紧地攥在自己的手里。这种办法简单有效。在山洞的深处，提修斯解决了那头怪兽，然后顺着迂回曲折的路线回到了洞外。他和阿里阿德妮喜结良缘，人们为他们的幸福结合而欢呼喝彩。

你可能会问道："以宙斯的名义，这个古老的传说与营销有什么关系吗？"

两者关系甚密。倘若你把自己的疑虑暂且搁在一边，想象提修斯是一位现代的专业销售人员，我们相信，你很快会明白我们为什么要作这种比喻。在今天的销售活动中，尤其是在企业一级的销售活动中，你每天都要应对迷宫般的组织结构。一百年前，甚至在二三十年前，亲自拜访一位关键的影响者，只要令其感到满意，就有可能完成一笔重大的买卖，虽说未必都那么容易。但遗憾的是，那样的日子一去不复返了。现在，在我们称之为"复杂营销"的时代里，任何一笔重大的业务都离不开多项决策，而那些决策几乎都不是一个人所能完成的。

你不仅要应对多项决策，同时，还要应对影响者分处于不同办公地点的情况。要签订一份将货物交付到伯明翰的合同，你可能需要在伦敦或巴黎的某个人的签字，或者是需要在伦敦或巴黎的两个人的签字。更棘手的是，你无法确定赞同某项交易的人，在两周甚至两天以后在同一家公司的第二项交易中是否拥有同样的权力。

在这样一个企业裁员、兼并不断，以及管理人员不停更换的时代，销售已变得异常复杂，充满了未知因素，甚至连迷宫这种比喻也显得太过简单。在最初的神话中，至少迷宫不是建立在地质断层上，而在如今的企业机构迷宫中，它似乎一直处于地震带之中。

我们承认，在商务迷宫中，你遇到的那只牛未必属于饥饿的迈诺陶那种类型。无论企业的组织结构图是何等混乱不清，无论你的竞争对手如何难以对付，或者你的客户提出多么苛刻的要求，你永远也不用担心自己成为别人的午餐。但是，形象一点讲会怎样呢？这种事情每天都在发生。我们根本无法回避这种局面，除非你制定了明确的战略。就像是提修斯，你要制订行动计划，你要有一条"安全线"，这样才能使你在穿越营销机遇的迷宫时掌握好方向。

你不妨将本书视为阿里阿德妮手中的那根线，或是看作企业迷宫的路径平面图。无论你使用哪种比喻，实质都是一样的。**要想在当今的销售环境中立于不败之地，你需要一种战略**。作为经过实践验证的指南，本书有助于你开发这项战略。

为了说明有无战略之间的重大差别,我们在此讲述一个有关我们一个企业客户的故事。

一家大型信息系统制造商,这家公司年营业额高达数亿美元,最终没能向一个需求量很大的潜在新客户销售高级计算机系统。负责这笔买卖的销售代表,我们称作雷的人,似乎完全有理由充满自信。过去几个月以来,他一直跟客户的管理层谈这笔买卖。当那次交易越来越临近签字时,他觉得自己已是十拿九稳了。使用这些新设备的部门负责人、负责签字的采购部经理,还有数据处理员——所有这些人都对新设备感到满意。雷甚至和那家企业的CEO同属一家俱乐部。他深知,这位企业高管也是交易的影响者。五位数的交易佣金唾手可得,雷已经计划买一辆新车了。

然而,盯着这个客户的公司可不止雷一家,一家规模较小的公司也在接触这个客户。雷意识到了潜在的竞争。然而,从客户对于他的提议的总体接受情况来看,他揣测自己可以高枕无忧。而且,那家小的企业只有他们公司一半的市场份额。不管其产品有多么出色,单凭名气,雷已是遥遥领先。他暗自庆幸,据说对方的销售人员甚至连CEO都没见过。

雷有所不知,那家竞争对手有一大优势。它有很多优秀的销售人员,其中包括一名来自土耳其、工作热情很高的年轻员工,他叫格雷戈。这些销售人员参加了我们举办的一期战略营销培训。在参加这个培训的过程中,格雷戈对销售有了一种全新的认识。他学会了怎样识别销售中关键的购买影响者,如何尽量减少自己对于客户反馈情况的不确定性,怎样避免内部的暗中破坏以及怎样从自己的长处出发,充分发挥自身的竞争优势。当他完成培训课程时,他掌握了一个详细而实用的销售体系,该系统可帮助他分析这项悬而未决的销售业务的组成要素,而其效果是雷根本无法设想的。

凭借着对于销售业务中这些要素及其相互关系的理解，格雷戈开始抢占属于市场"领导者"的市场份额了。

的确，格雷戈没见过那位CEO。但是，由于他参加了战略营销计划，他根本就不必与那位CEO会面。在雷暗自庆幸自己认识客户的高管时，格雷戈却不声不响地搞清楚了这次销售业务的真正影响者，并掌握了其他有助于他完成这次交易的信息。确切地说，他想知道这次销售最终必须得到谁的批准。他从企业的外部顾问杰里那里找到了答案，而雷却完全忽视了这个关键人物。杰里向格雷戈提供了两条极有价值的信息。

首先，他解释说，对于这次销售业务，最终决定批准与否的人是部门总经理，而不是CEO。因此，雷与CEO的那层关系不过是满足虚荣心罢了，并不会对这次销售业务有丝毫影响。其次，如果格雷戈要向这位关键的影响者推销产品，最好的办法就是由杰里亲自出面办这件事。在担任顾问之前，杰里曾是那家采购企业颇具影响力的高级管理人员。部门总经理总是依赖他所提供的最新技术进展的信息。

因此，格雷戈要做的就是向杰里说明，那家采购公司所需要的正是他的计算机解决方案，然后让杰里向总经理演示一遍。因此，参与采购决策的各方都接受了他的提议。最终，买新车的是格雷戈，而本该对这次销售业务十拿九稳的雷却在纳闷，自己到底哪儿出了问题呢？

当雷的企业认识到快上钩的鱼反倒溜走了时，其销售管理层自然想弄清其中的缘由。当他们发现造成这次业务丢单是因为格雷戈听了我们的培训课后，他们与我们取得了联系，希望了解我们更多的情况。今天，格雷戈和雷的企业都是我们的重要客户，同时，双方的报告表明它们的客户渗透率和销售业绩的持久增长都与我们的原则和规划流程有着直接的关系。

任何以销售工作为生的人都会向你讲述类似的故事，一桩"板上钉钉的交易"是怎样化为泡影的：因为负责这次交易的销售人员未能把自己的基础工作做扎实，在错误的时机将自己的提议交给了错误的人员，或是对销售工作出现的问题熟视无睹。无论你的专业知识多么精深，你的工作经验多么丰富，当你的竞争对手使你从很"安稳"的位置上摔下来时，你很可能会有一种失望的痛苦感。

你可能没有意识到（而且，很少有销售人员能意识到），这种销售业务的失败总有一个具体、清晰可辨的原因，即使你未必知道究竟是什么原因。那种原因可不仅与"运气""时机""勤奋"有关。当你在最后一刻错失了一笔"板上钉钉"的交易时，那准是由于你未能在自己的销售业务中引入格雷戈在他的计算机交易中采取的措施：一种明确而可靠的成功流程。这个流程充分考虑了尚未定论的交易中涉及的各种因素，不论这些因素多么含糊不清或"微不足道"。

这一点适用于任何销售环境，尤其适用于我们常说的那种复杂的销售业务。那正是我们的销售开发过程及这本书要介绍的内容。这本书的目的就是帮助你理解，在复杂的销售环境中，你的问题究竟是什么，同时向你提供一种经过检验的可靠系统，以便你能从现在开始妥善解决这些问题。

复杂销售的含义

我们的流程是建立在事实而非理论基础上的。因此，如果说参与销售活动的各方都能从中得到同样的利益，那种建议显然不切实际。正因为如此，我们首先要确定复杂销售业务的含义，这样一来，我们才能确定，根据你的营销类型，我们开发的方法是否对你有利。在我们的企业培训课程以及这本书中，我们使用了下列定义：

复杂的销售业务是一个在作出购买决定之前由一定数量的人表示赞同或提出意见的过程。

这听起来简单易懂。没错,确实简单易懂,但是这个概念却有着丰富的内涵。为了把这个定义说得更透彻些,我们可以说,复杂的销售业务通常包括以下一个或多个因素:

- 采购机构有多种选择;
- 销售机构有多种选择;
- 这两种机构中涉及多个层面的责任部门;
- 采购机构的决策过程很复杂,而局外人很难看清这种复杂性。

由于这些复杂因素的存在,使得所有复杂销售环境中的销售业务也变得扑朔迷离。参与复杂销售业务的人员类型,以及这些人员往往必须作出的相互矛盾的决策的类型,这些都意味着,在复杂的销售业务中,与传统销售人员相比,销售代表必须制定出截然不同、更有分析性的方法。正如格雷戈和雷的故事表明的那样,是否运用这类方法,将成为决定成败的关键元素。客户们之所以迫切需要我们这些流程,正是因为我们向他们证明了这种差别。

如果你向夫妻二人,而不是向丈夫或妻子推销某件商品,你就会明白,一项销售业务因不同意见会变得多么复杂。如果你的销售业务发生在企业或政府环境中,你就会明白,当不仅要得到个人的批准,而且要得到审批委员会或理事会的批准时,情况会变得复杂得多。这里的底线是,**每当一项销售业务需要两个或多个赞成票才能确定时,你必须制定一种非常特殊的策略去应对这种局面。**

无论目前出售的产品多么简单或复杂,无论其生产成本是大或是小,其道理都是一样的。**在复杂的销售业务中,决定性因素并不**

是产品或价格，而是结构。

我们以足球——一种并不昂贵的产品——为例。琼斯先生向当地体育商店销售了12个足球，这是一项简单的销售业务。他不需要我们的帮助。可是，如果你打算向伍尔沃思超市推销数百个同类产品，你当然需要我们的帮助，因为开展这种销售业务要得到多方面的批准。在这种环境下开展企业间销售的人员，他们每天都要面对复杂的企业结构，因此，我们称之为复杂销售。

牢记复杂销售的这个定义，你就能确定这本书与你的关系有多密切了。如果你主要在柜台上销售或进行上门推销，那么你可能不会发现这本书对你不可或缺，因为你几乎只须得到一个肯定的回答就能完成自己的交易。然而，如果你参与了各类企业销售业务——无论你是否像雷那样因复杂的企业结构而陷入困境，战略营销过程都可以帮助你更好地运用自己已有的技巧，培养一些你可能没想到自己需要的新技巧，从而将这些新旧技巧整合成一种推动销售业务成功的、可反复运用的、效果显著的战略。

那些掌握了这个流程的人员，以及目前正在自身的销售业务中最终运用其原则的人员，他们实际上构成了一份企业名人录。我们主要向《财富》500强以及富时250指数企业提供自己的培训课程。在这些企业当中，很多企业显然在经营着高成本的项目，例如，飞机（洛克希德）以及计算机系统（惠普、IBM）；其中也有销售低成本产品的，例如，面巾纸（金佰利）和软饮料（可口可乐）。这些企业都在复杂销售领域中开展着经营活动。

在那个领域中，我们这些流程最直接的受益者就是公司一线销售人员和他们的经理。而且，我们已经为内部销售人员、客服人员、产品经理，以及很多自身工作与销售业绩有关的高级主管带来了巨大的成功。但是，不只是《财富》排行榜的企业巨头才能从这本书中受益匪浅，无论你的企业规模有多大，无论你经营着什么产品或服务，只要你参与了我们的复杂销售业务，那么这本书就适合你。

然而，要想通过阅读本书得到最大的实惠，你应该了解它与你当前所处的销售环境的具体关系。你已经明白，几乎不断发生的变革就是这种环境的特点。由于这种变革往往给销售代表带来很多麻烦，在着手确定战略营销流程之前，我们想说明一下这种不断发生的变革对于复杂销售业务的影响。

唯一不变的是变化

当第一版《战略营销》问世时，我们用当时颇为时髦的术语"未来震动"来描述不断的变革带来的压力和迷茫。这种观点在当时很贴切，而在今天它更能说明问题。在 20 世纪 80 年代初期，计算机、通信和其他高科技市场对"不断变革"的意义恐怕感受最深。今天，我们完全可以说，不管你的经营活动怎样，指望稳定的明天无异于白日做梦一般。你不妨去问问数千名企业员工，过去 10 年间，他们一夜间失去了自己按理说应是不可撼动的位置。你可能不知道危及城堡的下一轮震动的具体强度或方向，但是，你完全可以相信两点：其一，未来会有很多次震动；其二，如果你想在这些震动中生存下来，你必须提前做好准备。

我们所说的"震动"究竟是什么呢？那些目前威胁着经营稳定性的变革究竟有哪些呢？

当我们在企业培训课程中提出这个问题时，我们每次得到的回答都不尽相同。这倒也在意料之中。其实，这正是我们提问的初衷。要是你能准确地预测到下一轮挑战的渊源，那么不断出现的变革就不算什么难题了。恰恰是因为你不知道未来会怎样，所以不断变化的经营活动才给你带来这样的不安。

你可能正经历着市场、技术、客户群、生产线、竞争地位、营销战略及战术、企业结构或众多这些领域，以及它们的组合形式上的变化。你可能正经历着像不易察觉、逐渐侵蚀（例如，制造基地迁往临海地带）、突发性事件（例如，股票的暴跌），以及持续的增长（例如，计算机和软件产业正经历的增长态势）这样一些变革，然而，无论这些影响你的环境的变革有怎样的范围或速度，它们都有可能让你直面那些未知事物带来的震撼。

尽管如此，我们未必要感到沮丧。让人们感到迷茫的并非变革本身，而是与变革相关的不确定性。不管你的产业经历着怎样的变革，只要你懂得在威胁中寻找机遇，只要你不断培养一些具体的技能，并用这些技能建立当前似乎还不存在的稳定性，你仍能制定出可行的营销战略。

本书意在向你介绍这些技巧，无论你开展怎样的经营活动，提供什么产品或服务。如果你能首先接受"变革是永恒"这个道理，那么你就能从本书中获得最大的益处。为了完成如今复杂的销售业务，你要清楚，昨天的经营活动在今天就过时了，到明天也许会成为沉重的负担。我们相信，这种认识关系重大，我们把接受变革视为理解战略营销过程的前提条件，我们甚至将其作为格言或是前提。

战略营销前提一：今天的辉煌并不代表未来的成功。

我们认识到，对于20年来采用一贯的做事方式并满足于固定模式的人来说，这个前提显然违背了他们的原则。然而，认同这个前提是销售业务避免失败的根本要素。今天，不稳定性是你唯一可以把握的主题。如果你拒绝改变自身"经过时间验证的"方法以适应这种现实，那么你很快就会被抛在后面，因为有一点显而易见：即使你做销售工作只有几年时间，但是你学会营销之道的那种销售环境已不复存在。

迅猛变革造成的迷茫现象对销售环境来说并没有什么特别之处，但与复杂销售相关的具体变革有关。这个事实还有一个前提，即你必须要明白其中的最重要的变革——如果你想使自己的成功一直延续下去。

战略营销前提二：在复杂的销售业务中，一份出色的战术计划要有一个与之配套的同样出色的战略。

我们在培训课程和本书中使用的术语——战术，是指你在实际面对销售拜访中的潜在或现实客户时所运用的技巧。它包括你在基础营销课程中掌握的那些由来已久的营销工具，例如提问技巧、应对技巧、表述技巧，以及试探性的结束语等。另一方面，说到战略，我们是指一系列未得到广泛的认同，但同样明确的流程，你可以借用这些流程，在开展销售拜访之前就做好自己在客户面前的定位。在进行销售情况介绍时，你要使用战术，而战略必须先于战术。

在今天的企业销售环境中，战略是战术成功的先决条件。如果你运用战术的对象和时机不当，那么战术不会对你的销售业务有任何效果。而且，就像出色的战术一样，出色的战略也是可以学会的。实际上，在本书中，我们要介绍的这个流程的整个核心就是制定有效的拜访前的营销战略。

这并不是说战术无关紧要。我们承认出色的表达技巧所具有的价值，而实际上，我们公司第二个悠久的培训课程即概念营销，关注的就是面对面的营销战术——有关你在进行销售拜访中必须采取的措施。可那是第二步。第一步是首先让你学会如何拜访。

对你来说，这件事情之所以重要的原因是，虽然专业销售人员一致认为战术很重要，但是他们往往忽视了战术上的准备工作，从而造成了遗憾的后果。实际上，战略是今天销售业务中最容易被忽视的因素。这种情况不仅发生在销售代表身上,就连那些销售经理以及那些教授他们应对复杂销售业务的销售培训师也不例外。事实上,正是我们对培训课程的失望,才使我们首先制定了自己的战略流程。

我们的第三个即最后一个前提与具体的销售环境有关,但是其涵盖的范围要远远超过第二个前提。如果第一个前提确认了整个社会变革的现状,那么第二个前提则说明了复杂销售业务中变革的现状,而第三个前提指出了为应对外部变革而进行个人及内部变革的必要性。

战略营销前提三:只有你知道自己目前正在做什么及为什么这样做,你才能在当今的销售活动中取胜。

这句话听起来不言自明,但其实并非如此——从现在的销售代表在实际工作中应用它的频率如此之低,我们至少可以得出这样的结论。通过介绍我们在担任一些大企业销售主管的那些年间常有的经历,我们可以向你证明这个问题。作为地区和全国的销售经理,我们采访过大约数百名未来的销售代表。在来找我们之前,他们大多数已经取得了成功。因此,我们的任务是通过审核自己销售团队的候选人,以便在出色的人员中挑选出一些出类拔萃的销售人员。为了做好这项工作,我们设计了一个问题,不是用来测试候选人的个人表现(我们已经知道他们表现出色),而是测试他们对于那种表现的认识。我们问他们:"你为什么能取得这么大的成功呢?与分公司或部门内那些销售额一直落后于你的其他销售人员相比,你与他们的差别在哪里呢?"

他们的回答常出人意料。在一百名候选人当中,没有人能说清自己取得成功的原因。通常,在试图找出根本性因素时,他们会谈到运气、关系或勤奋。只有很小一部分人明白，正是他们的工作方式——我们称之为方法或流程——才是他们取得出色业绩的真实原因。

我们想要雇佣的就是这部分销售人员。当然，我们清楚，勤奋工作、建立关系还有运气，可能也会对他们的各项记录有利。可是，我们也明白，与他们对自身工作方法的认识，还有他们改进那些方法以提升自身成功的积极态度相比，这些都显得无足轻重。我们总能发现，如果一个人能对自己有效的工作方法有着最清醒的认识，那么他们的工作效率往往是最高的。那些就是我们要雇佣的人员，而除了不多见的例外情况，他们的表现恰恰验证了我们的预期。

这是合乎逻辑的。要是你相信运气或关系，那么你的工作永远都要经受大的考验，还有可能出现错误。在我们这样一个变幻莫测、竞争激烈的世界里，考验和错误并非唯一可靠的工具。另外，倘若连自己的方法都不清楚，那么你的每次销售必然成了一段全新的经历。你永远无法制定出一种测试程序，以确定哪些方法有效，哪些方法无效。因此，你不会把自己经营环境中的每次变革视为一个可以理解并利用的机遇，而是看作一个危险信号。它似乎在告诫你："回去，别往前走！"

要想在今天取得成功，你不能制定这种"撞大运"的工作方法，而要制定出明确、专业化的营销方法。认清你目前的做法及其原因，是具备战略眼光的专业人员所应有的基本能力。

战略营销专家的特征

似乎有些出人意料，很多销售人员不愿承认他们的工作也是一项事业。长期以来，人们关于销售人员往往有一种刻板印象——讨好人、伶牙俐齿，唯一的技巧就是"知道怎么说话"。这在很大程度上抵消了他们的可信度，甚至在专业销售人员之间也是如此看待的。在想到销售时，你的脑海中经常会浮现出这样一些话："优秀的销售人员不是天生的，而是后天磨炼出来的。""90％的销售要靠运气。""真正的销售人员能把冰卖给因纽特人。"这些格言蕴含的观点是，造就那些一流销售代表的是个性，而非理解；是性情，而非培训；是魔力，而非技巧。对很多销售领域的人员来说，传统的"能说会道的本事"仍是他们眼中的成功法宝。

即使这种观点在以前准确无误（这一点有待考证），然而在这样一个不断变革的世界中，它已失去了用武之地。与教育、医药或法律领域一样，营销同样是一项专业性的活动。那些成功的销售人员必定能掌控自身的专业方法。他们制定了一套由明显的、合乎逻辑且反复运用的营销步骤所构成的有意识的、规划得井然有序的方法。对那些成功地运用我们的战略营销流程的人员来说，他们永远无法看到魔力或个人影响力或运气的作用。在21世纪复杂的销售业务中，任何成就大事的人都不可能指望那个老办法。未来，一流的销售人员之所以能取得成功，那是因为他们拥有了专业销售人员的思维和行为方式，而最重要的是，他们把自己看作专业销售人员。

这些专业销售人员有一个共同点：一种特殊的坚忍不拔的精神。我们并不是说那种老掉牙的韧劲："不停地敲门，直到对方开门。"不用说，这一点很重要，我们从全国销售主管协会的一项调查中可以看到这一点。这次调查的结果表明，新的销售业务中有80％是由10％的销售代表完成的——他们只是对客户进行了五次或更多次拜访后就完成了那些销售。可是，我们的研究表明，另一种坚持不懈的精神同样重要：那些一流的销售人员对自己的销售方法情有独钟。

在我们对企业培训课程参与者进行的后续调查中，我们曾多次观察到一个事实：如果你想知道下一位年度最佳销售代表、下一位区域明星经理人、下一位主要的全国客户主管是谁的话，那么你要搞清楚哪些销售人员正在分析自己的方法，哪些销售人员在对自己的营销战略和战术进行反复评估，哪些销售人员在寻找一些可靠的、反复运用的方法，以便提升自己的竞争力。对今天以及明天的营销领先者来说，关注内部流程以及外部变革必不可少。

除了努力掌握自身的营销流程并理解流程重要的原理以外，所有的战略专家还有一个共同的特征，那就是他们永远不满足于现状。这一点有助于说明，为什么那些对我们的培训课程非常感兴趣的销售代表和经理，那些非常渴望将我们的战略引入自己的企业营销方法中的销售代表和经理，已经有了出色的表现。这也有助于说明，这些拿着大笔佣金的人员所效力的公司在销售方面也走在本行业的前面。

正如我们提到的那样，我们的客户主要来自国内外最成功的企业。为什么这些公司——营销业绩已处于领先的位置——还让我们和他们的员工一起工作呢？为什么他们大多数要花费数万美元来学习战略营销的基本原理呢？为什么他们要把销售骨干送到我们这儿培训呢？

说起来矛盾，但对想做得更好的人来说，这样做显然是有道理的。在任何营销企业，正是那些坚持不懈、一心一意地运用自身营销技巧的前10%的人员，最终为企业带来了最大的利润。因此，让这10%的人员重新评估并改进自身业已有效的工作模式，完全具有经济意义。在阅读本书的过程中，你会发现，如果你能按照这些一流企业的做法来要求自己，那么，你同样也会得到实际的收获。

战略营销的工作原理

这些人员在我们的研讨班以及培训课程中学到了什么呢？你将如何从本书中学习战略营销流程呢？

首先，在米勒·黑曼公司里，我们不会闭门造车，不会在实验室进行什么销售流程。战略营销并不是源于一名商业教授的"优化可购买性"模式，而是源于营销领域内的专业销售人员的经验。在这一点上，我们几乎是独一无二的。营销培训课程通常开始于一项近乎完美、高调的理论，一项他们试图运用于事实中的理论，但我们不是这样的。我们的培训课程可以运用到大部分环境中。我们的客户可以证明，在最艰难的情况下、在全球经济中、在一切顺利或困难重重的时期、在经济衰退期和经济繁荣期，这个理论的价值都得到了检验。但是，它之所以有效，是因为它源于实践，而非理论。很多大企业的销售经理选派他们的销售人员来参加我们的培训课程，究其原因，是因为我们帮助他们处理了实际工作中的具体问题。

因此，本书的内容并不是要说明抽象的营销原理，让你认识一些窍门，抑或是给你一个装满营销时髦词汇的公文包，让你在下次营销会议上催眠用。我们将确保讨论的内容简单易懂、切中要点，这才是本书的目标。这样有助于你在复杂的销售业务和令人迷茫的相关数据中理出头绪，使自己掌握一种分析数据的可靠方法，从而在面对客户时给自己更好的定位，并在艰难的销售业务中完成任务。你将从本书中掌握的具体技巧包括：

- 如何面对真正的影响者并做好自身定位，如何避免接触没有决策权的人员；
- 如何识别促成销售业务的两个关键客户的态度，以及不能促成销售业务的两个关键客户的态度；
- 如何不仅可以得到订单，还能让客户感到满意，乐意提供后续的业务以及帮我们热情地推荐；
- 如何扩大现有客户的销售额；
- 如何减少业务电话的不确定性；

- 如何处理进退两难的订单；
- 如何避免一项自己并不想要的销售业务；
- 如何发现并应对销售业务中出现的四种不同的营销影响因素；
- 如何预防销售业务遭到竞争对手的暗算；
- 如何发现销售业务存在危险的信号；
- 如何合理地分配完成四大项营销任务所需的时间，以避免无销售业绩的月份；
- 如何跟踪客户并预测未来的收益。

我们要指出的是，这不过是我们要探讨的诸多主题的一部分。我们也想明确，我们目前的方法与你以前参加的营销培训课程的方法存在着重要差别。

首先，我们关注的是成功，而不是失败。在努力回避失败时，很多营销培训课程强调销售过程中出现的错误并指责有类似行为的销售代表。我们不希望你只看到自己的缺点，因此我们关注的并不是你，而是你的客户和你的前途：我们的目标是认清那个客户。这样一来，一旦你进行销售拜访，你就能解决自己的不确定因素，可以轻松地集中全部精力去重视你想要表述的问题。

其次，工作的核心是你的客户及潜在客户。在理论联系实际时，大部分培训课程向你提供了一系列千篇一律的案例分析，以作为说明性材料。通过研究这些假设的案例，你应该制定针对自己客户的相应技巧。在制定计划时，我们意识到，这是一种间接而无效的方法，无法使你有效地分析自己的处境，因此，我们放弃了案例分析法，集中精力直接去处理我们客户的问题。就像我们的培训课程一样，本书采用了一种动态的方法。你得到的不是假设的环境，而是一系列个人的专题讨论，而这些讨论又是基于我们战略营销培训课程中所使用的研讨班形式。这样的方式可以使你立刻为自己的客户及潜在客户制定出合适的战略。

学完我们培训课程的人告诉我们说,这种直接的、基于实际案例的培训方法是他们所体验到的最有用也是最有效的课程之一。一位区域经理在他的销售人员参加完战略营销课程的几个月后说道:"我参加过许多不同的课程,但该培训课程对我们的销售人员来说效果最明显。"制定的营销战略是用来实用的,该营销战略非常实用。它可以帮助你处理棘手的业务订单问题和不好应付的客户,解决内部的业务纠纷,度过没有销售业绩的日子,以及在没有业务的困难环境中求得发展。战略营销培训课程可以马上帮你解决这些问题。

通过运用我们在培训课程中开发的研讨方法,你就会获得亲身的体验,并在读完本书之前把这些收获转化为优势。等你读到最后一页时,你会说,就像我们的很多客户专家所说的那样:"正是你们的销售方式才使我成为最优秀的销售人员。"

第 2 章

战略及战术的定义

  设想一下你是曼彻斯特联队的经理,你的球队就要与皇家马德里进行比赛。这场重要的比赛一周后举行。那支西班牙球队前几场比赛的录像刚到你手里。你的球员都着急要看录像,以便制订比赛计划。但是,你有更好的想法。"伙计们,今年咱们不看录像,"你告诉他们,"我们这周主要练习基本功。练习定位球、盘带、跑位和传球。我们知道皇家马德里是一支优秀的球队。但是,到了下周,我们会更优秀。大家要齐心协力争取击败他们,其余的就随它去吧。"

  要是抱着这种态度的话,想想看,你在超级联赛中还能待多久呢?可能最多两周吧。在竞争异常激烈的超级联赛中,如果忽视了赛前的准备工作,而把全部心思用在"基本功"上,那无异于自寻死路。在职业足球领域中,提前分析对手的行动与确保球员的竞技状况同等重要。如果忽视这种计划,那么,足球经理迟早得向联赛俱乐部递交辞呈。

  专业性销售业务同样如此。然而,当我们提到营销战略时,从很多销售代表的反应中不难看出,"多做些基本工作"好像是他们营销方法的全部。在很多人看来，唯一重要的技巧是在实际销售拜访中使用的技巧：直到你坐到了买主的办公室，才能帮助你有效应对客户的种种营销秘诀。

换句话说，这仍然是把战术视为根本。战略——我们是指在销售拜访之前你使用的流程，以便安排你的行动——仍被视为一种华而不实的东西，被认为是赶时髦的、计算机时代的产物，顶级的销售人员无须在这个方面劳神费力。

产生这种狭隘的（以及限制性的）战略观点，部分原因来自传统观念，根据这种观念，人们把销售人员视为职业握手人；另一部分原因源于那些专门传授销售拜访技巧的营销培训的影响。那些有多年销售经验的人员，以及那些把新入行的销售代表介绍到他们圈子里的培训师都持有一种观点：销售人员只是一个"行动者"，应在路上不停地奔波，而不是坐在办公桌旁思考，只有经受各种困难，善于和各种棘手的客户打交道，他们才能真正存活下来。这些怀着雄心壮志的顾问大都将战略视为浪费时间。"出去卖货吧！"这就是他们的建议，"走出去，动手实践吧！整天坐在办公室里是挣不来工资的。"

我们无意反对"动手实践"。我们前面说过，这本书提倡的是一种明确的、非常实用的营销方法。虽然任何人都不能忽视面对面营销的重要性，但是，只有在你事先制定了有效的战略以后，你在面对面营销时所采用的战术才会有成效。

为什么要先制定战略？

"战略"（strategy）、"战术"（tactics）分别是从古希腊语strategos 和 taktikos 演变而来的。对希腊人来说，taktikos 是指"适当的安排或调遣"，它是指在战争中调遣部队的艺术。Strategos 这个词的含义是"将军"。因此,战略最初是"将军的艺术"或者战前排兵布阵的艺术。这种用军事术语所做的定义至今仍然适用。理解了它们之后,我们就不难明白,在军事环境中,为什么战略必须先于战术。显然,在你进行滑铁卢决战之前,你必须先到达比利时。

同样的原则也适用于销售领域。一项出色的营销战略的目标就是让自己在正确的时间,出现在正确的地点,会见正确的人员,只有这样你才能正确地运用战术。要完成这个任务,你必须先完成"家庭作业",花些时间在办公桌前进行思考,但很多销售人员不愿做这件事。但实际上在你接触具体销售业务时,你肯定有很多东西需要向客户陈述。正因为雷没有考虑到一些必要的因素,所以他才在计算机销售中败给了格雷戈。倘若他能多重视一下销售中的不确定性因素——在这个案例中,那个"潜在"的外部顾问以及竞争对手——任何"有把握的业务"他都不可能丢单。

当我们询问那些参训人员最欣赏我们培训课程的哪些方面时,很多人回答说:"它有助于我更好地组织自己的数据。"这种回答其实在意料之中。试想一下,在任何复杂的销售业务中,你要处理的数据是多么庞大。想想看,在你完成一笔交易并把佣金揣到口袋之前要经历多少事:各种办公室所组成的迷宫、众多相互关联的管理层的决策、重复的管理层决定、面对各种各样的接待员、董事们紧张的时间表,还有必须处理的堆积如山的案头工作。要是你缺乏可靠的方法去挑选、整理并分析如此庞大的数据,贸然地进入营销领域,那么你就像那位忽视了赛前的准备工作的超级联赛经理一样,将陷入同样难以挽救的境地。

雷所犯的错误在复杂的销售中可谓司空见惯。在第五章中,我们将更深入地分析这种错误。我们将谈到区分各种采购因素是多么重要,并理解这些购买影响者所扮演的不同角色——从一笔销售到另一笔销售是怎样发生变化的(有时甚至发生在一个销售周期内)。

雷发现了其中的重要性，可为时已晚，已无法挽救了。但是，其他的销售代表依然在错误的时间、错误的地点实施着同样的错误战术。

你很可能遇到过这种情况。你走进山姆·威尔逊的办公室，给他来了段课本上经典的情况说明。他对你的印象不错。"很好！"他说，"我想先知道你的产品能否很好地满足我们的需要。我本来安排琼·理查兹到这里，负责这批采购。我相信她会同意的，可她到尼日利亚已经有一个月了。"

或者，假设还有一个更糟糕的情况。当你正在进行精彩的情况说明时，在无人告知的情况下，你突然意识到自己搞错了对象。你还意识到，如果你想再绕开他，去拜访真正的影响者时，他肯定会让你的业务流产。你忧心忡忡地意识到，自己根本无法再挽救那次销售业务了。你骂骂咧咧地走出了办公室。就你的表现而言，战术上可得一百分，可战略上只能得零分。

造成这种状况的原因很多，包括计划不周密、销售人员忽视了掌握重要的信息、过于自信或者歪曲事实贸然地开展销售。只有借助战略性的途径，你才能掌握一种可靠的方法，以便在销售周期的每一步验证你未来销售活动是否正确。通过这种方法，在开始情况介绍之前，你就可以确定自己的定位了。离开了这种战略性的验证过程，那么你可能会在一厢情愿的情况下开展行动。结果呢，你会身处一种可笑的境地，就如同古人的"刻舟求剑"一样荒唐可笑。

我们并不是说，战略"优于"战术，或者比战术"更重要"。它们是确保销售业务成功的同等重要的因素，也是不可分割的因素。如果无视战略行动计划，那么你就无法有效地运用战术。只有你能灵活地处理每次新的战术情况带给你的全新的信息，那么你才能制定出优秀的战略。一旦你能把战略营销原则完全整合到实际工作中，那么你就会发现战略与战术必须同时运用。我们强调战略，那是因为它几乎总被人忽视。战略是每个优秀的营销流程的出发点。

长期战略：关注客户

对于那些"战术至上"的销售人员来说，忽视准备工作不过是导致他们失败的一个因素。另一个因素是他们往往只盯着个别的销售，而无视具体的客户。我们已指出，大部分销售代表注意的都是销售本身。当然，注意销售本来无可厚非——无论是一个电话、一封介绍信或是销售拜访本身，但是，如果因此使你"只见树木，不见森林"的话，那样做就会给你带来问题。

在复杂的销售环境中，你会有短期目标和长期目标。在短期目标中，你希望完成尽可能多的业务。在长期目标中，你希望与签署这些交易的客户保持良性的关系，这样的话，他们会在未来的数月和数年内主动进行更多的采购。要是这两个目标能同时实现，那可是一件美妙的事情。但你知道，这很难同时实现。我们这些以销售为职业的人都有过这样的业务经历——我们希望我们没有做过这样的销售业务——"当时好像不错"，可后来却证明这笔业务不值得做。

你可能亲眼看见过这种情况：有人向某家企业推销一种产品，可该企业根本无法很好地使用这种产品。这是因为产品与企业需要之间的关系并不像销售人员希望的那样匹配。遇到这种情况，你该怎么办呢？要是你目光短浅，你可能会掩盖自己的产品不适合该企业这一事实，而寻求得到立竿见影的回报——你的佣金。但是，一旦企业发现自己上当受骗，过不了多久你就会失去这个客户。你再也别想有客户推荐和可能的后续业务。你很快会发现，战术上的胜利最终导致了战略上的惨败。

对于任何专业销售人员来说，他们要面对的最艰难的决策是可以签单但又不能签单的业务，即使可以这样做的话。几年前，我们的一位大客户就面临着这样一个抉择。当时，他们刚完成了一种新型计算机组装线的生产。那个组装线技术先进，但很难操作。如果立刻投放市场（市场迫切需要这种产品），在随后的几周内，我们的客户恐怕要面对应接不暇的咨询电话和愤怒的客户。这家企业的管理人员清楚这一点，但那些潜在的客户还未意识到这个问题。因此，他们作出了一项痛苦但理智的决定：他们让竞争对手先进入这个需求旺盛但缺乏经验的领域。结果，那个竞争对手不得不去应对众多失望的客户，而我们的客户却从这次谨慎的行动中获得了长期的利益。

这个故事有力地说明了以客户为中心的销售方法的重要性。倘若你把主要精力放在战术上，你可能会忘记客户，考虑问题时也是从一笔销售到另一笔销售，似乎这些销售案例就是它们本身的回报。这就像在军事上一样，你总是注重每场战役的胜利，却忘记了这些战役不过是整个战争的一个组成部分。我们的战略方法则弥补了这种战术上的不足。

当然，要特别说明的是，我们在此使用"战役"和"战争"这样的术语，并不是说我们把成功的销售视为卖方对买方的胜利。恰恰相反，我们使用军事上的比喻，纯粹是为了便于说明问题。与你在以前的营销培训课程中学到的有所不同，在成功的复杂销售业务中，你从来不是战胜买主，或是欺骗他签下合同。这正是"战术优先"方法以及很多销售培训师所倡导的"搞定他们"营销理念带来的问题。他们让你追求销售额，通过有多少客户上钩来评判你的成功。

我们都了解这样一些人，他们热衷于"缠住客户不放"，他们总在不停地问自己："我怎样才能搞定这个客户？"在战略营销中，我们强调的与之截然不同。"我怎样才能做好这笔销售？"只有在销售的各个环节中向自己提出这个问题，你才能避免那种敌对的看法，因为那种看法往往把战术上的成功转变成战略上的失败。

制定客户战略：迈向成功的四大步骤

现在，你就要开始制定客户战略了。在你做好这项工作之前，我们还要介绍一项原则，那就是逐步推进的原则。我们发现，很多潜质很好的销售代表常常无视这项原则。他们就像"跳方格子"一样，总以为越早到达销售周期的终点，就会越早拿到佣金。这种急功近利的做法大都导致业务的失败。

在后面的几章中，我们将介绍所谓的有效客户战略的六大要素。要想充分理解并运用好这些要素，你必须牢记逐步推进的原则。每当我们介绍一种新的要素时，我们会要求你采用一种合乎逻辑的、循序渐进的方式，去分析它对客户的适用情况。我们知道，你会觉得这样做过于谨小慎微，可我们的经验表明，这样做非常必要。有效的战略分析揭示了一种合乎逻辑的次序。我们认为有效的次序包括以下四个步骤：

1. 针对客户和具体销售目标分析你当前的定位；
2. 认真思考可能的替代定位；
3. 确定哪种定位最能确保目标的实现，并制订出实现该目标的行动计划；
4. 实施你的行动计划。

从现在开始，你要不断地制定、测试并修订你的营销战略，因此，你应经常揣摩这些步骤。我们在此建议，每当我们介绍一项新的战略要素时，你要在头脑中认真思考一下这几个步骤。然后，每当你想要调整自己接触客户的方式时，你就可以把它们作为一个测试基准。

只要你想使目前无动于衷的客户改变态度，那么这四大步骤对于你考虑问题都很有益处。你可能正准备将新产品或促销项目推销给当前的客户，或是想去证明潜在新客户的实力，或是进入当前客户的其他部门，或是在败给竞争对手之后重新夺回这个客户。在谈到制定客户战略时，我们是指你的各种销售环境以及你的所有潜在客户和实际客户——过去的、现在的，以及将来的。无论是哪种客户，战略化的思维都有着重大的意义。

　　对于通向成功的这四个步骤，大家要注意两个方面。其一，整体考虑。它们说明了经常思考的重要性——或者，用时髦的话来说，叫作持续反馈。反思、反馈、再评估：无论你使用哪种称谓，它都是有效的客户规划的基础。其次，请注意"定位"一词在这四步策略中的频繁使用。认清你对某个具体客户的定位，这是制定优秀战略的核心内容。因此，我们常说的"拥有好的战略"和"拥有好的定位"不过是同一意思的两种说法而已。说到底，战略的关键就是定位。它能说明你目前身在何处，在不久或很远的将来，你必须怎样发展才更有可能实现某个既定的目标。

　　鉴于定位概念至关重要，因此，它实际上就是我们战略营销流程的起点。在使用本书制定战略时，你首先要做的就是进行一系列的个人研讨与实践，以判断你目前的定位。

第 3 章

你的起点：定位

对于军事战略家来说，定位是所有军事行动计划的关键。如果一个将军不清楚敌人的情况，不了解自己的定位——包括地理位置、实力对比、供给线、天气或其他因素，那等于让他手下的士兵去送死。在战场上，在错误的时间出现在错误的地点意味着犯了致命的错误。因为，无论部队有多么骁勇善战，可如果军队的统帅不知道他们身在何处或者他们的行军方向有误，那么他们或许根本就没有机会与敌人正面交锋。

销售业务也是同样的道理。在客户战略中，定位就是这项游戏的根本。"制定战略"的真实含义是，采取一切措施使自己处于实现某个特定目标或一系列目标的最佳位置。当然，这一点蕴含着丰富的内容。对于某个具体的客户或潜在客户，以及某个具体的销售目标来说，它可能涵盖了你销售环境中的各个方面，包括生理因素、心理因素和经济因素。认清你当前的定位，就是说你要知道自己的重要工作对象、他们对你的看法、他们对你的建议的看法、他们希望你回答的问题，以及与其他建议相比，他们对你的建议所持的看法。简而言之，在你开展每次销售业务之前，你务必要认清自己的优点和缺点。

但是，即便你在某些问题上含混不清，即便你不清楚自己的定位，你仍然拥有战略规划。你有属于自己的定位，正因为这一点，你有了一个战略，不管你是否说得清这种战略究竟是什么。如果你拿不准对于某个客户的定位，你迟早会遭遇失败，所以你必须找准定位。

为了避免身处未知领域时的不利处境，对每个客户而言，你首先要使自己目前的定位清晰可见。就像是一位将军在地图上找出方位一样，你也要确定自己在当前销售环境中的方位。这样的话，你才能认清——像20世纪60年代常说的那样——"你从哪里来"。对于一个具体的客户和销售目标，你现在就要着手做好这件事。

首先，你要挑选出客户或潜在客户。我们不希望你挑选一个各方面都很优秀的客户，那样会破坏我们探讨流程的目的。就像我们设计这些培训课程一样，我们编写这本书，目的是帮助你克服在当前销售环境中的诸多难题。因此，你应该选择一个某方面存在困难的客户，但不是说各方面都很糟糕的客户——如果你尝试攻克那个"难关"，那就试试吧。在研讨班中，我们的学员常会发现，最适合他们应对的客户是那种表面上看来一切正常，但依然让你感到不安、不确定和迷茫的客户。

在本书剩下的章节中，你将要跟这种客户或潜在客户打交道。因此，你务必要确保自己挑选的客户能为你付出的努力带来回报。换句话说，你要确定那是你真正希望得到确切答案的地方。最后，在你掌握了战略营销的各项原则并使其成为你的下意识行为时，你就可以运用它们来制定针对所有客户的战略。然而，由于是第一次阅读本书，你只会关注某一项重要的经营活动。等到你读完本书时，你就会分析这个客户的各种因素并制订出行动计划，从而使自己面对这个客户时拥有更明显、更有效的战略地位。

一旦明确了客户，你接着就需要下列工具：活页笔记本（在学校使用过的侧面装订的笔记本，而不是顶部装订的速记本）、几支铅笔，以及一些突出显示内容的工具。在培训课程中，我们使用小红旗和强力黏性标签来突出显示内容。你也可以使用类似的标签或彩笔。找一个无人打扰的安静之处，然后给自己二三十分钟去思考一下自己当前的客户定位。然后，参加下列个人研讨与实践，这种研讨与实践专门用来查找你当前不确定的原因，帮助你发现这些原因对你当前的销售目标会有怎样的影响，同时让你更清楚自己对客户的定位。

个人实践练习1：定位

这个练习被分为五个阶段。在第一个阶段，你应该辨别出那些特殊的销售环境的变化，这些变化可能影响你处理交易。

第一步：识别相关变化

如果你不懂得处理变化的话，定位就显得不那么重要了，变化的不确定性让我们觉得它更为重要一些。在第一章我们发现并不是变化本身导致了压力和迷惑，而是不知道如何处理这些变化。你可能不会去阻止那些在你销售过程中出现的改变，但是认清这些变化将是你迈向成功的第一步。

拿出你的铅笔并在你的笔记本的左上方写上标题"变化"。然后写出一个清单，没有什么特别的顺序，写出你认为影响你的现在工作的一些变化。然后紧接着，写出你对这些变化的看法，标明它到底是一个突发事件，一个难以觉察的衰退过程，还是一个持续增长的例证。不要担心你写得错还是对，你并不是在考试。写上你对所发生的事的观察就好了。衡量你所写的变化的标准并不是《金融时报》的首页故事，而是你每天对于工作的感受。

因为国家的经济影响了我们的工作方式，你所写下的一些变化无疑也是与每晚新闻报道有关的东西。剩下的就是关于你的工作，你的市场，你的地理位置。你应该把你所想到的明显的变化都记下来。如果你可以在这个事情上花费五分钟的话，那么写出十至八个明显的变化是没有问题的。一般来说，在我的教程中，应该写出二十个或者更多。

第二步：把变化分类为威胁或是机遇

现在浏览你列出的变化，将你认为是机遇的标上"O"，将你认为是威胁的标上"T"。如果你像大多数销售代表一样，那么做这件事的时候可能会很犹豫。就像我们客户一直所说的那样，一些变化常常会被看成既是威胁又是机遇：这全部依赖于你的看法。这是真的，但是在这里我们并不能判断出你可能的看法，我们在试图培养你对现状总的看法。所以，当你在为无法将它们分类而发愁时，从你的现状出发考虑，你现在所思索的这个变化，是正面的影响多还是负面的影响多？

就这个问题来说，某些变化比起其他变化来更容易得出答案。比如，你发现原来喜欢你的产品或服务的客户现在已经转向你的竞争对手了，你不难发现这个巨大的变化是一个威胁。又比如，你的设计师发明了一项可以降低生产成本的新技术，这也很容易将它看作经济机遇。但是，如果有大主顾转向了一个来源唯一的产品，这一变化的影响便很难辨别，而是取决于你们公司在供应商那里的地位。关于这个变化是好是坏，只有你才能作出明确的决定。集中精力去考虑你是怎样看待这些变化的。在这个阶段你要花费五分钟。当你写好了，先放到一边。马上我们又会返回这里。

第三步：制定出你目前的唯一销售目标

在你的笔记本的右边，写下你现在所进行的销售的当前计划。我们必须弄清楚什么是当前，你总会有长期的销售目标，这样才会使你的影响者更了解你的情况，从而给你更多的交易做。但是，你也有随着销售阶段改变而变化的短期目标，这种目标常常在变化。销售人员将这些目标称为销售、命令、交易或是小笔贸易。在战略营销中，我们称它为唯一销售目标。制定一个有关你现在销售状况的唯一销售目标，将它精确简洁地概括出来，然后写下来。

你应该精确地将你的销售目标写下来，其中包括你想什么时候到达这个目标，以及你希望你的客户尽可能购买的数量。我们教过很多销售人员，同时开始一百项工作，常常会出现这样的问题，那就是容易将两个甚至更多的销售目标堆积在一起。因为两个相互联系的目标常常出于两个不同的影响者，所以这样的混乱容易导致迷惑，而且这样目标也会找不到，因为销售人员根本不知道目标是什么。

底线是这样的：每一次交易都是独一无二的。如果你认识到每一个单一的销售目标都有下面的特点，那么便会更容易理解这句话。

- 具体性和可度量性。它对给谁、给什么、给多少作了数字化的准确回答。
- 时间性。即它规定了准确的截止时间。
- 它集中在一个特定交易中你努力去使之发生的特定结果上。它回答了"在这暂时没有发生的交易中，我正努力使什么发生"这个问题。
- 它表达简洁而不繁杂。每一个单一的销售目标应该用简单句定义而不是用复杂句定义，在一个句子中，如果有连词

"和"藏在中间，你很可能会得到两个目标而不只是一个单一销售目标。

当你正在做一个大的营销项目时，我们不会建议一次只去进行一单交易，那是不合适的甚至说是不可能的。在公司销售中，我们总是追求机会多元化。但是在制定战略时，它一次只能对应一场战斗，因为每一次复杂的销售都有它自己独一无二的形态，你需要对每一次销售进行单独的定位。把一次复杂的交易分成多个单一销售目标，这有助于对每一份潜在的订单给予足够的注意。这实质上是保证你的信息能够被很好地控制和组织。

如果像许多销售代表那样，你不知道你当前的目标，记住这可能是你对这次交易感到不安的一个重要原因。为了帮助你明确即时目标，把目前你在这次交易中正在做什么和在接下来的销售阶段你想做什么记录下来。想想这次你正追求的其他目标，它们中的哪一个才是最令你愉悦的，不管是在即时的佣金方面，还是在与客户维持良好的关系方面。不要着急给出答案。我们的项目参与者一直告诉我们，花数分钟去思考他们对他们的客户正在努力做什么，将有助于减少他们的迷惑。

他们发现他们对此项目与解决它的方法已经有了一些了解，而此前他们并没有意识到自己还拥有这些认识。然后，他们发现了界限不明的区域，在那里他们应该拥有信息却没有拥有。

当你已经明确你的单一的销售目标时，一并看看你记录的"变化"清单。在你的清单上每一次变化是怎样影响你当前的销售目标的？你标记了威胁的这些变化将给你达到这个目标制造麻烦吗？你标记了机会的这些变化将让你达到这个目标变得更容易吗？或者你能知道一些方法吗？现在你正在使这些变化和一个销售目标产生关联，在哪里它们可能变得对你有利？这么做的目的是明确地帮助你定义一般的变化和你的即时目标之间的联结。做这些不能改变大环境，但是对现状的了解，有助于减少你的焦虑。

第四步：检测你的当前位置

弄清当前形势的下一个步骤是去测试你现在的位置：去发现你如何感受这次交易中你的期望，和为达成这个目标你所作出的特定变化。问问你自己下面的问题：现在结束这次交易我会感觉怎么样？这是很残忍的现实，听听你的感觉吧。你的感觉不是全部，但它们是一个必要的开始。

为了帮助我们的客户明确他们对这个问题的感觉，我们要求他们通过我们所说的陶醉—恐慌连续区识别他们的位置。

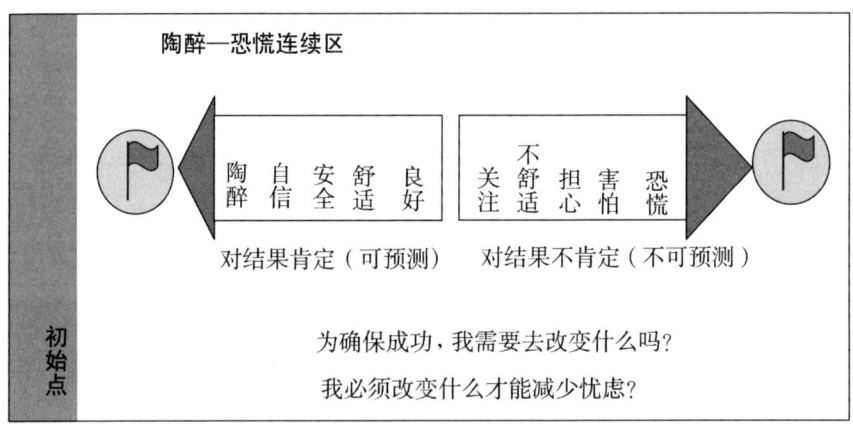

现在我们已经在脑海中重现了上述感觉。

你可能会发现在连续区我们所列出的修饰语没有一个能准确地描述你的情感，如果是这样，那么列出你自己的。这不是一个多项选择的测试，而是对你来说，沿着从陶醉到恐慌这一条线，你感觉你属于哪里的一种选择。不管你使用你自己的词语还是我们的，对你来说关键是明确你现在的感觉是多么好（多么接近于陶醉）还是多么差（多么接近于恐慌）。

陶醉—恐慌连续区的作用似乎是足够明了的，但是我们想增加一些建议，以使你从这次练习中获得最大的利益。

第一，对你自己要诚实。除非你现在的情形出了状况（它只发生在从未发生过的地方），识别对它的感受就像通过感觉你身体里的疼痛以测定生病的症状一样。对于这种情形，你的不安和焦虑的情感会给你传递结束的信号。不要忽视这些信号，不要欺骗你自己。不要仅仅是装出一副勇敢的样子，而是要采取一种积极或必胜的态度，稳步前进，就像一切状况依然良好。如果你不认真对待你在交易中的感情，那么你将像使用止痛药带着伤痛上场踢球，并在医院中结束自己足球生涯的运动员一样，因为他无法感觉自己在被伤害。

第二，对你的交易产生满足感与对它极度恐慌同样是一种危险的状态。如果你发现自己处于模型的两个极端时，你就要提高警惕：在评估中你很可能采取了不切实际的态度。你不会发挥得很好，不管是在喜悦的状态还是在恐慌的状态。在前面这种状态中，因为你认为事情已经很完美了，所以你倾向于什么都不做。而在后面这种状态中，你做了你能做的任何事，但其中大多数都是无用的。这两者中的任何一种状态下，你都脱离了现实。

事实上，从他们可能采取的处理交易的方法上看，处在陶醉状态的人与处在恐慌状态的人比他们自己所想象的要近似得多。我们在我们的训练中通过画出陶醉—恐慌连续区来举例说明这个观点，这里的陶醉—恐慌连续区不是一条直线，而是一个接近封闭的圆。当我们以这种方式画连续区时，你会发现从陶醉到恐慌的距离可能非常短。在现实中，往往通过一个电话就能够跨越这段距离。

未加抑制的陶醉引向满足，满足引向傲慢，傲慢不可避免地导致灾难。过于自信的销售代表总是忽视那些"琐碎的"信息，而这些信息正暗示销售处在危险之中——这样下去，很快他们就会处于恐慌状态了。

不幸的是，从恐慌回到陶醉的距离却并不是很短。一旦你跌入恐慌，你必须慢慢按照你的方式回来，经过整个现实的圆周，直到你再一次觉得自信。因此，要对陶醉持怀疑态度。正如一位负责亚洲市场的地区经理曾经告诉我们的那样："我想要我的竞争变得欢快，那是我开枪的最佳时机。"

对于这个模型，你需要注意的最后一点是，它不是一个预言性的工具，而仅仅是描述性的。它的目的是让你测试你的战略或定位，通过测量你对当前处境的情绪反应来达到这一点。这本书的其他部分一直在帮助你对你的战略进行调整，如果你现在偏向右边，它将使你移向连续区的左边；如果你已经感觉良好，它则保证你停留在你的位置，不管情况如何改变。随着条件的改变，你将多次重新评估你的定位。连续区就是被用来帮助你有效地完成这一任务的。

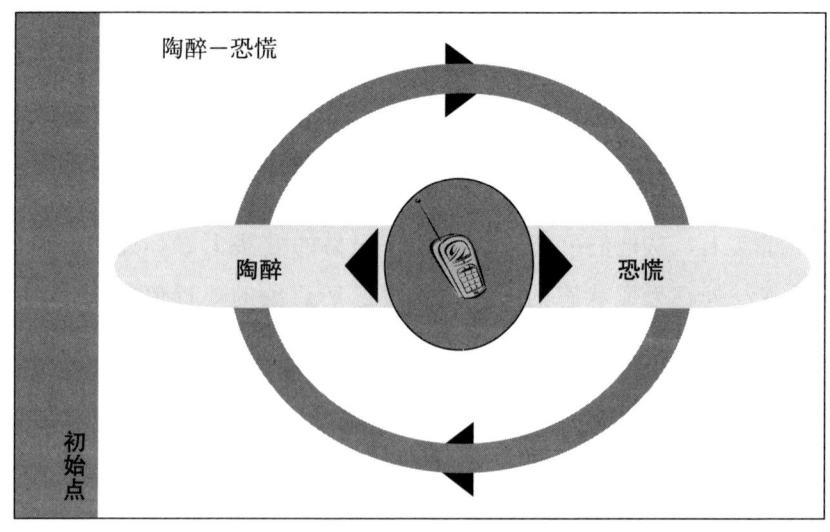

第五步：调查可选择的位置

一旦你知道你在哪，下一步就是要知道你去哪。根据在上一章描述的四个步骤，现在你已经完成了第一步，分析了你的当前位置。接下来你需要检验可替代项，以找到重新定位自己、更好地达到你的特定销售目标的方法。

这本书的剩余部分帮助你识别和利用可替代项。现在，我们希望你把重心集中在你已经知道的内容上，去思考可能发生变化的区域。在这些区域，你能做一些事来抵消正使你困扰的环境变化。你将会注意到，在连续区内，相对于你在右边来说，你在左边更有可能获得一个可预期的、成功的结果。但这只是一种可能，它本身也会发生变化。此时观察的重点是，无论你如何感觉你当前的业务和销售情形，你仍然一定要考虑变化——也就是你引起的变化。

在那幅图上，那个"停止"标志意味着你要达到的必须点。如果你在连续区的右边，你需要考虑你的位置的变化以使你能够减少焦虑。如果你在左边，你需要考虑将确保你不断成功的变化。所以，现在停下来几分钟。放下你的铅笔，看看你有什么。查看你的变化清单，看看它们与你的目标是如何相关联的。看看目标本身。你是否已经认清它，或者清楚它处在一个可能变化的区域？最后，回顾你对正在被讨论的交易和目标的感觉怎么样。在交易中或在环境中，什么变化将使你感觉比所做的更好？然后，你马上能做什么来让它发生？

为了让你的选择更加明显，翻到你的笔记的另一页，写下"替代定位"这个题目。然后，列出为了改善你的定位你所能做的事情。保留这份清单。在阅读这本书的过程中，你将会对它进行一再的修订。现在，它很可能是简短的。那不要紧。意识到自己还没有获得全部的答案，这本身就是一个积极的战略成果。

既然你已经花了半个小时的时间去思考外部变化对你的定位的影响，那么你应该更加清楚你在哪里是不确定的，即使你现在还不知道下一步将做什么。你现在处在房屋建造者的位置上，虽然知道南边的墙壁需要修筑，但是在动工之前还需要一幅蓝图。拿起你的笔并整理好你在这个研讨班收集的信息，你将开始去构建一个战略，我们将给你这份蓝图。

第 4 章

战略蓝图概览：战略营销的六个关键元素

　　为了使现在的销售目标更加明朗，你已经确定了一个个人训练项目。同时，你已经找出了不确定区域，而且列出了一个其他可选择的清单，这些选项可能会拓宽你的战略选择。我们已承认这个选项可能是短暂的。现在我们给你一个蓝图，你需要不断地扩展和修改它，从而使你在这本书的结尾处把它充实成一份工作战略行动计划书。

　　这个行动计划来自多个可供选择的方案。一个销售目标，从来不是只有一个正确策略，而往往是对众多方案的选择。的确，从第一次拜访主要负责人直到成功完成营销，你作为专职销售人员通常要采取几项策略。因为有了这个蓝图，你将会用最少的试验和失误，最大限度地了解营销中的所有元素。

　　多年来，在指导各行各业的重要销售人员时，我们发现，每一个好的营销策略历来都重视六个元素。要从已决定的策略向其他更有利的策略转换，这六个战略营销的关键元素是基本的分析工具。这六个关键元素是：

　　1. 购买影响者；

2. 红旗/实力杠杆；

3. 反应模式；

4. 获胜结果；

5. 理想客户档案；

6. 销售漏斗。

以后的几章将为你详细介绍并举例说明这六个关键元素，即如何把它们结合成一个能取得销售成功的战略，而且要能用于测试，具有实用性。在这一章，我们仅仅定义基本的术语，让你对整个蓝图有一个总体认识。把这一章当作概述来读，不要过多研究它，比如做笔记或担心一些不熟悉的概念。只要快速地浏览一遍，对你将用到的工具有一个基本认识就可以了。

当你这样做时，记住一件事情，我们向你展示的这六个关键元素与我们的战略营销中提到的训练顺序相同，因为我们已发现这是取得材料的最方便有序的方式。不要认为这些要素是按重要性依次递增的。恰恰相反，购买影响者要素是第一个介绍的，没有它你就无法理解其他五个要素。但是，这六个要素对你的成功是同等重要的，最合适的方法是把它们看作一个相互影响的整体。

关键元素1：购买影响者

我们已给出了复杂销售的定义，就是在销售顺利完成之前必须要有若干人给予批准或给出建议。在复杂销售中，正确地识别这些人，明白他们每个人在促使你达到销售目标中所扮演的角色，对于销售人员，甚至是非常优秀的销售人员来说，是两个主要的绊脚石。

为了辨别主要负责人，许多销售经理让他们的销售代理去联络老朋友或打听部门经理的名字。他们重视个人的作用，这些人或是在先前的销售中发挥过重要作用，或是"朋友"，或者仅仅听他们在

第 4 章 战略蓝图概览：战略营销的六个关键元素

采购部门的地位、头衔，就知道是重要人物。

我们采取的是一个较复杂的方式。由于今天的公司机构是不断流动的，我们告诉学习者，开始他们的战略——不是寻找人，而是寻找角色。然后，我们要说的是，寻找那些在一个明确的销售目标中扮演角色的人——不要被他们的头衔迷惑。

在每个复杂营销中，有四个关键的采购角色。我们把扮演这些角色的人称为"购买影响者"，或者更简单地称为"采购员"。

为了避免潜在的误解，我们需要强调不能按常规的"采购员"来理解。就像过去指一个百货店的"绒绸布采购员"，或者是制造厂"采购部门"的某个人。我们知道"采购员"这一职务通常暗示他们的工作是有指定的采购任务的。但是，我们用这一术语有完全不同的含义。

当我们用"采购员"或者"购买影响者"时，是指那些扮演四个采购角色之一的人。在采购部门中或许有四个、十四个或四十个能影响给定销售业务的人，但是他们中的每一个人通常至少扮演那四个购买影响者角色中的一个。我们这样定义他们：

- 资金型购买影响者。在销售目标中，资金型购买影响者这一角色是最后同意采购的人。通常，在一个特定的销售目标中，只有一个或一组人扮演这个角色。资金型购买影响者可以在其他人说不赞成时表示同意，也可以在其他人赞成时一票否决。

- 用户型购买影响者。这一角色是对你的产品或服务在他们的工作业绩上的潜在作用作出判断。用户型购买者将使用或指导你的产品或服务，所以他们的个人成功直接关系到你解决方案的成功。在一个给定的销售目标中，可能有若干人扮演用户型购买影响者的角色。

- 技术型购买影响者。这一角色的任务是筛选出可能的供给商。他们的聚焦点是在产品或服务本身,并且在如何满足各种目标规格上给出建议。技术型购买影响者不能作出最终的赞成决定,但他们能够(通常能)作出最终的反对决定。和用户型购买者一样,在一个给定的销售目标中,通常有若干人扮演技术型购买影响者的角色。
- 顾问。顾问是一个独特的角色。让你认识其他购买影响者,提供使你有效定位的信息,引导你达到特定的销售目标。你通常(尽管不会总是如此)在采购部门能找到其他三种购买者。但顾问不同,他们可能在采购部门,在你自己的部门,或者这两个部门都没有。顾问所关心的是帮助你找到销路。

理解这四个购买影响者的角色,然后识别在你的销售目标中所有人扮演的角色,这就是战略营销的基础。

关键元素 2:红旗/实力杠杆

第一章中雷的故事表明,即使最有经验的销售人员都会在定位上犯致命的错误。当销售代表或经理没有及时察觉错误,没有理解错误产生的原因,或者没有严肃对待,对销售会造成灾难性的后果。我们战略的第二个关键元素是帮助你识别定位上的种种难题,以免它们把你的业务推向竞争对手。

我们已经选择红旗标志来强调需要进一步注意的战略区域。我们用红旗标志,与道路维修工用红旗标志的原因是一样的——因为它表示"警惕"和"危险"。我们希望你用这种方式去看待你销售成败中的不确定事物或问题。不是看成较小的烦恼事,而要看成能影响你销售成败的关键事物。在对第二个元素的阐述中,我们鉴别出一般应该考虑为自动红旗区的销售情形,而且强调这些红旗是有利的,因为它们帮助你在麻烦找上你之前鉴别出它。

红旗标志,你将在整本书中用到它,它是你用来检验那些替代定位有效性的两个主要方法中的一个。另一个方法可以被看作红旗的对立镜像。它是我们所说的实力杠杆原理,而且在我们的流程中,它被用一个杠铃图标表示。当你利用实力杠杆时,你强调从竞争中区分你的区域作为补充或是对你战略定位的威胁最小化的方法。每一个可靠的替代定位,或者是来自实力杠杆,或者是消除红旗,或(理想地)两者同时都有。在本书余后的个人训练项目中,你要整体地练习第二个关键元素。

关键元素3:反应模式

在你的战略基础中,如果知道主要购买影响者是谁,下一步要了解的是他们对你的建议的感觉。在战略营销中,你可以通过识别他们对你建议中提到的改变的接受程度来了解他们的感觉,特别是那些与他们的交易中的改变。

在刚刚做过的训练中,你看到改变是你观察销售环境的关键因素,而且觉得改变可能是积极的或消极的,或是二者的混合。但是,改变不仅仅发生在你身上,它也发生在你的购买影响者身上。清楚他们对改变的看法可以帮你估计他们对交易的接受程度。

在一个特定的销售情形下,购买影响者对改变总会有四种可能的反应。我们把这些反应称为"反应模式"。它们受以下因素的控制:

1. 购买影响者对最近生意状况的了解;
2. 购买影响者对你的建议能给那种状况带来何种变化的了解;
3. 购买影响者对这个改变是否将缩小差距或者差异的感知。这些差距或者差异存在于当前的现实条件和主观上所需要的结果之间。

无论你的建议和目标需要匹配得多好，也没有购买影响者能接受这个改变，除非他首先认识到这样的矛盾。

第一个反应模式叫作发展。购买影响者确实察觉到实质的矛盾，并知道只要数量增加，质量改进，或两者都提高，此刻的现实与渴望的结果（预期目标）之间的差距就能够缩小。在培养模式中，如果你证明你的建议可能使它变多变好，购买影响者将会接受你。

第二个模式叫作困难。在困难模式中的购买影响者也能看到现实与结果（目标）的矛盾，但它是一个衰退作用的矛盾。买卖环境中的一些东西已导致与计划的方向偏离。因此，采购者需要帮助而且欢迎任何有希望摆脱问题的改变，这时你是一个好的销售候选人——如果你能证明你的建议能很快排除这些矛盾。

第三个反应模式叫作平稳。平稳模式中的采购者不了解此刻的现实与期望结果的矛盾，因此非常满意现状。此模式下的采购者没有改变的动机，使他们改变的可能性非常小，平稳采购者往往证实了那句格言："没有矛盾就没有销售。"

第四个反应模式叫作自负。自负的采购者认为现实比期望中的结果好得多。因此，自负的采购者完全不会接受改变，而且你改变他们的思想的可能性简直为零。

在战略营销中，我们强调这四个反应模式不是所有态度或个性的描述，这只是一种方式，即购买影响者在任何时候了解销售情形和销售建议的方式。变化中的交易条件可以迅速地让购买者从自负模式转入困难模式，具有战略眼光的销售人员应随时准备从这种转变中获利。

关键元素 4：获胜结果

你已经知道，我们认为明智的销售人员从不把销售看成战争，或是把客户看成要打败的敌人。通过设下圈套或强迫客户签约可能会取得订单，但这样做时也正在失去他们，以损失客户的代价使自己成功是一种目光极度短浅的战略。被你用这种方式打败（敲诈）的客户将会离开、报复，或兼而有之。短期内你可能不关心这些，但就长期吸引客户而言，与其说是你捉弄了客户，倒不如说是你自己捉弄了自己：你曾通过"打败客户"得到的订单到头来会转变成一笔你宁愿没有做成的业务。在战略营销中，我们不看重个别的订单，我们看重的是客户，而且我们要帮助你发展并扩大质量营销和具有新前景的网络。

我们要假定的是，作为职业销售人员，你不仅应该对订单感兴趣，而且会对下面这些内容也很感兴趣：

- 满意的客户
- 长久的关系
- 重复的业务
- 可靠的推荐

能够保证你拥有这些东西的唯一方法，也是保持你的每一个客户有效的唯一方法，就是在你接近每一位购买影响者时，都要把他看作帮助你实现成功的潜在合作者，而不是需要战胜的对手。也就是说，你应该把注意力集中在发展双赢结果上。

买卖碰撞会产生四种可能的结果：

第一，双赢的结果。你和购买者都实现了获胜的目标。就是说，买卖双方都感觉到满意，知道你们中的任何一方没有利用对方，而且就个人和行业而言你们都从交易中获利。

第二，卖方赢买方输的结果。你通过欺骗购买者获利，你感到交易很好，但他已在寻找报复的机会，或至少要想方设法避免与你和你的公司在将来再次接触。

第三，卖方输买方赢的结果。你允许购买者在你的让步下通过购买获利。你提供打折、免费或其他服务，希望他们再来光顾。但通常情况下，这并不会实现。

第四，双方皆输的结果。你和购买者都遭受损失，即使你得到了订单，你们中的任何一方都不会对这次买卖满意。

这四种结果中，只有第一种会给你带来想要的长久成功，即双赢、"伙伴关系"的结果。但是，只有你怀着良好的目的，才能达到这种结果。如果没有积极地向双赢的结果努力，最终会一方输一方赢，而且会不可避免地恶化成双方皆输的结局。

为了使你所有的营销都是双赢结果，你必须跨越人们为什么购买的传统理念。许多销售培训课程都定好一个前提：当你向客户展示如何来满足他们的商务需求时，他们正好要进行采购。这些培训课程是面向产品的，经过这种培训的销售人员的头脑里被塞满了产品的特性和优势，然后他们被派出去，从那些"情不自禁地被产品的优点所打动"的人身上搜刮收集订单。

当然，你需要健全的产品知识，但对一个职业销售人员来说，这是不够的，因为人们真正购买的原因只是间接地与产品或服务性能相关。正是由于这个原因，我们不集中于产品并不能把所有注意力都放在产品上，相反，在我们的课程中，我们向你展示怎样把你的产品知识与购买影响者的个人购买原因挂钩。你不能仅仅满足他们的交易需求，还要为他们个人主观上的需要提供服务。通过给他们提供我们所称的"获胜结果"可以达到此项要求。

正如我们所定义的，结果就是你的产品或服务对购买者的购买流程所产生的影响。以产品定位的销售人员仅仅了解结果。

在购买心理学中，获胜是未被广泛认识到的但同样重要的因素。它是一种能满足个人购买者个人利益的收获。

获胜结果，最终是一种让你的购买影响者获利的结果，这是人们购买的真正原因。我们会向你展示怎样判断它们，怎样向你的购买影响者起草一份关于获利结果的表述，并说明为什么坚持获利结果是你成功的基础。

关键元素5：理想客户档案

每一个你所知道的营销代表，无论怎样成功，在任何时候都有达到35%的判断差异——那种看似接近但最终只能是"意向"的判断。这似乎是一个高得有点让人吃惊的比例，但只要想想人们常说的那句话："我真希望那笔订单没有接近完成。"这是你从开始营销时就听到的，你对自己也常常这样说。

销售人员最后为了一个简单的理由后悔签订订单。在销售环境中，他们允许自己被老谚语"任何买卖都是好的"所诱惑，他们允许自己相信"重数量不重质量"的观念，所以最终向客户销售了与之产品或服务非常牵强或完全不能匹配的货物。

像我们刚提到的，你可以向一个客户推销，即使认识到这个买卖有损失，但你这样做时，你正和客户一样在冒风险。我们的第五个关键元素通过介绍一个我们称之为理想客户档案的概念，把这些观察总结成符合逻辑的结论，它的作用是帮助你识别真正的客户，如何把他们从只是意向的顾主中分离出来。无区别地向每一位客户推销必定造成匹配不佳，订单不成。判断你现实中的客户与理想中的客户形象将保持这种失败最小化，而且保证你的销售是双赢结果。

我们用理想客户档案，一方面估计现实客户群中的问题，一方面把它作为一个分类机制，能帮助我们减少那35%的一开始就不应该与其合作的客户。你将在这本书中做同样的事。你将通过分析你现在和过去的优秀客户的共同特点来形成你的理想客户档案，然后用它验证你在当前的销售前景预期中出现的各种机会。

这将给你留下一个比你现有的还要简短的前景预期清单，但这个简短清单是真实的。它将使你关注这些在最小化代价下最短时间内就能达到的目标。关注这些目标就是继续使你保持双赢结果。

关键元素6：销售漏斗

在我们的客户来参加我们的培训项目之前，即使是最成功的客户也都发现他们的销售数据会一时走高，一时走低。他们经历着所谓的过山车效应，一月的好运紧接着似乎无法避免四月的萧条。用一个曾给我们送来几百名销售人员的地区经理的话说："在我把他们送来之前，几乎他们中每一个都梦想把两个效益好的季度背靠背地放在一起。"

就像他已发现的，而且你也将要发现，这并不是一个梦想。过山车效应事出有因，也有避免它的方法。在对第六个关键元素的讨论中，我们向你展示维持你所有销售目标和所有客户的方法，从而你可以实现有一个规律的、稳定的收入的梦想。

这个方法涉及一种概念化的工具的使用，这种工具是我们为销售经理开发的，我们不仅在自己的生意中，而且在雇佣我们的所有生意中，通过使用这一工具，都取得了出色的业绩。我们称其为销售漏斗。

这个"漏斗"比喻可能对你来说并不全新，许多销售人员都在谈论如何抛出前景预期，并导入"管道"或"通道"之中，然后等待订单从漏斗的另一端出来。在销售通道的利用方面，我们的不同之处是不一味等待,而是积极并有条不紊地勾勒出漏斗的形态,从而可以在预计的基础上从客户手里拿到订单。

销售漏斗能使你以最明智、最有效的方法来使用你最珍贵的商品——你的销售时间。你知道销售时间是一种稀缺资源,但你可能不知道——或许没有意识到——每个成功的销售都涉及四种不同类型的销售工作。如果你没有在这四项工作中划分时间,你最终可能会浪费掉你拥有的少量时间。有了销售漏斗,你就可以在特定时间内,判定对每个销售目标该做什么样的工作,而且可以在四种工作类型中达到平衡。它也会帮助你决定应该给每项工作分配的时间,从而在有规律的基础上保证预期的收入。

写在介绍部分最后的话

你也许认识到,利用客户资格评估资料,将成为一个以市场为导向的成功销售方式的例子。我们鼓励人们用市场思维,而不是用"产品第一位"的思维。正如我们已强调的,战略营销方法关注客户,我们希望你和客户不仅仅在这次销售中成功,而且要一直愉快地合作下去。你销售的是客户真正需要的产品,而不是只付诸口头服务。蓝图的六个关键元素全都是为了帮助你准确估计客户的需求而设计的,所以按照可预计的、一贯一致的方法去做,自然能得到获胜的结果。实践证明,以这种方式运作是满足他们也是满足你自己的最可靠的方法。

为了理解战略营销所要做的所有准备工作到现在你都已做了。我们介绍了复杂销售的概念,解释了为什么你需要计划战略和战术使其有效。你已对自己在特定销售目标中的地位做了初步的估计,而且也开始考虑可代替的位置,从而使目标的实现更加具有可预见性。最后，我们在纲要中介绍了你将用来作为战略蓝图的六个关键元素。

我们知道你有问题要问。我们知道你希望了解蓝图的细节，而且我们知道你渴望开始把它应用到你现在的销售目标中。那么，让我们现在就开始吧。

第 2 部分

大厦的基石：为战略分析打基础

第 5 章

关键元素 1：购买影响者

　　营销战略的第一步是确定推销对象。因此，你的当务之急就是找到与你的销售目标相关的所有参与者。这一步骤是任何一次销售都必不可少的。

　　虽然识别相关的参与者是销售策略的第一步，但人们往往处理不好，从而给销售带来不良影响。因为大多数销售培训课程只着眼于对学员战术技巧的演练，而不注重其战略意识的培养。有时，一些顶尖的销售人员也会由于没有找到那些真正的影响者，在成功签约前的最后一刻被拒之门外。要怪只能怪那些培训师，他们想当然地认为销售人员肯定知道买方的影响者是谁，培训的任务只是教会他们如何与这些影响者打交道而已。

　　但是，我们不能做这样的假设。经验告诉我们，如果任由销售人员自己去找出关键人物，那么他们只愿意接触那些"谈得来"的人、以前有过合作的人，或者在公司内部有一定"头衔"的人。这些识别参与者的方法都是不可取的。即使这些方法真的帮你找到一位参与者，它也不能告诉你为什么这就是你要找的人，为什么只有他对这次销售有影响。总之，这些方法都不可信。

为什么不可信呢？因为在激烈的销售竞争中，参与者总会不断变化。在11月份和威廉姆逊与迪尔工具公司所签订的销售业务中，你找到了那笔1万英镑销售中的相关决策者。但是，这并不意味着来年3月份的下一笔5万英镑的交易或另一笔1万英镑的交易中，参与者会是相同的人。每一个销售目标都是独一无二的。对特定的销售客户，不管你多么了解过去的销售参与者，一旦有了新的销售任务，你还是需要用系统的方法来确定当前单个销售目标中有哪些参与者。

在战略营销的培训中，我们通过关注销售活动中具有普遍性、稳定性的规律，而不是单个销售之间的变化来确定推销对象。

聚焦购买者角色

不管有多少人参与到购买决策中，也不管他们在各自的部门中担当何种职务，他们在销售中所担当的角色都可以分为四类，我们把他们统称为购买影响者或购买者。那么，这四种购买影响者是什么呢？我们知道，他们包括资金型购买影响者、用户型购买影响者、技术型购买影响者和你的销售顾问。

正如我们在第四章中提到的那样，我们这里所使用的"购买者"这个词完全不同于它通常的意义，不要把它理解为"纯粹的采购员"，即在采购部门供职的人。我们将购买影响者简称为购买者。在战略营销中，购买影响者，或者说购买者是那些能够影响你的销售结果的人——无论这个人的头衔是什么。

诚然，采购员在很多销售中都扮演着购买影响者的角色。但购买影响者并不全是采购员。更确切地说，大部分参与你的销售的购买者都和采购没有什么直接关系。另外，在一些销售中，某些参与者可能扮演着不止一种角色。

看起来好像有些复杂。不要紧。在制订销售策略时，你首先要做的就是针对扮演这四种角色的人确定自己的战略位置。实现这一目标可以分三步走：

1. 知道在每次销售中都存在四种购买影响者角色；

2. 分别从四个角色中筛选出对于你的销售目标来说最关键的几个影响者；

3. 确保将筛选出的这些参与者都考虑在内，也就是说，你要完全理解并且考虑到他们对你的销售方案的态度。

前面说过，我们只关注角色本身，而不在乎扮演这个角色的人有什么头衔或与你有没有过合作之类的事情。为什么呢？为了便于理解，我们以英式橄榄球为例。在两队争球时，站在后场的运动员有着明确的称谓：外侧前卫。比赛的大部分时间他只负责把球清出场。然而，在边线发球时他的角色改变了，而称谓没变，此刻他要承担起防守的任务。如果你认为这只是词义上的区别，那你就错了。试想：对方带球队员在面对"外侧前卫"时，如果认为"我不用担心这个家伙，他只是负责在争球时把球清出场罢了"，会有什么样的结果？必输无疑！

复杂销售和橄榄球比赛是一个道理。购买参与者可能很快就转换了角色，但头衔和行政职能却保持不变。一个与你多次合作的采购经理可能突然失去决策权，原因是你的新销售订单价值太大，或者是一项新产品或服务。每次推销时都注意分析哪些人会在其中扮演哪一种影响者角色，你就可以理清思路，明确公关的对象。

每一个购买影响者都有自己的利益重点，这就是说，对你的销售方案他们会从不同的角度考虑，从而产生不同的观点。那么，要想销售成功，你必须要说服每一个人。

资金型购买影响者

资金型购买影响者是能够最终决定是否出资购买你的产品或服务的人。简言之，他们就是付钱给你的人。因此，有时我们说资金型购买者信奉的金科玉律是——谁有钱，谁就有权。有钱的人可以在其他人都说"行"的时候说"不行"，也可以在别人说"不行"时偏偏说"行"。

资金型购买者的关注点和重要性

此类购买影响者主要关心的是产品的性价比，即这笔钱花的值不值。由于他们有资金支配权，所以只要你的产品或服务正好符合企业的需求并且能带来好的经济效益，他们不太在乎钱数的大小，他们只关注购买你的产品会为本企业带来哪些变化。

虽然一位资金型购买者在不同的销售中会担任不同的角色，但在同一笔买卖中，他只担任一种角色。不管有多少人对你的销售方案发表看法，但只有一个人作出最终的决定，而这个人就是资金型购买者。因此，你必须找到这个人。

澄清一点：充当资金型购买影响者角色的可以是一个人，也可以是决策机构。但即便是一个决策团体，其内部也往往只有一个拍板的人。当你把产品卖给这样一个团体时，你通常得确定他们中谁直接掌控资金。虽然他不能私下里决定出资买你的产品，但他对你的推销会产生关键的影响。所以，你要格外关注他。

明确这一点是很重要的。一位美国飞机制造商在向一个中东国家推销喷气式飞机时就遇到这样的情况：从国王到空军司令，甚至是飞行员都十分喜欢他们的产品。但是，当这个制造商起草好合同并把它呈给国王签署时，国王看起来既高兴又为难。他说："这单买卖真的不错，但目前我们所能做的就是请求我们的老朋友们，各个阿拉伯国家，把钱借给我们去买飞机。"本来已经确定的数千万美元订单突然搁置下来，等待管钱的人来最终拍板。真是让人沮丧！

这只是个极端的例子，我们很少有人能够接触到这样大规模的销售。但是，相同的原则适用于任何规模的销售。如果你不清楚购买资金的来源——你应该在销售一开始就确定下来——那你的销售就成了未知数。

下图总结了资金型购买影响者的关注点和这个角色的重要性。

资金型购买影响者

角色：采购的最终批准权

每次销售只有一个（可能是一个人或一个机构）

- 控制开支和发放资金
- 拥有资金使用权
- 拥有否决权
- 拥有决策权（并且使之实现）

关注点：购买产品的性价比和对公司的影响

通常可能这样提问："我能在此项投资中得到什么回报？"

找到资金型购买者

为了识别出销售中的资金型购买者，你必须知道从哪里着手。首先，他肯定不在公司的下层。充当资金型购买者角色的人通常在公司中出任要职。在小公司中，经营主管或者董事长可能在很多采购中担任资金型购买者。但是，你不能总是往上层找。资金型购买者同其他购买角色一样，总是处于不断变化之中。要确定谁是这个关键人物，有五个因素需要考虑：销售额、公司经营状况、购买方与你和你们公司的交往经历、购买方对你的产品或服务的了解程度，以及购买方内部结构影响。

1. 销售额

你的销售额越大，你就越需要从对方公司的高层领导中寻找资金型购买者。每家公司内部的层次结构都很复杂，由哪一层作最终的购买决策都有自己的标准，而这个标准与公司的采购额和规模相关。在年营业额达千万英镑的公司中，经营主管可能感觉只要超过1万英镑的采购就需要他亲自审批。在年销售额达5亿英镑的公司中，经营主管可能只会在超过5万英镑的采购中才担当资金型影响者。在小公司中必须由高层审批的采购，在大公司中往往只需要中层人员处理即可。

2. 经营状况

在困难时期，经营管理往往从细节开始。因此，公司整体的运转越不稳定，资金型影响者就越可能出现在公司的高管层。这种情况是很常见的。有一家经营计算机的大公司年业务量高达数亿英镑。在正常时期，每笔超过5万英镑的开支才由CEO批准。然而，在最近的经济萧条中，每笔超过5000英镑的采购就要由他批准。甚至在《财富》500强企业中，这种情况都司空见惯。

3. 购买方与你和你们公司的交往经历

即便是最可靠的销售人员，要取得客户对自己公司的信任都需要花费很长时间。对购买方来说，缺乏对供货方的信任就需要冒更大的采购风险。这种风险则意味着购买的最终决策将由公司的更高层作出。相反，购买方与你和你的公司接触越多，那么你和你公司的信誉就会越好，采购方的高管把最终决策权下放给中层管理者的可能性就越大。

4. 购买方对你的产品或服务的了解程度

即便一个采购单位和你的公司合作得一直非常愉快，它也可能对你当前销售的产品或服务不太熟悉。如果是这种情况，资金型影响者的角色就会向公司上层转移。如果他们以前曾经买过这种类型的产品，但不是从你那儿买的，那么决策人的地位同样向上转移。例如，一个公司决定在其生产部门中使用自动化生产线，显然这种重大的对于全新产品的采购需要高层的最终批准。但是，如果这个公司以前从其他供货商那里买过类似的自动生产线，那么这次采购可能只需要中级管理层就可以决定。这样，资金型影响者就会向公司下层转移。

5. 购买方内部结构影响

因为资金型影响者所关注的是企业长期的稳定和增长，这样重要的事情必须由一位高层人员来决策。例如，是否对财务手续进行电脑自动化改造的问题必须由高管拍板，而一些后续工作如员工培训或是设备供应等问题的处理则可能交由下属处理。

有一个关键点需要记住，即对于一个公司或某次销售来说，并不是只有一位固定的资金型影响者，乃是因时而异、因事而异，而这取决于以上所概括的因素。

在寻找资金型影响者时，许多精明的销售人员都会思考这样的问题："这件事要是在我们自己公司会由谁拍板？"这种问题对你的销售很有帮助。虽然问题的答案不一定能使你找到确切的人，但是它会让你把公关重点放在合适的管理层。另一种方法是征询销售顾问的意见，以便在短时间内确定资金型购买影响者。

用户型购买影响者

这是指那些购买产品后实际使用（或者监督使用）你的产品或服务的人。这个角色将评价你的产品或服务给生产带来的影响。

关注的焦点

用户型购买影响者主要关心的是在他们的领域或部门内，销售将如何影响日常工作；因此，他们的眼界要比资金型影响者窄。他们会问你一些产品日常使用的问题，比如产品的可靠性、服务口碑、员工所需的再培训，以及设备操作的便捷性、维修、安全等。

由于他们关注的焦点是你的产品如何影响自己的工作，因此他们对销售方案的反馈带有一定的主观性。这并不是说他们不理智或不中肯，而是指由于他们的个人业绩依赖于你的产品和服务，因此在你向他们推销的时候必须将主观因素考虑在内。用户型购买者想要性能良好的设备不仅仅因为这将使他们的生产率提高，还因为更高的生产率让他们看起来很能干。因此，你若想要让用户型购买者站到你这一边，你要对"你的产品和服务将如何为我服务？"这一问题作出令人满意的回答。

在许多复杂的销售中，有许多人会属于用户型影响者。举个例子，假如你正向一个大公司推销保险，用户型购买者可能包括员工福利经理、人事经理、工会代表或者其他一些相关部门。如果你推销实验室器材，其中可能包含技术负责人、研发经理和各种实验室的技术人员。如果你向一个公司推销30台新型计算机，用户则可能包含公司经理、数据处理人员和电脑操作员。在我们前面提到的销售飞机的例子中，用户型影响者是军方人事部门、飞行员和飞行指挥员等实际操作飞机的人。因为所有这些人的主要利益是他们要做的工作,所以他们都应该被视为用户型购买影响者。下表概括了此类决策人所扮演的角色和关注的事宜。

> **用户型购买影响者**
>
> 角色:判断对自己工作表现的影响
>
> 通常几个或多个
>
> - 使用、监督你的产品、服务或解决方案
> - 对你给出的解决方案带有个人感情
> - 连接使用者、产品、服务和解决方案,决定其能否成功
>
> 关注点:未来要做的工作
>
> 通常可能这样提问:"对我的工作有什么影响?"

不能忽视用户型影响者

如果你没能说服一个关键的用户型影响者,那么这笔销售业务将很难实现。有时,管理层购买的产品得不到具体使用者的青睐,当然这对所有人而言都不是好事。你必须让产品使用者满意,因为他们使用你的产品时的感受会影响所有人的看法。所以,总围绕一个关键影响者转是有风险的。当你这样做的时候,由于忽略了具体的使用者,他们可能会对你今后的销售产生负面影响。

几年前,我们的一位朋友将一个10万英镑的检测程序卖给一家纺织公司时,就遭遇了类似的暗中阻挠。这个方案是为帮助技术人员和其他技术工人更高效地检修设备而设计的。纺织公司的总经理对产品十分满意,于是决定在他的12家工厂都进行试用。不幸的是,在推销完成之前,这位销售人员忽略了跟这些分厂厂长——重要的用户型影响者——的接触。

试用合同签好后，他去现场进行顾问，被那些厂长当作麻烦制造者，认为他有意避开他们而直接和老板联系。最后的结果如何呢？在试用一个月后，这些厂的检修效率都比以前低了很多。项目本身毫无问题，问题出在这些工厂经理由于被忽略而怀恨在心，因此故意使它不起作用。结果，试验期的结束也宣告了销售的失败。

我们的朋友从这个经历中学到了很有价值的一课。他意识到现在遭受的损失完全是由于自己对其他使用者的忽略造成的。他发誓以后绝不会再忽视任何一个用户型影响者。他告诉我们："以后销售产品，先要让具体的使用者喜欢。"

技术型购买影响者

如果说对付用户型影响者有些困难，那么对付技术型影响者就是相当困难。我认识的一位销售人员把这些人叫作"不会说'是'，只会说'不'的人"。事实的确如此。在销售中扮演技术把关者角色的人通常不止一个，当你面对他们时，可要有思想准备，因为他们习惯于"否定思维"。

技术型购买影响者犹如守门员

技术型购买影响者习惯于说"不"是因为那是他们的本职工作，他们就是要对产品进行筛选。他们是守门员。你可以称他们为销售行业的技术权威，承担的是遴选供货商的任务。他们并不决定谁将胜出，但他们决定谁能参加竞争。

虽然技术型影响者对采购所起的作用有限，但是不容忽视。他们从技术角度对竞争者进行筛选，所以被称为"技术型影响者"。

"技术型"与技术并不是一回事。的确,有一些技术型影响者与技术有关,但也有很多人不是。举个例子,有个人的专业是电子学,但他对某一种电子产品的了解可能比销售人员还要少。他们只是依据本部门的指标和规范对你的产品和服务进行量化鉴定。这些规范和指标可能与技术有关,也可能无关。

又比如说,客户的私人法律顾问,从技术层面来说可能对你的产品一无所知,但是他仍然可以通过合同的条款和法律依据为雇主提供筛选结果。会计师可能对相关技术一无所知,但如果他认为对方信誉有问题,也同样可能使一笔大宗的汽车交易泡汤。

最有可能充当技术型影响者的是采购部门的人。即使你的产品及服务与客户的要求相符,但是采购部门也可能依据相关规定,从价格和交货时间到送货和产品说明书等方面挑刺儿,从而将你筛除。除了采购人员,还有一些人也可能充当技术型角色。人事经理可能因为你的产品对员工产生精神压力而否决一项采购。一个政府部门可能因为一些规定而淘汰掉你。无数案例说明,技术型影响者很可能以一些规则为由,否决一桩其他所有人都想进行的交易。

如果不想被技术型影响者筛选掉,你必须清楚他们所遵行的指标或规范是什么。其实,他们真正想知道的是你的产品与他们所持标准的符合程度。因此,你对你的产品了解得越多,对你的产品在特定条件下的所有测试结果知道得越多,你就越有可能得到技术型影响者的推荐。

下面方框内的文字总结了你需要记住的关于技术型购买者的几个关键问题。

> **技术型购买影响者**
>
> 角色：筛选
>
> 通常几个或很多，承担的任务：
> - 判断可测量和计算的内容
> - 守门员
> - 不是最终决策人
> - 可以就技术方面给予否定
>
> 关注点：满足他们的专业要求
>
> 通常可能这样提问："这一项能满足特定的标准吗？"

隐藏或伪装的技术型购买影响者

由于技术型影响者经常比用户型影响者和资金型影响者难辨认得多，因此他们给销售代表带来不少麻烦。千万不要低估技术型影响者的能力，或因为某人在筛选过程中所起的作用没有立即体现出来而断定这个人与销售无关。请看一个案例。一家出现财务困难的航空公司在试图转让飞机所有权以偿还债务时，就遇上了这种麻烦。

这家航空公司的债权方、处理债务问题的法院，以及航空公司的工会都完全同意这个方案，但在最后一刻民航局插手进来，以该公司转让方案未做备案为由终止了它的航班航线和飞机起降权。如果谈判双方事前能考虑到所有的交易细节，他们应该可以及时认识到民航局不可能与此事无关，所以需要提前去接触并说服他们。他们忽略了技术型影响者，导致了这次交易的失败。

有一些技术性购买者似乎难以识别，而有些则是显而易见的。技术型影响者难对付，不仅仅是因为他们筛选者的角色，还因为在扮演这个角色的过程中，他们经常会影响到财务部门，这一点是你很难发觉的。事实上，技术性购买者最爱玩的把戏是让你相信他们有资金支配权——他们对推荐这笔交易有最终的权威性。相信这种话可能使你一开始就陷入困境。

并不是所有的技术型影响者都在销售过程中故意玩把戏、隐瞒自己的角色。一些技术型影响者确实相信自己有最终发言权。有时，他们自己可能也不清楚是否弄明白了资金管理人的意思。比如说，资金管理人想要节省时间，可能用含糊的话语要求技术型影响者对候选供货商作推荐："玛格丽特，不管你说的是谁，我们都会接受，首先提出候选名单好了。"如果玛格丽特是一个完全理性、毫不自负的人，她会这样理解这句话："你把信息提供给我，我来作决定。"但是，普通人都很容易把它理解成："玛格丽特，我信任你，你来作决定吧。"因此，如果你遇到了一个误解了自身角色的技术型影响者，很可能会被他误导。

为了避免此类麻烦，你需要依靠扮演第四种销售影响角色的人——顾问。

你的顾问

顾问的角色是在销售过程中给你提供有关信息以便使你的销售获得一个令人满意的结果的那个人。他不仅能帮助你获得订单，更能让你的客户对你的产品或服务满意，为今后的继续合作打下基础。顾问可以帮你弄清你的销售目标的可行性，使你明确公关对象，对你如何处理与客户的关系提供建议。想要完成任何一项销售，你都需要至少一位顾问。

寻找一位顾问与确定其他三个购买影响者不同。前三个购买影响者已经存在，你仅仅需要找出他们是谁。而顾问需要你去培养和发掘。前三个影响者在你找到他们之前可能已经起作用了，顾问的角色事实上是你创造的。创造的过程中，你必须记住顾问的作用是促成销售成功，而这正是你需要他的原因。

下表是有关顾问——第四个，也是最独特的购买影响者——的显著特点：

顾问

发现顾问的渠道：

- 购买机构内部
- 销售机构内部
- 局外人

注意把你的蓝图和顾问分享

好顾问的三个标准

你可以依据以下三个标准选择顾问：

1. 信任你的人

你之所以信任顾问，往往是因为你们以前有过愉快的合作。所以，你尽可以从对你的销售一直很满意的老客户中选择顾问。如果某位客户对你去年销售的产品十分满意，他便对你有了信任感，这正是好顾问的基本条件。

2. 为了单一销售目标的交易，顾问要能获得购买影响者的信任

一旦你发现有人相信你，那么，你就要确认购买机构也相信这个人。如果一个潜在的顾问不能获得各位购买影响者的信任，他的这一联络点就非常薄弱，为你提供的有关信息也不具有可信度。

由于购买机构的信任非常重要，你时常会发现好的顾问就是购买方内部的人。我们已经注意到，在销售中，人们往往可以扮演不

止一个购买影响者角色,那么为什么不试试把对方内部的一些购买影响者作为你的顾问候选对象呢?技术型或用户型购买者是顾问角色出色的候选人。当然,能把资金型购买影响者发展成你的顾问是最好不过的了。

3. 你的顾问要对你有信心

换句话说,你的顾问需要你获得成功,起码在某次销售中取得成功。如果他是你的朋友,那么他对你的帮助可能是无私的。但大部分情况下,你的顾问是希望从你的销售成功中满足自己的利益的。

顾问

角色:此次销售的顾问

主动培养至少一名

提供并解释以下信息:

- 此次单项销售目标的有效性
- 其他的购买影响者
- 你的战略分析涉及的其他因素

关注点:你当前销售的成功

通常可能这样提问:"怎么才能让这一结果出现?"

既然顾问很在意你的成功,那么除了可以在买方内部发展顾问外,你也可以在自己公司内部发展。最近,我们就了解到这样一个很有创意的例子。一位销售人员把自己的老板发展成了顾问。这位老板也是干销售出身,原来也推销过类似的产品。由于他的产品不错,多年来深得众多客户的信赖,有着非常好的声誉。而这位销售人员由于表现出众,也获得老板的器重。为了帮助自己的下属推销产品,老板同意当他的顾问也就在意料之中了。

请求指点

当然，要找到这样一位完全满足三个标准的顾问并不容易。但是，只要你觉得某人有可能符合上述条件，我们建议你通过向他请教问题来检验一下对方是否称职。一个真正的顾问是不会拒绝你的请求的。

很多人都想当顾问。在我们的文化中，"顾问"一词有很明确的正面意义，专业人士都愿意向别人展现自己在某个领域的权威性。退一步说，即便他没有能力为你提供有价值的信息，他也可能向你举荐其他合适的人选。只要你在每次销售中都注意发掘顾问，经过长期的储备，你最终会建立一个可靠的顾问团体，无论你做什么销售，他们都可以为你提供最确切的信息。

然而，请求顾问指点，并不等于说为了完成销售而找个帮手。你不要指望顾问去替你做销售，更不能让他发觉你有这种想法。毕竟你才是销售人员，更何况顾问自己也有很多工作要做。当你说"可以帮我和杰克逊谈谈吗"，或者"你能向……举荐我吗"时，会很容易被误解为"我没有能力完成这个销售，请你帮我完成吧"。顾问听到这样的话，肯定会对你失去信心。

你需要顾问做的是帮你确定应对购买影响者的方法，即提供建议。你可以对顾问说："我可能需要你的指点。我搞不清这两件事之间的关系，你能给我分析一下吗？"只有这样，你才能获得顾问的指点。

向所有的购买影响者推销你的产品

我们的米勒·黑曼公司成立后不久，一个全国最大的食品加工企业的总裁很欣赏我们的培训方案，于是他考虑派遣几百名销售人员参加我们的培训。前景看起来非常好。我们访问对方公司的请求得到了他的非常积极的回应，并很快开始商定会面的具体日期和地点。

唯一的障碍就是一个过于敏感的业务培训经理。他认为我们的项目是对他的威胁。于是，他以"设计不合理"和"基本结构有缺陷"这样的理由来反对我们的方案。其实他反对的真正原因是——害怕。他认为，如果我们介入，他就得退出，或者至少他的权威地位将会丧失。

对他的反对，我们并未在意，因为我们知道他的担忧是不必要的。我们只负责介绍方案，具体的实施都由他负责，更何况我们也获得了总裁的支持。可是，尽管总裁仍然赞赏我们的方案，却也不能不顾及下属，更不愿因此失去这位得力助手，后来他放弃了最初的设想。我们即将到手的订单就这样付诸东流了。

这个故事说明，在每次销售中，最重要的原则是你应该把你的产品出售给所有四种购买影响者，而不是一两个。我们当时应该把信任我们的那个总裁发展为顾问，让他来帮助我们说服经理（用户型影响者和技术型影响者），使他相信我们对他的威胁是不存在的。可惜我们犯了最低级的错误：认为只要高层同意，其他一切事情都会水到渠成。我们为这个错误付出了高昂的代价。

无论销售人员只注重高层影响者（就像我们所做的）或者中层影响者（就像飞机制造商所做的），他都要付出代价。许多销售人员只与合得来的客户建立联系，例如，电器公司的销售人员通常都是专业领域工程师，他们只愿与同为工程师的用户型影响者和技术型购买影响者交流。但是，因为他们忽视了公司高层和财务人员，所以总是会输给重视所有四种购买影响者的竞争对手。

当我们这样说时，有人会反对："难道就没有一个人同时扮演四个角色的情况吗？"

答案是：不可能。的确，有一些小公司的老板似乎掌控一切，好像所有的决定都由他作出。但是，在你深入了解情况以前，先不要轻易下结论。难道他会亲自过目公司所有的合同？他是否会亲自使用你的产品？他完全不听别人的意见和建议吗？或者，当你搞清楚这个公司是如何作出购买决定的时候，难道你没有发现他的下属扮演的角色好像比看起来更加具体和复杂吗？

这种一个人说了算的公司已经是过去的事情了。如今的销售无一例外都很复杂。尽管我们说过一个人可能同时扮演双重或多重角色，但是如果在一宗重大的销售中你只发现了一个影响者，那肯定是你判断有误。

购买影响者的级别

结束本章之前要澄清一点：我们所说的关注所有购买影响者，并不表示在任何情况下你都认为他们对销售结果起着同样重要的作用。很少有这样的情况。所以，尽管说忽视任何购买影响者都是危险的，但认识到这样的道理同样重要。也就是说，在很多销售中，某些角色可能"更重要"或者"不是很重要"。

所以说，有些购买者可能会对销售结果产生重大的影响，因此，要对他们予以特别的重视。有些购买者的职务也许惹人注意，比如经营主管、资金型购买者，但他们在销售中起的直接作用并不大。要制定出高明的营销战略，你不仅要关注全部购买影响者，更要注意每个人在你的目标中的影响程度。

采购影响者的级别是我们在第二版《新战略营销》中提出的新概念之一。下面将举例阐明它的重要性。

起决定作用的技术人员

假定你向一个公司推销一套电脑操作系统，如果这个价值几百万英镑的合同需要公司高层决定，你可能认为那些参与评估该系统的"小小的技术人员"肯定没有直接签字的负责人重要。但是，如果这个负责人习惯于遵从专业人员的意见，那么这个"不重要"的参与者的意见在销售上可能具有很大的影响，而你将不得不调整销售策略去适应这一情况。如果你没有这样做，那么你的销售计划很可能由于这些技术人员而泡汤。

不起作用的反对者

我们的一位销售人员在提供针对库存问题的解决方案时，曾遇到这种情况：负责存货的经理不喜欢她的建议，所以她把这位经理看作此次销售的主要障碍。幸运的是，由于其他购买影响者很不喜欢这位经理，他的反对反倒成全了她的成功。随后，这位经理的影响者级别从较小降到了零，最终被迫辞职。这就是所谓的不起作用的反对者。

只管盖章的资金型购买影响者

随着产品技术越来越复杂，很多情况下，资金型影响者更多的是放手让技术人员去考察某个设备或系统的购买价值，然后只管在技术人员所作的决定报告上签名盖章即可。虽然买卖离不开印章，但这种情况下，资金型影响者的作用被最小化了。一个好的销售策略要考虑到这一点。

需要说明的是：当一个资金管理者选择将权力下放，这种看似削弱他的权威的行为其实是反过来突显出他的"权力"，即对决策的影响力。在营销中你一定要时时注意这种"明舍而暗得"的现象。营销中类似这样的充满变数的现象很多,所以高明的营销策略会时刻关注每一种决策力及其走向。

在明确了各个影响者后,我们需要关注他们在销售中各自的影响力的大小——哪个影响力最大,哪个一般,哪个是最小的?当然,对每个人的影响力进行量化并不准确,也不会使你百分百地确定谁是主要的、谁是次要的,但起码它可以为我们提供一种途径去了解一项采购决定是如何产生的,每个人在其中起着怎样的作用。正如一位销售行家所说:"通过量化影响力大小,你可以检验自己掌握信息的准确程度。"

五种关键因素

在进行量化时,千万不要主观猜测一个人的影响力大小,而要考虑到导致影响力提高或降低的团体和个人因素。以下是我们认为很重要的因素:

团体的影响

你的建议在买方的哪个层级才最有可能产生直接而又持久的影响?这个问题的答案会指引你关注对此次销售最具影响力的层级。假如你在销售时保证为对方带来更好的效益,那么,资金型影响者的影响力就是最高的。

专业知识水平

对于你所销售的产品的优劣,买方公司里哪些人最有发言权?高层管理人员最可能向哪些下属征求意见?一名运输部门的主管对公司内的决策不会有什么影响力，但是如果你推销的是一条叉车生产线，那么毫无疑问他的影响力会提高。

自我定位

有一句业内箴言："房地产中三个最重要的因素是地段，地段，还是地段。"在分析影响者时，决策人身处何方也是要考虑的因素。道理很简单。比如说，你正向一家总部设在伦敦的公司进行销售，你的方案需要三位经理的首肯，如果其中一位经理常驻纽约，可能他的影响力会小于其他两位。当然，"可能"并不等于"肯定"，或许经过询问别人，你发现他的影响力是很高的。如果这样，那你只能亲自飞往纽约了。

个人优先权

一位购买影响者在你的销售中越具有优先权，他对销售结果施加的影响就越大，或者至少他会试图这么做。这一点尤其适用于用户型影响者，因为他们的工作受到销售方案的最直接的影响。但是，任何购买影响者都有可能在销售上获得私人利益，特别是当他把施加影响看作保护和发展自己权益的机遇的时候。

权利争斗

保护势力范围是内部政治行为的一个很好的例子，这些争斗可能是决定购买影响者的最普遍，也最让人头疼的因素。在下一章我们将分析一些诸如雇佣、解聘和企业内部结构调整对我们判断购买影响者的影响。在这里要给您提个醒：想知道买方会否购买你的产品，你必须更进一步地考察每一种购买影响者，继而观察一下他们对销售可能产生的影响。

不过，在进一步观察之前，你需要先确定有哪些购买影响者。下面我们来做这项练习。

个人实践练习2：购买影响者

为了应对复杂的销售，你需要进行一些练习。在这个练习中，你要将购买影响者因素应用到对销售目标的分析当中。

第一步：画出购买影响者记录表

我们已经分别定义了销售中的四种购买影响者。我们建议你把他们写在表格里，以方便回顾或重新确定你在销售中的战略定位。这个表格称为购买影响者表。

翻开你的笔记本，把页面较长的一侧水平放置，在页面的顶部写上"购买影响者记录表"。划十字线把该页四等分。在四个框里分别写上四种购买影响者类型的名称。紧接着，写上他们各自在销售中扮演的角色。把字写小点，以方便今后继续向表中增添内容。你做好的表格应该与下表类似。

购买影响者记录表

资金型购买影响者： 控制预算支出	用户型购买影响者： 使用或监督产品/服务的使用
技术型购买影响者： 判断销售方案的可量化性	顾问： 作为向导为你的销售提供信息

第二步：标识出所有的购买影响者

现在，结合你的销售目标，在框里写下在销售中担当这四种角色的人的名字。记住，资金型影响者只能有一个，但其他的三个框里你可以写下几个人的名字。当然，一个人如果扮演多种角色，他也可以重复出现在多个框里。

标识影响者有两种方法，只不过一个对，一个错。错误的方法是仅仅列出你接触过的人并把他们填进框里。这种分类标识法看着挺好，其实收效甚微。如果你只从买方公司的组织结构着手，因为布莱克是董事长就给他加上一个资金型影响者的称号，因为斯尼德尔负责生产就给她加上用户型影响者的称号，那你肯定是把头衔和角色搞混了。

正确的方法是识别出扮演这四种角色的人。为了正确识别这些人，你可以思考以下这些问题：

- （确定资金型影响者）"出钱买我的产品，谁最后说了算？"
- （确定用户型影响者）" 谁会在工作中直接使用或监管我的产品？"
- （确定技术型影响者）"谁会在遴选供货商时对我的产品性能进行量化考核？"
- （确定销售顾问）"谁能在销售中为我提供指导？"

把这些人的名字写在相应方框内的左侧。

第三步：确定影响者的影响程度

接下来的一步是确定这些购买影响者对你当前的销售目标产生的影响是很大、一般，还是很小。记住：一个资金型影响者不一定会对你的销售起决定性作用。不管怎样，即便他把决策权下放，你也要将他考虑在内。因为我们说过，"印章"的作用是绝不容忽视的。还要注意一点：千万不要忽视任何一个购买影响者，不管他的影响力大还是小。

现在，结合我们上面提到的五个关键因素，对每个人的购买影响力进行分析。如果你觉得他的影响力大，就在他的名字旁标"H"，中等的标"M"，小的标"L"。这时，你的表格应该与下表类似。

购买影响者记录表

资金型购买影响者： 控制预算支出 丹·法利　　　　　H	用户型购买影响者： 使用或监督产品/服务的使用 多瑞斯·格林　　　　H 亨利·巴恩斯　　　　L
技术型购买影响者： 判断销售方案的可量化性 加里·斯坦博格　　　M 威尔·约翰逊　　　　H 亨利·巴恩斯　　　　L	顾问： 作为向导为你的销售提供信息 多瑞斯·格林　　　　H 安迪·凯利　　　　　M

第四步：检验你在销售中的定位

最后，依次对照每个人的名字，考虑一下你现在所处的战略位置。记住，不管你目前清楚与否，你总是有自己的一个位置的。在这一步练习中，你要客观评价你相对于每个影响者所处的位置。

在评估自己与购买影响者所处的相对位置时，你要弄清以下两个问题，它们是用来便于发现常见的不确定区域的。

1. 我是否找出了所有担当这些影响者角色的人？
2. 我是否与他们每个人进行了接触？

第一个问题不难理解。既然我们强调能扮演这四种角色的人很多，那么你就应该把他们都找出来，而不能说："好了，我找够四位了，够了！"

第二个问题与我们将充分解释的一个概念有关。现在，你仅需要把"覆盖基础"看成"接触"或"合格"的同义词。在仔细观察你的购买影响者记录表时，问问自己是否亲自或派人与其中的每一个人联系过。虽然你已明白购买者的角色，但如果未曾拜访过他，就说明没有覆盖基础。

对那些影响力无法确定的人，把他们的名字用红笔标出。在还没有填入人名的方框里画一面"小红旗"。这些红色的标记会提示你在哪些方面还未确定自己的战略地位。不要为这些红色标记担心。要是你的表中没有了小红旗，说明你已经签下订单。接下来，我们会告诉你如何运用这些红色标记提升自己的战略地位。

第 6 章

关键元素 2：红旗/实力杠杆

在我们举办的一次战略营销培训中，学员们正忙于确定各自的影响购买的因素，这时，其中一位业绩优秀的销售人员兴奋地把铅笔往桌上一扔，面带喜色。我们看到他绘制的表上标满了小红旗。"知道吗？"他说，"我认识到我以前从未注意过的事情，这是我最大的收获！看来我得反思一下自己的销售了。"

我们为他的发现高兴，更为他从中所得的结论而高兴。不难看出，他之所以能够成功，在于他能够恰如其分地运用"小红旗"：通过标注"小红旗"提醒自己及早解决销售中存在的问题。一般来说，那些最成功、赚钱最多的销售人员，往往也是在分析表中标注"小红旗"最多的人。这些人对"红旗"标注法十分重视。一旦发现"小红旗"，他们便会对销售形势重新评估，并依此调整自己的策略。

我们说过，我们使用"红旗"标注法，就是看重"红旗"在日常生活中是"警告"或"危险"的信号。不要以为表中标注"红旗"的区域仅仅是一些需要进一步完善或确定的因素，其实你应该把它们看作迫在眉睫的危险，阻碍你实现销售目标的威胁。

"必然存在的"红旗

事实上,有无数因素能够影响你的销售,而首先我们要讨论的是其中五个最普遍、最危险的因素,所以把它们称为"必然存在的"标注红旗的区域。

缺少必要信息

在前面做图表的练习中,我们让你在存在不确定因素的项目旁标注红旗。这意味着你要高度关注缺少相关信息的区域,因为这些区域就是潜在的危险。只要有这样的不确定因素存在,你就要重新评估自己在营销中所处的战略地位。

无法确定真伪的信息

同样,如果你的答案是不确定的,你也需要重新评估自己。相关信息有没有、确定不确定,会对你的销售产生截然不同的影响。如果你知道自己缺少哪些信息,那么你会很明确地去搜集,这对完成销售业务很有帮助。可是,假如你把一个错误信息当成是真实的,那么你的风险就大了。

正因为如此,我们强烈建议你对那些你认为是"完全可靠""几乎肯定""有90%的可信度"的信息再认真检查一遍。

未进行接触的购买影响者

在前面进行的个人练习中,我们要求你用红旗标出那些你未曾亲自或派人进行沟通的影响者。忽视任何一位影响者都是一个威胁。我们通常把这样的购买者叫作未被覆盖的基础。这里的"基础"在棒球比赛中叫作"垒"。从这个比喻可以清楚地看出，对一个主要的球员，如果接触或盯防失败，你将遇到多大的麻烦。在比赛中，你可以不用一名或多名主力球员。同样，不用接触任何相关的购买影响者也能做成复杂销售。但是，这么做的不确定性极大，你何必要冒险呢？

当然，你不用亲自去接触和说服每一个关键的影响者。事实上，这并不总是最有效的策略。但是，作为营销策略的策划者、复杂销售的管理者，安排合适的人与四种购买影响者角色接触是你最主要的责任。而找到合适的人选则是关键所在。就像棒球队的经理一样，你必须确认每个"垒"都被最合适的球员盯防。

有时最合适的人就是你自己，有时可能是你的同事、一位赞成你的方案的购买影响者或者是你的顾问。我们的很多客户——如爱玛客、可口可乐、惠普等，都采用分级销售。因为他们明白，人们往往愿意与自己同级的人交谈：如董事长与董事长谈，中层管理人员与中层管理人员谈，或者律师跟律师谈，等等。销售目标不同，会谈人选也会不同。但有一点相同：要想成功销售，必须与所有的影响者进行沟通。

新上任的购买影响者

新上任的影响者往往会给你的销售亮起红灯。除非你很确定这位新人对你的方案完全赞同，否则还是把他看作对你的潜在威胁吧。听起来似乎有些谨小慎微，但这样做是完全必要的，因为人的思想变化无常。

我的一个销售医疗器械的朋友就尝过这种苦头。一家医疗中心的财务负责人杰弗里在与其签完购买意向书后，他的职务便被一位名叫柯尔的女士所取代。我们的朋友以为意向书都签了，这笔生意不会再有变数，于是轻松地去度假。不料，当他返回时却发现这单生意根本没做成，因为那位新上任的柯尔推翻了杰弗里的决定，转而向另一家价格更低的公司采购。一笔大买卖没了。

在销售时犯这样的错误实在不应该。那应该怎么做呢？一位保险代理人向我们展示了正确的做法。他在向一家有 3000 名雇员的公司推销团体保险的过程中，该公司突然请来一名新的顾问。此时，另一家大保险公司也在向这家公司推销保险，只不过比较起来胜算不大。如果此时这位代理人为自己所处的有利形势而自得，却忘记出现新的顾问是一种潜在威胁，那么他会后悔一辈子的。

幸好，他知道他的销售分析表中出现了一面新的"小红旗"。于是，他把这位顾问当作威胁去重视而不是忽略她。他竭力说服这位顾问，使她相信购买他的保险会使这家公司受益，对她本人也有好处。而那家大公司的代理人却忽视了顾问，最终失败。这个典型的案例说明，明智的销售人员可以把具有潜在威胁的购买影响者转化为盟友。

当然，新上任的购买影响者并不总是威胁。作为一名专业的销售人员，你的一项任务就是把许多新面孔转化为自己的客户。只要你考虑到每个新面孔，你就可以做一个出色的销售人员。

企业内部重组

解决出现新面孔的问题并不难，因为一切你都看在眼里。但是，如果在一项交易中某购买决策因素的面孔不变，其名称和职位都不变，但他对你的销售所起的作用却变了，这种情况你可要小心对付了。

我们说过，不管在什么样的企业内，扮演四种购买影响者角色的人都不是固定的，所以，每当有新的销售计划，你都必须重新确定所有的购买影响者。如果对方公司刚进行了结构重组，那么你更要进行这项工作。

时下，这种内部结构重组可以说成了一种惯例，我们成天都被一些诸如"适当规模""技术重构""重组""并购"等词包围着。其结果就是总有公司进行重组。因此，你要预先做准备。如果你遇到任何可能影响你的销售方案的重组之类的事情，要立刻用红旗把它标注出来。

当重组发生在公司这一级，它对你的影响并不大。比如，两家大公司合并或者《财富》500强企业CEO的更换，你不必担心这会影响到你的销售前景。但是，当重组是小范围的、只限于企业内部时，你就应对此高度关注。有一种重组最难察觉：就是当某位影响者虽然头衔和名义上的职责都没变，却不再具有同样的权威。

例如，我们认识一位供职于某大型日化公司的部门经理，十年时间他都在同一间办公室行使同一职权。他有权批准本部门内任何超出1万英镑的采购。那么，在这些交易中他是资金型决策人。后来，他得到"提拔"了，但仍在那个办公室办公，就外人而言，他的职权没有变化。但事实并非如此。有许多人在获得"高管"头衔的同时却失去了原本的资金影响者地位。他晋升后，任何一笔1万英镑以上的采购都不是他一个人说了算了，必须同时得到另一位经理的批准。如果销售人员没有认识到情况已经改变，继续向一个名不副实的资金管理人员推销，无异于浪费自己的时间。

现如今的企业重组实在太多了。一位接受培训的学员向我们抱怨说："那家银行的职员任职期限是90天，在这种情况下，重组是最需要标注红旗的因素。"对于智者，一言足矣。只要对方发生重组，你就要重新确定所有的购买影响者。

以上讨论的五个"必然存在的"标注红旗区域，以下页图表的形式予以总结。这些因素是你在销售中最常见、最危险的。但它们只是冰山一角，可能影响销售结果的因素不计其数。因此，只有时刻保持警惕，才能获取成功。

红旗警示

- 丢失或不清楚的关键信息
- 新的或未接触的购买影响者
- 重组
- 对任何信息的不确定性

反馈和机遇

除了要时刻记得运用红旗标注法外，你还要明白：具有战略意识的销售人员在面对每一种可能发生的事件时，反馈机制都能使其保持对自己有利的战略地位，它能告诉你问题出在哪里。

既然标注的那些红旗能让你在面对变故时处于不败之地，那么你就应该以积极的态度看待红旗警告的作用。不仅要把它们当作"危险"警示牌，更要认识到它们能提醒你抓住本被忽视的机会。优秀的销售人员知道，如果战略分析表中连红旗都没有，那么销售是不可能成功的。

销售风险，如同道路灾害，没有警示牌或看不见是最危险的。所以，那些害怕或羞于搞清楚自己状况的人总会与目标渐行渐远。他们总是让自己盲目自信，直到销售落空。然后，又陷入了盲目的恐慌中。如果你回想一下我们在第三章介绍过的陶醉—恐慌连续体，就会认识到心满意足和恐慌一样。当你有这样的感觉时，就意味着你已经脱离了真实情况。红旗预警系统迫使你把隐藏的弱点暴露出来，使现实清晰可见。

战略中较好的一半：实力杠杆

看到标注的红旗，你就知道了需要处理的问题。解决问题的方法被我们称为"实力杠杆"。这是标注红旗策略的另一半，它对我们更有帮助。通过这种方法，你可以把暴露出来的弱点转变为改进销售策略的机会。

在使用这个方法之前，你应当明白我们所说的"实力"指的是什么。许多销售人员认为，"实力"是他们引以为傲的一种优势，或人们对他们的产品或服务的任何一个正面的评价。其实不是这样。我们向来认为，任何产品或服务的优势只是消费者在特定时间和特定条件下的评价。说某个产品、服务或解决方案比其他的好是没有意义的。你认为你给客户带来的利益，只有被客户认为符合他的利益时，才能说是一个真正的利益。

了解了这两种不同的视角，你才会明白为什么我们要这样细致地解释什么是"实力"。我们认为，真正能撬动杠杆的"实力"应满足以下条件。

1. "实力"具有区分性

也就是说，它能使消费者或潜在的客户看到你提供的产品或服务与其他的产品或服务之间的差异。比如，你卖的电脑有 40 亿兆字节的存储空间，而市场上其他的 PC 机也是这样，那么你的 PC 存储容量就不是我们所定义的"实力"了。退一步说，即使你是唯一能提供这么大容量存储的制造商，也只有当这种优势对你的客户显得很重要时才具有"实力"。如果客户看不出你提供的"优势"对他有什么实际意义，那么你的特色或优势就没有价值。

第 6 章 关键元素 2：红旗/实力杠杆 85

2. "实力"能改善你的处境

使用"实力"可以为你的销售增加筹码。如果做不到这一点，就不能称其为"实力"。正如我们所说的，"处境"只是营销策略的一个术语，它可以帮助你判断分析自己所处的销售地位，进而使你或你的公司处于更有利的形势。因此，任何能增进你对销售形势的理解的因素都可以被看作一种"实力"。

3. "实力"与你目前的销售目标息息相关

如果你推销的产品或服务正是客户所关注的，那么这就是你的单个销售目标。在制订营销战略执行计划时，目标不同，我们强调的产品特性也要有所区别。比如，你是一位服装供应商，并且你的夹克衫被业内普遍认为是保暖性最好的，那么，当你准备把服装打入斯堪的纳维亚零售市场，它的优良的保暖性就是一个很好的"实力杠杆"。但如果你想开辟加勒比海地区市场，保暖性就不是一个"实力"了。

通过用这三大标准来衡量那些你所认定的产品优势，你就能决定在某个销售计划中，哪一项优势才是真实的"实力杠杆"。

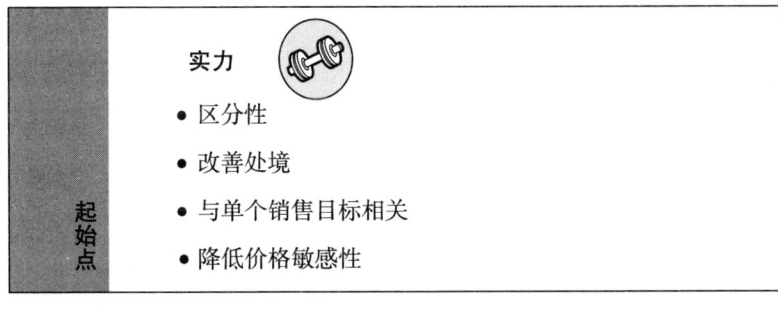

消除红旗警示:做和不做

虽然杠杆力量非常有用,但奇怪的是即使是优秀的销售人员也很少使用它。许多销售人员遇到"拦路虎",或者选择死缠硬磨,或者选择绕道而行。这两种方法其实都是消极对待的态度,人们往往会因此自食其果:稀里糊涂就将订单拱手让给了竞争对手。

想要知道杠杆是如何起作用的,我们来考虑一个典型的销售场景。假定你的销售活动中涉及这样两个关键角色:一个是充当用户型影响者的生产经理,一个是充当资金型影响者的财务总监。用户型影响者很明显站在你那一边,但财务总监却不同意,而且拒绝与你沟通,甚至不接你的电话,你该怎么办?看看你可能采取的三个方法。

情况1:死缠硬磨

这种情况最常见。你认为未能见到财务总监是你没有尽力,是你自身有问题。你坚信假如你能采取更积极的态度,不断打电话,你的坚持终将得到回报。我们已经告诉过你,这种方法其实没有什么效果。即使这位财务总监微笑着与你交谈五分钟又能怎样呢?会改变结果吗?

情况2:忽略"拦路虎"

在这种情况下,你完全忽视那位财务总监,并接受了无法接近对方的事实。转而把所有的注意力都放在支持你的生产经理身上。当然,这样做无可厚非(事实上,如果不这样做,你面前可能又多了一头"拦路虎")。但是,生产经理再支持也没有钱来买你的产品啊！最后还是无果而终。在任何销售中，任何你没有接触过的资金型影响者都是一面"红旗"。用你和生产经理的良好关系来掩盖你与财务总监之间的隔阂，无异于掩耳盗铃、自欺欺人。

情况3：借助实力撬动杠杆

在这种销售形势下，最可能获取成功的策略应该是利用"实力"撬动杠杆。运用这一原理，你会依靠生产经理的帮助来打动那位财务总监。通过将用户型影响者转变成销售顾问，你将依托既有实力（他对你的产品的期待）来消除"红旗"标记（财务总监避免与你沟通）。"这单生意显然对你我都有好处，吉尔"，你对生产经理说，"但你们的财务总监就是不松口。咱们怎样才能让他明白：这单买卖能提高生产率呢？"

对此，吉尔会有她自己的想法。她可能仅仅是把你介绍给财务总监，也可能安排你们见个面。无论如何，作为公司的生产经理，吉尔能够获得财务总监更多的信任；同时，你拥有吉尔的信任，而她又希望与你做这单生意，所以她是顾问的理想人选。

用户型影响者有可能会成为你的顾问，也可能不会。但是，让她成为你的顾问并一起说服财务总监至少可以巩固你在她心目中的位置。通过依靠吉尔的力量，你可以提高自己在销售中的整体地位。关键是要有人去说服财务总监；如果吉尔做不到这一点，起码她可以为你推荐合适的人选。

关于杠杆和支点的作用，希腊数学家阿基米德说过，给他一根足够长的杠杆和一个支点，他就能撬动地球。他夸张的猜想说明一个重要原则：杠杆使我们能够通过间接力量来移动原本完全不可能移动的物体。

这一原则不仅适用于力学，同样适用于销售。当你间接而不是直接地对一位棘手的购买影响者施加影响时，你就会取得明显的战略优势。借用阿基米德的观点，战略营销中所说的"重新定位"其实就是为自己寻找一个更合适的"支点"。

总结第二个关键元素，我们可以说，"红旗标记法/撬动杠杆的力量"原理包括三个具有连贯性的技巧：

1. 查找劣势区域（红色标记）；
2. 查找有实力的区域；
3. 利用这些"实力"以消除或减轻红色标记的影响。

现在我们试着运用这些原理来评估一下你在某笔销售业务中相对于购买影响者所处的位置。

个人实践练习3：红旗标记法/买方

在第三章所做的练习中，你已经就销售界持续、快速的变化对你的销售定位进行了评估。到目前为止，你已经了解了六个关键元素中的前两个，所以你可以用客观的标准来重新评估你在战略营销中的位置。拿出你在上一章所做的"购买影响者记录表"，看看你在上面标注的红色标记和可以借助的"实力"。

步骤1：确认红旗标记和"实力"因素

现在我们运用红旗标记法来明确所有的不确定因素。把红旗标注在所有你还没有找到购买影响者的区域。然后，结合我们在本章所讨论的必然存在的红色标记区域，在下列参与者的名字旁边做红旗标记。

- 你没有掌握其足够信息的人；
- 一些人的信息你掌握得不够清楚或确切；

- 那些你还没有亲自或安排人去拜会的购买影响者；
- 新上任的购买影响者；
- 那些在内部重组中情况发生变化的人。

确认了面临的"路障"后，你就要开始寻找可用来撬动杠杆的"实力"。购买影响者中谁对你的销售方案最支持？能不能让他成为你的顾问？你有没有说过你希望他帮助你稳固自己的销售地位？在购买影响者记录表中，把所有你认为可以借助的力量标上着重号。然后思考以下问题：

- 这种"力量"能否把我与竞争者的产品在一些用户关心的特性上区分开？
- 这个"实力"是否与我目前的销售目标直接相关？
- 这个"实力"能否提高我在销售中的战略地位？

除非你能对每个问题都作出肯定回答，否则你还是没有真正确认你所能借助的力量。重新考虑一下你所标记过的"实力"是否应该去除一些？

在你找地方安放"支点"的时候，请留意你所处的战略格局。看看你是否与某一类影响者关系始终融洽，而与另一类影响者始终没有接触。我们说过，只和自己合得来的人接触，而忽视其他关键性的影响者是十分错误的。要避免此类错误，你必须要确认自己没有忽视任何一个购买影响者。

处理这个问题的底线：要完成销售，你必须考虑到所有的关键影响人。

花 5 至 10 分钟去从总体上分析你的购买影响者记录表。把每一个红旗标记考虑一遍，看看它能为你提高战略地位提供什么特别的机会，并试着寻找可以用以解决这些"红旗"的"实力"。

步骤2：修改你的"备选战略定位列表"

与在第三章初次草拟"备选战略定位列表"时相比，你现在已经掌握了更多的关于自己战略定位的信息。现在你要用已获得的信息修订、扩充这个列表。而这一过程，将贯穿本书其他练习始终。在本书的第六部分，你要为既定的销售目标草拟一份行动计划，而这份计划需要你在多次修订"备选战略定位列表"的基础上生成。

既然我们在今后要多次经历这一修订过程，为了使你的修订更有效，我们在这里列出几条基本的顾问原则：

包容性。这是指不要担心你列出的备选战略定位是否是这种形势下的最佳选择。后面我们将要介绍的战略关键因素最终将帮你精简这张单子，从而留下最优选择。但现在不要过于精简。把所有的鸡蛋都放在一个篮子里还为时尚早。

具体。你不是在制定销售原则，所以不要太抽象，一定要具体。比如，你不能在列表中说："我打算与丹·法利进行一次鼓舞人心的谈话，从而使我们的关系更融洽。"想一想，如果他是那位始终回避与你接触的财务总监，你连他的门都进不了，"鼓舞人心的谈话"又从何谈起？你需要写下诸如此类的话："让多利斯·格林（支持我的生产经理）告诉法利我们的产品能使他们的生产率提高15％。"

当然，通过多利斯·格林的推荐与丹·法利会谈不可能让你的销售立刻成功，却能为你消除一个"红旗"。不过，一旦你看见法利，有可能又发现新的红旗（或许他与你们公司曾有过不愉快的合作经历，或许他此刻并不太关注生产率问题），那么你不得不对自己的定位重新做调整。一步一个脚印，反复运用杠杆原理，你就会向着目标不断前进。

最后，检验每一个备选战略定位。不要想当然地以为不利的销售地位必然会向更好的地位转化。你所列的每一个备选战略定位都应该有如下功能之一：

1. 有利于你借助某个"实力"；
2. 消除红旗标记——或至少削弱其不良影响。

当然，最好的备选战略定位兼具两种功能。在以上所举的例子中，让多利斯·格林（一位支持你的用户型决策人）去说服丹·法利（拒绝与你会面的资金管理人），既借助了多利斯·格林的"实力"，又消除了红旗标记（资金型决策人拒绝与你会面）。至于那些毫无功效的备选项就不要列出来了。

在战略营销培训一开始就介绍"红旗标记法/撬动杠杆的实力"原理，原因是我们希望学习者能用它来分析我们在后面介绍的其他的关键元素。这种对销售目标不断修订的技巧对你销售的所有环节都适用。本书中也会时常用到它。

所以，把你的购买影响者记录表和备选战略定位列表放在手边，以便随时翻阅。后面我们还要对其进行进一步修订和补充。

第 7 章

买方的接受程度

到目前为止，你主要关注的是对销售形势的判断与分析。有了这种判断分析，你就可以更清楚地了解自己在目前的销售目标中所处的地位，并对销售策略中的不确定因素有更清醒的认识。现在，你要将注意力转移到对该销售计划的各位影响者的分析上。我们说过，当你弄清楚这些影响者都是谁之后，下一步要做的就是了解他们每个人对你所实施的销售计划有何看法。购买影响者战略的第三个关键要素——反应模式，可以使你将注意力集中在他们对你的产品的接受程度上，从而更好地了解他们的看法。

你需要去衡量买方对你的建议的接受程度。若非如此，你便很可能是在向某个毫无购买意向的人进行推销——他对事情的看法与你全然不同，并不看重你的销售方案。另外，如果你没有一种判断对方接受程度的有效方法，便很容易落入三个致命的陷阱：

1. 你可能把自己对事实的看法当作销售的关键。
2. 你可能想当然地认为你对事实的看法与购买影响者相同。
3. 你可能认识到购买影响者对事实的看法跟你的不同，但仍然认定他们的看法是错误的或不相干的。

我们的战略的第三个关键因素旨在告诉你如何避免这些常见的错误判断,这是你关注销售的关键所在——买方对你的销售所带来的变化会有怎样的反应。

变化:隐性因素

在第三章所作的分析中,你列出了影响当前销售状况的各种不确定因素,并就这些事关销售成功与否的因素提出了自己的看法。你应该记得:有一些不确定因素是对你有利的,而有些则是威胁。

对于购买方来说,也是同样的道理。你所列出的不确定因素也同样影响着他们的商业环境,对这些因素,他们和你一样也会有许多不同的反应。然而,更重要的是,对于其中的一个主要的不确定因素,你会理所当然地把它看作机遇,而他们却更容易把它看成威胁。这个因素就是你进行的销售。

你也许并不愿把你的销售活动看作威胁,但买家会,而且往往就是这样看的。战略营销专家知道,当你建议某人买东西的时候,你就是促使他作出"改变"。虽然有时我们没有意识到这一点,但改变确实发生了。所以,买方把你的销售建议看作威胁也就很正常了。

不懂战略营销的销售人员往往会忽略"改变"这一隐性因素。当你陶醉于自己在推销中的完美表现时,或为所推销的产品完全符合买方需求而沾沾自喜时,你可能会忽略一点:在潜意识里,买家会把你的推销看作不必要或有威胁的"改变"。

所以,无论形势看起来有多么乐观,在买方看来,可能它们仍然是可怕的。因此,真正事关销售成败的是买方对"改变"的看法。只有了解每个客户的看法,你才能准确预测他对你的推销所做的反应。

买方对"现实"的看法

我们说"对现实的看法",并不是指买方对生活、哲学或经商之道等事情的看法。我们指的是,如果他接受你的推销所带来的"改变",那么他对短期商业形势及其可能发生的变化有怎样的看法。

一个购买影响者能对一种销售形势作出四种不同的反应,或称其为"反应模式"。每种模式都源于影响者对短期商业形势的不同看法。而这些模式也会影响人们对某个销售方案的接受程度。

由于购买影响者对销售形势的不同判断会产生不同的反应模式,而每一种反应模式又产生不同的接受程度,所以,战略营销专家必须针对影响者的各种判断制定不同的销售策略,具体操作方法在我们介绍四种反应模式时将为你一一展示。

但是,我们要强调的是,这些反应模式不是对人的态度或性格的具体描述,也不是指哪几类人,而是指买家对某个具体销售形势的不同的看法,或者说是他们对你所带来的某种"改变"所持的态度。仅此而已。你可以通过交流了解某人的态度,但不要据此认定他必然属于某种反应模式,因为很多因素都会导致态度的变化。

这正是关键所在。比如,你给某位购买影响者打电话催问他对你的销售方案的看法,而碰巧当时他的心情非常糟,那么你很可能会遭到拒绝。如果你把失败归咎于这个人不近人情,并决定就此放弃,那将是非常可惜的。但是,如果你使用反应模式的关键因素去分析他的反应,你会发现那只是因为你没有把握好时机。如果你采取的销售战略把对时机的把握也考虑进去,这个买家就可能成为你最可靠的盟友。

现在我们可以看到,购买影响者对销售形势的看法与复杂的销售过程中的大多数因素一样,都是极其不确定的。而了解了营销战略的第三个关键元素,你在处理这些因素时就会游刃有余。

第 8 章

关键元素 3：四种反应模式

对销售人员来说，选择最佳时机去拜会一位购买影响者，往往会有意想不到的收获。知道何时与客户接触，往往同知道客户和他的公司的需求一样重要。但是，对时机的把握很难。因此，即便你的产品就像是为某人量身定做的一样，如果没有选择恰当的时机，你也很容易碰壁。

本章我们来讲讲选择最佳时机时应当考虑的一些不确定因素。首先，告诉你一条简单的规则：**只有当人们感到现实与他们的预期不相符时才会购买你的产品。**

尽管还有许多细微的差别可以影响客户的购买意向，但我们发现这条规则在所有购买形势中都适用。客户对你的推销的接受程度能以四种不同的模式出现，其中处于第一位也是最受欢迎的，我们把它叫作"增长"。

反应模式之一：增长模式

下页图表所示为买方对交易状况的看法处于增长模式下的情况。图表中，下方横线代表买方对目前交易状况的认识，上方斜线代表买方的期望值。在现实与预期之间的空间表示二者之间的差距。正是由于有差距，客户购买你的产品（或接受你的建议）的可能性很大。为便于读者理解，我们在图的上方标注一个哑铃图标来表示这是一个有助于你实现销售目标的因素。

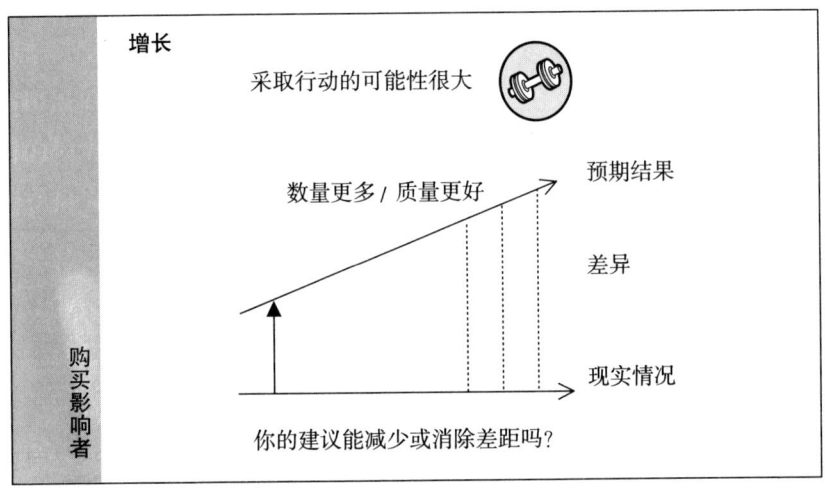

处于"增长"状态的客户总是愿意对他人（但不一定是你）的销售建议表示赞同，因为他们认识到了现状与预期之间的差距，也明白要弥补这种差距，要么需要增加生产配额，要么增加订单，要么提高自身的质量监控能力。无论以上哪一条，只要客户有进一步提高的意愿，你就有机会得到他的认同，前提是你的建议能帮助其消除现实与预期之间的差距。

"增长状态"的客户最常用的字眼莫过于"更好""更快""改进"等。这些词表明他们所期望的就是对现状的不断改善。这类客户是四种反应模式中最易于推销的对象。正因为如此，销售代表总愿意与他们打交道。

但是我们要注意：不要把公司的成长与客户个人的成长混为一谈。我们所说的反应模式，是客户从自身利益出发对你的销售建议的反应，而非着眼于他所在公司业务的提升。在你争取所有的购买影响者的认可时，如果想当然地认为一个处于"增长模式"的公司内部所有的员工也同样处于"增长模式"的话，那么你的销售就会遇到很大的困难，因为事实并非如此。

还记得在第五章里提到的那个销售人员吗？他之所以丢掉一份大订单，是由于在推销"故障检测程序"时只考虑到公司的管理部门经理，而忽略了与另一位重要人物——生产部门经理的沟通。他的错误不仅于此。他还想当然地认为追求增长的公司内部所有员工也同样希望做得更多更好。事实上，该案例中的生产经理并不期望提高生产能力，他只希望维持现状。正是忽视了这一点，才导致了他的销售失败。

不管客户所在公司的财务状况如何，要推销产品，你必须关注购买影响者个人对你的销售方案的看法，而不是公司整体的态度。在战略营销中，无所谓"公司的整体看法"，只有"个人的看法"。所以，优秀的销售人员必须将所有购买影响者的观点都考虑在内。

反应模式之二：困境模式

如果购买影响者正处于"困境模式"，那么你成功的可能也很大。就像下页图表中的哑铃表示的那样，当你遇到的影响者正处于困境模式时，说明你正在面临一个发现潜在实力的机会。记住，不是你自己处于困境模式中。下面的图示会说明为什么。

同样，下方斜线仍旧代表客户对现状的认知，上方横线代表他的预期值。两线之间的差异意味着客户乐于接受对现状的改变。

然而，此图中两线之间的"差异"与处于"增长状态"的客户所感受到的"差异"不同。后者希望通过改变现状而"锦上添花"，而处于困境的客户则是渴求改变现状来避免在竞争中败北。平稳状态下出现了危机,所以才产生了差异。对他们来说,任何能够弥补过失、使一切重回正轨的事,他们都愿意去做。正如图上所表示的,他们的基本诉求是:做一些能够绕过障碍的生意,无论这样的愿望是否被表达出来。

这就意味着一位处于困境模式的购买影响者会准备着,甚至是急切地要购买,但并不一定与你交易。能最后批准的销售提议可能不是最精彩的、最便宜的或最先进的解决方案,而是能帮他最快摆脱困境的方案。

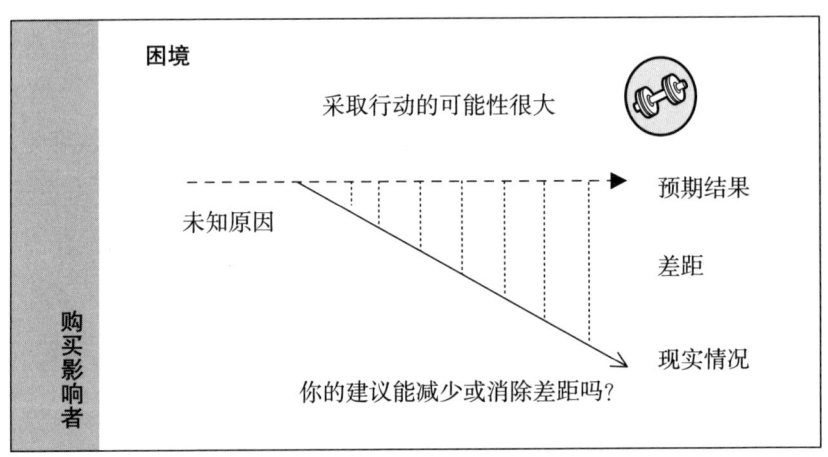

急于摆脱困境

很多人忘记了这一点。我们经常遇到一些销售人员,他们只知道把"增长"作为吸引客户的卖点,而忽略了处于困境的客户的真正需要。因此,推销总会无果而终。这种现象在高科技产品的销售中最为常见,因为高科技产品总是把其最尖端的技术、最完善的设计作为卖点。其实,在技术改进上的过分投入实际上是厂商用来提高销量的"产品矫饰"法(通过给产品增加一些额外的、可有可无的功能来提高产品的竞争力），这也是"产品至上"销售法的一种表现。正如我们先前所说，在战略营销中，这种方法的作用十分有限。

运用这一营销模式的销售代表反复强调产品最新特点以及所采用的最新技术——"产品矫饰"，认为这样就可以让自己的公司在竞争中领先。应该说，这种销售方式对处于"增长状态"的买方而言很有效。但是，如果买方处于"困境状态"，那么以技术优势作为卖点的推销往往难以奏效，因为处于这种模式中的买方总是心存顾虑。他们正处于陶醉—恐慌连续体中的恐慌一端。当人们身陷鳄鱼池中的时候，他们并不关心用于营救自己的水泵多么先进，而只想尽快逃离泥沼。当买家处于困境时，你不能只是一味地与他们谈论你的产品将如何提高他们的生产水平，而是应该让他们明白，购买你的产品可以帮他们脱离困境，这一点对买家来说才是最关键的。这个道理可以概括为这样一个公理：

困难总是发生于增长之前。

这并不是说增长不重要，而是说对于一个遭受痛苦的买家（记住，认识到这一点很重要），你只有先缓解他的痛苦，才谈得上进一步的合作。对于一个需要解决困境的客户，你却只是强调增长点，这就像给一个粮仓失火的农民推销粮仓一样。或许农民将来会需要一个新的粮仓，但眼下他最需要的是粮食。

当增长有困难时

当你面对的客户急需你帮他脱离困境而非使其好上加好的时候，"雪中送炭"胜过"锦上添花"的意义就会立刻显现出来。尽管在某个特定时期，客户对你的推销的反应模式只有一种居主导地位，但到底是哪一个，却因时而异。因此，在销售过程中，你所面对的客户对你的推销所持的态度总是不停在变。一个常见的案例是这样的：一位生产经理接到命令要提高产品产量，却没有得到更多的原料。

我们认识一位生产经理，他就曾经遇到这种令人气愤的情况。他所在的公司刚刚与一家公司签订了一项协议，而对这位生产部门经理来说，这份协议意味着他要在几个月内将工厂的产量提高30%。很明显，这家公司的效益在增长——但这位经理却没有处于增长状态。"我连足够的原料都没有，"他告诉我们，"生产进度太快，要是下周还得不到需要的东西，我就完了。"

对于这样的话可以有两种理解。你可以把它看作一种纯粹的追求更多更好的愿望——"现在我需要做得更多。"你也可以将其看作身处困境时的抱怨与无奈——"现在需要我做的太多了！"很明显，二者所强调的重点不同。面对一个处于困境的人，如果你一味强调你的产品或服务的技术水平，却没有首先帮助他摆脱困难，那么，你就可能输给你的竞争者，如果他明白首先要使客户摆脱其所处的困境。

我们说过，如果客户遇到的一些事使其面临的状况更糟，那么他就处于"困境状态"。但是，这些事本身并不一定是坏事，订单增长30%总不是坏事吧？但是，如果这种增长使客户感到身处困境，那么这种增长就是导致问题的根源。在这一案例中，这种增长在这位经理眼中成为一个难题。那么，依上文所给出的四种模式可知，他正处在"困境状态"中。

没有人会直截了当地告诉你，"我正处在困境中"，或者"我们干得太棒了！我还要做得更好"。因此，当你摸不准买家到底处于"困境模式"还是"增长状态"时，你一定要留心一些细微的差别。当然，如果你的产品或服务能够同时满足客户摆脱困境和寻求增长的双重需求，那么你就大功告成了。但是，在制订销售计划时，你仍然有必要根据每位客户所处的四种反应模式中的某一个采取具体的措施。不过，有一点是不变的：底部的那条线所强调的是你的产品或服务的优势方面，正是这些方面决定了买方对当下所处状况的判断。

反应模式之三：稳定状态

前两种模式所涉及的销售状况相对简单，而接下来的两个则不同。如果一个购买者处于稳定状态中，那么你推销时的胜算不大，因为客户不会在意现实和他们的预期之间的本质区别。事实上，一个处在稳定模式中的客户购买你的产品的可能性是很低的，这就是为什么我们给这种情况标注上红旗。

处在稳定状态中的客户的想法可以用下面的图表来表示。

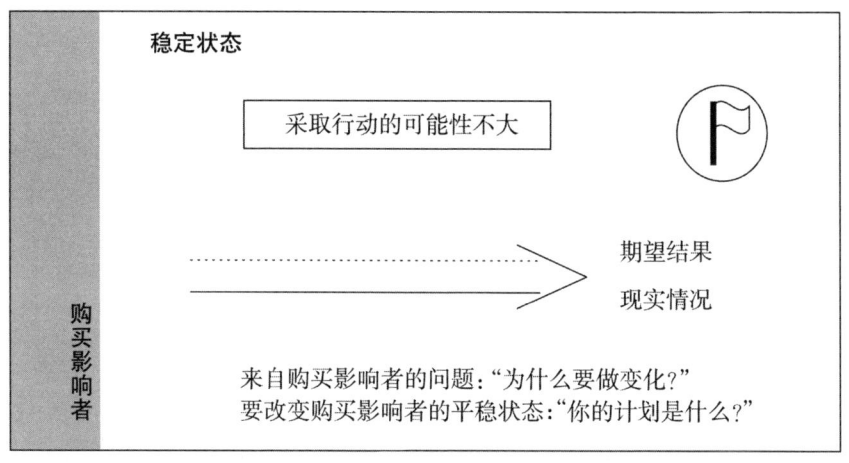

图中上方的虚线表示买方期望的结果，下方的实线代表买方所面对的实际情况。两条线其实是重合的（为清楚起见，将其分开来画，但你必须把它们想象成都是购买者所为。要明白它们事实上是重叠的、完全相同的一条线）。如果你的销售建议不会为其带来任何变化，买方对它的接受度也就不会有变化。处于稳定状态的客户完全可以说明这条公理的正确性："没有差异，就没有交易。"

而且，对处于稳定状态的客户而言，你提出的销售意见就像是对他的威胁。既然客户的期望值与现实相吻合，那么你的销售方案给客户带来的改变在他看来无异于打破稳定的"祸根"。从本质上说，稳定状态的客户对于任何变化都持谨慎态度。这类人通常所想的、所说的是："走开！不要没事找事！"

如果一位客户处于稳定状态，只有以下三种情况可以提高销售成功的可能性。

1. 使客户明白接受你的销售方案会使其业绩提升，否则他总有一天会陷入困境

我们在前文所提到的纺织厂的客户显然处于稳定状态。他们的不满在于：销售人员所推销的"故障检测程序"只会带来毫无必要而且棘手的变化——改变目前令人满意的现状。如果这位销售人员能使客户相信：购买他的产品会使该厂的生产状况大大改观，否则生产很快会遇到麻烦，那么他推销的成功率会有所提高。

一般来说，让客户看到增长的希望比让其预知面临的困境更有效。因此，要打动客户，通常要使其看到希望。但是，向处于稳定状态的客户进行推销，这两种方法并非不可并用：避免麻烦也可以看作一种收获。在推销能够帮助这类客户避免陷入困境的产品时，你可以这样说："看上去你的处境正在改观，我能帮你把这种良好的态势保持下去。"

只要你能预知客户将要遇到的困境，你就可以用这种方式进行营销。在销售无望时预知客户的困难与销售形势乐观时了解客户的需求同等重要。如果你知道你的产品会给客户怎样的帮助，你也就会知道如果客户不买你的产品会遇到怎样的麻烦。明白了这一点，

当客户仍处于稳定状态时，你可以先想好"我能替你解忧"之类的话，没准当客户真遇到麻烦时，他会期望你这样说呢！

2. 利用其他客户向其施压

在衡量采购所带来的利与弊时，处于稳定状态的客户更重视上级的意见，而不会在意销售人员给其的"警示"。因此，销售人员不妨请出其他的购买影响者——最好是上级——来促使他重新考虑你的方案。

扮演"施压者"的最佳人选是公司里的资金型决策人，因为他们对困难的预见性比技术人员和生产部门人员要强得多。而当面对困难时，他们更愿意也更有权力改变公司的策略。

因此，销售人员通过对方的资金型决策人向处于稳定状态的客户施压，无疑是运用杠杆原理规避阻力的有效途径。任何有助于增加这种压力的方法都会为你的推销增加胜算。

要是连资金型决策人都处于稳定状态，那就别指望在短期内能与对方签订采购协议了。

3. 让客户看到差异

人们只有在看到实际与期望值之间的差异时才会有购买欲。因此，这正是我们介绍的第三种途径，即让处于稳定状态的客户看到购买你的产品会为其带来的变化。你可以有两种选择：或者使其明白实际状况并不如他认为的那般令人满意，或者使其相信购买你的产品可以帮助他取得更好的业绩。无论采用哪种方法，只要你能证明现状与预期是有差异的，你就为自己的推销创造了先决条件。

比如，一位原本日生产能力只有 500 件的制造商在把产量提高到每日 510 件时便会满足，不愿为提高产量再冒什么风险。这正是稳定状态的典型表现。如果此时你告诉这位经理：他的一位竞争对手在使用了你销售的设备后日产量达到 700 件，那么他就会明白要应对竞争，日产量只有 510 件是远远不够的，因此，必须设法改变现状。

以上三条应对处于稳定状态的客户的手段通常是有效的，但也会有风险。其原因在于，此类客户不愿放弃目前似乎令人满足的现状。既然如此，最聪明的办法就是：静观其变。记住：即使目前看来你的产品或服务对稳定状态中的客户并不适用，但总有一天会用上的。你所要做的就是静观其变，等待时机。

反应模式之四：自负模式

这一模式与第三种模式（稳定模式）类似，但销售人员面临的难度更大。事实上，向"自负"的客户推销产品的可能性几乎为零。如下图所示，"自负"的客户对销售人员来说无异于一面大大的"红旗"。

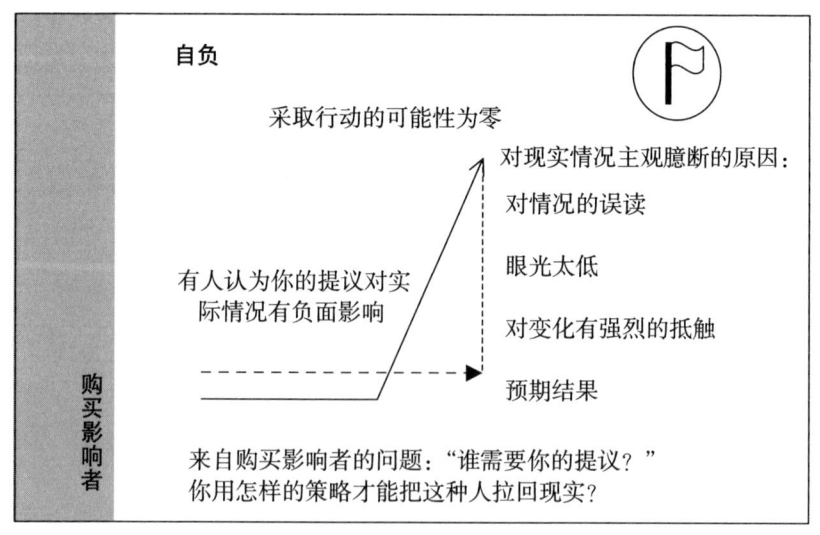

对于这一模式的客户来说，现状与可能出现的结果之间也有差距，但这种差距只会使其拒绝你的推销，因为在他看来，现状要比可能的结果好得多。既然目前所做的已经比预期的要好，还有什么改变的必要呢？与"稳定状态"一样，"自负模式"的客户绝不允许你作出任何破坏目前良好现状的事情。在他眼中，现状不仅是无懈可击的，简直就是完美无缺的。要是你提议他对现状作出任何改变，他准会认为你是疯子。"我的情况从没有这么好过，好得让人难以置信，"他夸夸其谈，"你想让我改变现状？快滚吧！"

其实，"自负模式"的客户没有认识到的是：真实情况并非如此乐观！他们对现状的认识其实是歪曲的。造成这种歪曲的原因有二：

1. 他们对当前形势的错误判断完全出于无知或臆想；
2. 他们给自己定的目标太低，致使本来很一般的表现被看得很了不起。

正是以上两个原因的交叉作用导致了客户的"自负"。每当这时，你的推销由于会改变其现状而遭到客户的强烈抵制，你会感到他们所流露出的傲慢与轻蔑，因为他们太自大、太难以接触了。

傲慢自大的危害人人皆知，此类例子不胜枚举。看看有多少名流或大企业家由于缺乏进取心而被后起之秀赶超并损失惨重啊！这些例子告诉我们敢于冒险、积极思维的重要性。只要假以时日，自负必然会变成烦恼。

不要做带来坏消息的人

处于"自负状态"的人，尽管其自我感觉良好，其实缺乏的是对形势的感知能力。医治自负的最好办法是让他经历一番现实的打击。作为销售人员，你可以给"稳定状态"的客户提出警告，但千万不要试图用"现实"来打击自负的客户，因为他们绝不愿承认自己对现状的解读是完全错误的。因此，如果你试图帮助此类客户回到现实中来，反倒会被误解为是故意"找茬儿"。

古希腊有一个传说，给国王带来坏消息的人往往会被处死，因为他给统治者带来了痛苦。如果你把不受欢迎的现实带给自负的人，虽然没有丢掉脑袋，但至少你的佣金泡汤了。相信你一定能够想象到这样的一种销售情景：一个满腔热情又敢于直言的销售人员不断纠缠一个不太合作的买家去"面对现实"，结果却毁了自己和公司的机会。

等待现实

由于把人从盲目的自负状态带到现实当中是比较难的，我们的建议是不要试图那样做。最成功的销售人员是这样说的：当他们遇到了一个绝不让步的客户时，聪明的做法是保持低姿态并等待，越耐心越好，等着现实到来。作为一个专业的推销人员，你应该保持交流渠道畅通，避免压力。当客户不可避免地陷入困境时，确保你处于能够处理这个问题的位置。

最近，一个电脑公司的销售人员运用这种战略在销售其软件时收到了良好的效果。买方公司组建了一条生产电话多路转接板的生产线，其产品备受欢迎，订单飙升。由于需求量的增大，原本一天只能生产50块的生产线现在却要生产500块，但现有的质量监控系统却无法胜任，这也正是这位在业内有"质量监控专家"美誉的销售人员所担忧的事情。

他知道，该公司目前使用的监控程序并不够好，当流水线以每天50块的速度生产时，都几乎不能有效地检测到错误。而当以一天500块的速度生产时，检测几乎就没有什么用了。他把这个情况告诉了质控监管员,却遭到了对方傲气地回绝。"你在开玩笑吧,戴维,"客户不耐烦地说,"监控系统没有任何故障,就是一天生产 1000 块也没问题。"

那个质检员傲慢的态度就是典型的自负,而戴维在销售中就使用了我们所建议的等待战略。接近三个月的时间他都在等待时机,并在同质检员的接触中告知对方如果需要帮助,他可以随叫随到。不久,那个脆弱的系统不仅仅是出了问题,简直是崩溃。首先是小故障,后来是一系列的大问题——有瑕疵的面板也能够通过质量检测。很快,公司收到了大量要求售后服务的通知。一下子,那个自以为是的质检员陷入困境之中。"这些面板有 27% 的返修率,"他抱怨说,"你什么时候能够给我一个更好的系统呢?"戴维的回答是"现在"。然后,他开始着手安装对方所需要的系统,这是他早已料到的。

这个故事的寓意很简单:不要把你的宝贵时间浪费在那些处于"自负模式"的买家上,因为这种模式是极不稳定的,他终会陷入困境之中。我们只需要提前做好计划,并耐心等待对方的求助。

反应模式的协调与矛盾

销售人员的最理想情况是客户要么处于困境,要么处于增长状态。当他们说"现在我想做得更多",或者是"我需要更好的效果",那么他们在时机成熟时就会购买。同样的,当你的客户处于困境,如果你能够使他们相信你的提议将会解决他们的困难的话,你同样也有一个非常好的机会。不管什么时候,只要你面对的客户处于增长或困境状态,或是两者兼有的状态,你的胜算就比面对情况捉摸不定的客户时要大得多。

然而,毕竟商场风云变幻,每个人也都有自己的思维方式,你并不可能总会遇到态度明朗的客户。更常见的是,你经常会面对一个繁杂的境况。比如说，四类不同的买主对于相同的推销活动会有四种不同的看法。

那些销售技巧差的销售人员在战略上常常会错误地处理这种繁杂的境况。正如我们所提到的，销售人员总是有这样一种自然的倾向，即只把注意力放在他们喜欢的或是喜欢他们的客户身上，而不是把所有相关的客户都考虑在内。

例如，一个看到商机的销售人员可能准备好一份能够促进生产的销售提案去找 ABC 公司。他发现只有一个负责生产的人员看到了他的产品的益处，而其他人似乎对此一无所知，只关注一些"无关紧要"的问题。但是，因为他只找到了一位"知音"，所以他把所有的劲都用在这位"知音"身上。而他的竞争对手则围绕客户遇到的问题开展推销。很快，他就在竞争中败下阵来。

而 6 个月后，当技术部门发现生产中的一个问题后，这位推销人员又带着一份可妥善解决这一问题的方案再次来到 ABC 公司，结果发现那些购买影响者处于一种更稳定的状态，他们宁愿接受花了钱却没提高产量这一事实，也不愿意再为了这个系统浪费更多的精力。这种严重的困境也许可以使这位销售人员和技术型决策人拉近关系，却疏远了与其他人的关系。

为了避免落入前文所提到的"只注重一位影响者"的陷阱，你应该记得必须要考虑到每一位影响者。优秀的销售人员不能只与支持自己方案的客户打交道，他必须面对现实，对所有购买影响者的态度都给予同样的关注。

再次强调：考虑所有的因素

在复杂的销售过程中，你可能犯下的最严重的错误就是忽视或放弃某个购买影响者，而这仅仅是因为他对形势的看法与你不同。

在销售产品时，你并不需要客户意见一致，但你要做的是尊重每个人的感受，因为正是这种感受才是决定你的销售成功的关键所在。

我们已经着重指出了关注所有购买影响者以及安排最合适的人去接触关键客户的重要性，另外，你安排的这个人要明白：决定他**与决策人接触的最佳方式的因素并不是决策人本身，而是他们对销售方案的态度**。与每个影响者接触的起点都是一样的，即他对于当前状况的感觉如何。

公司里的各位购买影响者对于同一事物的感觉都彼此不同，更不用说与你的差别了。所以，千万不要以为只有你自己对事实的看法是正确的。你要悉心考虑每个人的看法，并在此基础上开始与他们接触。

你作为一次销售的策划者，或者叫作"营销战略指挥者"，需要明确销售的每一位参与者，并把他们划归不同的反应状态。通常情况下，最好的方法是先与那些处于"困境模式"或"增长模式"的客户接触，然后和他们一道说服那些处于"稳定模式"或"自负模式"的同事，而这就像是借助他人之力撬动杠杆一样。

综上所述，只要你运用反应模式的基本原则，就可以在复杂的销售领域游刃有余：

1. 接近每位客户的第一步是了解他对于当前销售状况的感觉和他体会到的现状和结果之间的差别。

2. 被安排与客户进行接触的人必须确保考虑到每一个购买影响者的想法。

3. 当处理复杂的反应模式时，要记得运用杠杆原理化解不利局势。

现在，你就可以在相关练习中实践这些原则了。

个人实践练习 4：反应模式

第一步：确认每个人的反应模式

重新看看你在第五章绘制的购买影响者名单，注意每一位客户对当前状况的感受，并考虑一下你的销售提案给现状带来的影响，它是否可以弥补现状和预期之间的差距？然后在你的图表上，用 G 代表增长，T 代表困境，EK 代表稳定，OC 代表自负。这样，你的购买影响者记录表看起来应该像下面的例子。

购买影响者记录表

资金型购买影响者： 控制预算支出 丹·法利　　　　　H　　G	用户型购买影响者： 使用或监督你的产品或服务的使用情况 多瑞斯·格林　　　H　　G 亨利·巴恩斯　　　L　　EK
技术型购买影响者： 评估、鉴别产品的可测量性或可定量性 加里·斯坦博格　　M　　T 威尔·约翰逊　　　H　　OC 亨利·巴恩斯　　　L　　EK	顾问： 作为顾问，为你提供与产品销售有关的信息 多瑞斯·格林　　　H　　G 安迪·凯利　　　　M　　T

想必你会发现判断客户的反应状况并不是一个简单的过程，总有些人的状态让你无法辨别。没关系。因为客户的感知具有不稳定性，所以他们的反应也会具有同样的特点。因此，期望每个人的状态都恰好符合上述四种状态是不合情理的。同样，你也不能

要求每个人的状态都保持恒定。事实上，人们的状态往往是混合的、动态的。这就是为什么我们强调要经常确定客户所处的状态。

但是，你还是可以分析出购买影响者们如何看待你的销售建议。记住：四种反应模式并不是把客户分为几类，而是指他们对你的销售议案的态度。而你所需要做的就是分析客户对你带来的变化会作何反应。问问自己面对处于以上几种状态的人，你应该如何进行推销：

- 如果丹·法利要求更大额的订单和更快的交货速度，他就处于"增长状态"。
- 如果加里在为仓库的存货发愁，那么他大致处于"困境状态"。
- 如果亨利·巴恩斯说"我希望一切维持现状"，那么他处于"稳定状态"；如果他为眼下的状况而自得，那么他很可能处于"自负状态"。

如果在五分钟内你无法判断出客户当前所处的状态，在那个名字旁标注一面红旗。

第二步：量化你的客户

既然你已经识别并列出了销售中的关键人物和他们的反应状态，并绘制出购买影响者记录表，那么，你可以通过考虑以下问题来估计自己相对于他们的位置：

对于我提供的销售提案，他们现在感觉怎么样？

要注意，你并不是要知道他们对于你这个人或是你的公司的感觉如何，而是对于你现在的销售提案这一具体事情的感觉。

在我们的培训中，我们要求学员用－5到＋5去量化他们的客户，客户要么完全赞同你的提议（＋5），要么极力反对（－5），要么处于二者之间。对处于二者之间的人，在他的名字旁边标上合适的量化数字（比如，＋1、－2、＋4）。

以这种方式来量化你的客户实际上是不严谨的，但似乎也没有必要很严谨。你这样量化的目的只是来了解每一个人给你带来的变化的感觉，并在此基础上确定是否把所有的因素都考虑在内了。一定要相信你的直觉，这和清楚自己在销售中的位置一样重要。我们也知道你的感觉并不是万能的，但它依然是你评估客户态度的重要依据。而且，我们也希望你能够把自己的直觉作为一个有效的开端。

第三步：检验你的量化结果

在整个过程中，我们用如下的近似值来检验每一个学员对购买影响者的态度的评估。

对照刻度衡量你给客户的量化分值。看着你写在他们名字旁边的分数并问自己以下几个问题：

- 如果这个客户的分数是＋5，他真的是非常热衷于我的提案吗？
- 如果这个人的分数是＋1，这个人最终就一定会同意我的提案吗？
- 如果有人的分数是－1，这个客户最终会抵制我的提案吗？抵制程度会不会变小呢？
- 如果给某人打了－5分，他是不是就是这个提案的最大障碍呢？这个人会不会顽固地抵制这次销售呢？

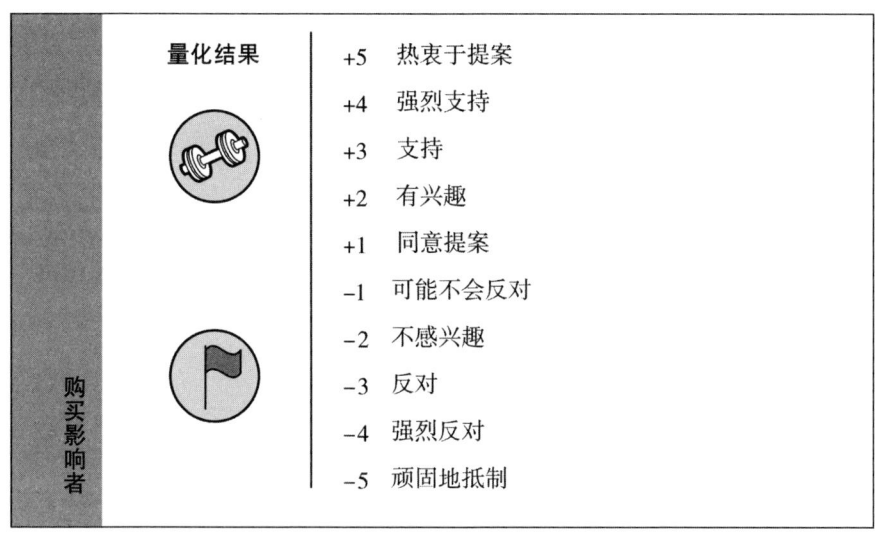

对于打其他分值的人，你也问问自己同样的问题。并且注意以下两点：

只有在理论上才可能出现某个决策人对提案的完全中立。你也看到量化的分数中没有零。原因是这样的，从经验的角度来说，对于提案，客户总是有一点点的赞同或是反对。如果你遇到的客户似乎对提案毫无看法，那么很有可能是你误解了他的感觉。

对于那些你没有接触过的购买影响者，他们的态度也是难以确定的。要记得这个练习是为了检验你对于整体状况的考虑程度，而一个你没有接触过的客户只能被看作未知数。不要去猜测他的想法。在你了解他的确切想法之前，你可以把他当作一面"小红旗"。也许他们并不一定是顽固的反对者，但考虑到你目前的状况，你最好暂时这样看待他们。

在量化客户反应程度并对照刻度检验过量化数据后，你的购买影响图表看起来就会像下面的例表一样。

购买影响者记录表

资金型购买影响者： 控制预算支出 丹·法利　　　　　　H　　G+2	用户型购买影响者： 使用或监督你的产品或服务的使用情况 多瑞斯·格林　　　　H　　G+3 亨利·巴恩斯　　　　L　　EK−2
技术型购买影响者： 评估、鉴别产品的可测量性或可定量性 加里·斯坦博格　　　　M　　T−4 威尔·约翰逊　　　　　H　　OC−4 亨利·巴恩斯　　　　　L　　EK−2	顾问： 作为顾问，为你提供与产品销售有关的信息 多瑞斯·格林　　　　H　　G+3 安迪·凯利　　　　　M　　T+4

第四步：分析你掌握的信息

现在你把每个购买者评估两次，一次是针对客户对你的销售提案的反应模式，另一次是针对他们对你的提案的总体感受。现在对比两次所作的评估。把反应模式和量化数据结合起来，确定你当前的强项和劣势（用小红旗标记）。等级在＋4和＋5范围内的记录可能就是所谓的强项，而量化数据太小的（如－4、－5）等级应该标上小红旗。

特别要注意不一致的地方。例如，如果有一个处于"自负状态"的购买者，而你给他评定的等级是＋3，那么在你的分析中肯定存在一些前后不一致的地方。因为那个购买者要么是处于自负模式的，要么就是位于＋3等级的，不可能兼为二者。用小红旗标注此类的不一致：你需要更多地了解这位购买者以便制定一个有效的策略。

同样地，如果你的顾问不是特别支持你的提案，你就要再考虑考虑你的数据了。尽管最好的顾问一般处于"增长状态"中，但能真正有效地帮你完成销售任务的顾问，可以处于"增长模式"，也可以处于"困境模式"。如果你把你的顾问标成 EK 或 OC，或者给了那个人小于＋3 的量化分数，那就是说你还没有真正拥有一个顾问。或许你应该考虑"解雇"这个顾问然后再找一个。

在对比两次评估结果时要记住，你给正分的购买者必定是处于"增长状态"或是陷入"困境状态"，这一点必须明确。你可以把处于这两种状态的人定位为能给你提供支持的人。然而，处于这两种状态的购买者也可能被评估为负值——例如，他们可能更喜欢你的竞争对手的提案。处于稳定模式或自负模式的人肯定被量化为负分：稳定模式的人得＋3 这样的高分是不可能的。

寻求不同反应模式间的联系。不仅要考虑不同的购买者与你的关系，还要考虑他们在买方对你的销售建议的整体反应中各自产生的作用。哪些购买者处于增长或困境状态并乐于接受你的建议？这些人构成了你最重要的支持力量。你如何利用他们来应对那些处于稳定或自负状态中的购买者对你的销售的抵制？

第五步：修正你的备选战略定位列表

现在，对于你当前的销售提案来说，你必须了解销售中的关键人物对你的提案的接受程度。接下来，请你再次拿出备选战略定位列表，运用你在上两章所收集到的信息来修正它。仔细检查表中的每一项并考虑下面的问题：

每位购买影响者的接受程度对每一项的影响如何？

依据你得到的有关这个问题的答案，删除那些无用的项，修正那些需要修改的，并根据我们在这两章所学习的知识增加一些新的选项。与前面一样，我们在这里也制定了一些限制性条款：

- 继续保持兼容并蓄的态度，只要是你认为符合目标的选项，不管是否理想，都把它添加进去。现在还不是你确定最佳选择的时候。

- 继续保证列出的每个选项都与你眼下的销售提案有关。
- 继续检验每个选项的有效性。检验依据的标准是它能否增加对你的支持力并消除或削弱表中"红旗"的不良影响。

因为我们目前的焦点是反应模式，所以当你评估列表时要特别注意这个关键因素。例如，考虑一下在你对付丹·法利时我们提出的可供你采纳的选项：结识支持你的销售建议的生产部门影响者——多瑞斯·格林；让丹·法利知道你可以使他的产量增加15%。记住：每个选项都应该是有包容性的、具体和可测试的。通过思考以下问题，你可能鉴定出该选项对你的销售策略是否具有价值：

- 目前，提高生产率是不是丹·法利关注的首要问题？我认为丹·法利目前处于"增长状态"，对我的销售议案只是感兴趣。我还需要重新评估那些判断吗？
- 丹·法利不愿与我会面是否意味着他根本不处在"增长模式"？或许他处在"稳定状态"，并因此对我的提案所能带来的产量增长毫无兴趣？
- 我把15%的增产量作为向丹·法利推销的重点。多瑞斯·格林是否能从这方面为我提供有关丹·法利的各种信息？
- 如果丹·法利从心底里对我的销售不感兴趣，我是否可以告诉他：如果他忽视我的提议，总有一天会遇到麻烦？我能否将我的增长提案作为能使他避免麻烦的提案向他推销？
- 从多瑞斯·格林那里我需要得到什么样的反馈，才能确信她就是那个能帮助我向丹·法利推销的人？她对我的提案的欢迎程度和我预期的一样吗？

当然，这些问题也仅仅是些例子罢了，但是它们应该使你明白我们所强调的一些重点。每一项销售策略只有经过不断修订才能日臻完美。我们之所以要求你反复检验列表中的各个选项，原因就在于只有当这些选项不断进行更新并保证真实可靠时，才能对你的销售活动起到重要而又积极的作用。

从某种意义上来说，这本书就像是一台分析机器，它生产出一种经过仔细检验的产品——备选战略定位列表。

第 9 章

取胜的重要性

在本书的开始,我们分析了销售人员需要制定的销售目标。在第三章中,我们要求你对制定的销售目标进行分析,并且考虑为确保目标实现需要对其进行的调整。在前面的几章中,我们一直根据不同的购买影响者的需求来分析你的销售目标,并且使你了解他们对你的销售计划的看法,正是这些看法决定了你销售成功的概率。

现在我们要把这些分析结合起来考虑如何使推销既可以满足你的需求,又能满足购买影响者的需求。我们会为你提供一种销售模式,这种模式把双方互利作为未来长期合作的基础。

在这里我们强调的是"长期"。使用本章中所提出的双赢模型,你不仅会实现单一销售目标,同时也会使你拥有长期的客户。众所周知,一次推销是很容易的,可长期的合作则是另一回事。你绝不会仅满足于拥有一些零散的订单或只有一些暂时的提成。成功的销售人员都知道获得订单是必须的,但绝不是一切。你还需要:

- 令人满意的客户群
- 长期的合作关系

- 多次业务往来
- 良好的口碑

作为一名有战略眼光的专业销售人员,你希望每一个销售目标无论大小都能实现。而要实现所有的销售目标,关键在于理解取胜的含义。

取胜:长期成功的关键

许多销售人员由于对"取胜"的误解而屡尝败果。例如,如果你认为要取胜就要胁迫或"战胜"购买影响者,那么,你就不可能会有长期合作的客户。如果你认为完成一次交易就是取胜,那是你误解了取胜的含义。或者说,如果你认为取胜可以简单地用货币来衡量的话,那么你就会在价格上欺骗你的客户——最终也欺骗了自己。

我们对取胜的定义不同于你通常所理解的那样。它的核心就是利己主义。前面说过,当你在一次买卖交易中产生了积极的、满足的感受,那么你就是取胜了。你产生良好感觉的原因在于,你意识到交易满足了你个人的需要。

利己主义受到了许多善良的人的误解和不公平指责。即使许多销售人员积极努力地奋斗以获取成功,他们却不愿意承认取胜在他们生活中的重要性,甚至有些人竟然对自己有取胜的想法而感到自责不安,从而产生被心理学家称为"认知不一致"的内心焦虑感,这源于将利己主义同自我中心主义或自私自利相混淆。

除了安·兰德和少数顽固的进化论者,我们中很少有人会欢迎自私自利者。但是,把自私自利和利己主义等同起来,将会扭曲它们的真正含义。自私自利是一种社会病症:它是指一些人只考虑自己，而不顾及给其他人所带来的不良后果。但是，利己主义是一种社会的必然：如果你在竞争所必需的动态环境中作出了你所需要的正确选择，此时你会感到利己主义是值得肯定的。

事实上，利己主义是完全必要的，也是对人类有益的本能。生物学事实告诉我们：所有的生物要么选择利己主义，要么就会面对死亡。一切社会阶层都希望通过取胜来实现自己的利益。在销售中，人们通过接受对自己有利的交易来达到利己的目的。回顾一下过去的销售经历，你就会发现事实的确如此。你之所以会对一次销售感到满意，是因为你从中获利了，不管这种"利"是金钱上的还是道义上的，是个人的还是社会的。

而购买影响者也是这样的。他们也都希望在买卖中获利。只有当他们对买卖满意时，他们才会觉得实现了利己的目标。

双赢矩阵的四个象限

尽管买卖双方都希望在交易中获利，但结果并不总是这样。每一宗买卖都可能有四种结果，这体现在下面的被我们称为双赢矩阵的四个象限中。任何销售带给你的结果总会处于四个象限的其中之一。

当我们描述这些象限时，要注意两个相互关联的方面。

一方面，矩阵的每个象限都表述了你与每位购买影响者之间的关系，而不是你与购买者所在公司之间的关系。取胜，对于买方来说，只是个人的事情。所以，从逻辑上讲，你不可能只通过做成一笔交易而使一个公司取胜。你需要而且也必须要制定这样的销售目标，即你的销售方案使公司中的每一个购买影响者都能实现自身的利益。在实施双赢计划时，你的目标是使你和每个购买影响者都获得满意的结果。如果你使他们之中的任何一个利益受损，这都会严重损害你们之间的关系。

另一方面，这些象限不仅表述了目前你与每个购买影响者之间的关系，而且描述了你们今后的关系。矩阵中每个象限都以这个假设为前提，即你已经获得或将要获得销售合同。或许你认为这就是取胜吧？但事实上，有的时候即使你达成一项协议，却仍然是失败者。购买影响者也可能如此。因此，在你们成功地完成一宗交易后，我们会使用双赢矩阵来描述你们之间关系的长远结果。**为使每次的销售富有成果，你应该把每个销售目标都导入双赢矩阵，或叫作风险共担矩阵。**

我赢－你赢：风险共担矩阵

词典中把冒险定义为"一种承担着危机和未知的风险的事业"。当北极探险家欧内斯特·亨利·沙克尔顿先生把他的一次冒险行动称为"糟糕计划的结果"时，他对这个定义进行了有趣的诠释。

缺乏经验的销售人员（更不用说那些讨厌制订销售计划的销售人员了）经常喜欢冒险。他把买家当成对手，把订单当成奖励，把销售过程当作与客户之间的利益争斗。这种冒险的销售方式经常会带来麻烦，因为它增加了销售的不确定性，而这恰恰是优秀的战略营销家所试图避免的因素。

我们告诉销售人员，不要追求冒险，而要致力于发展合作。只有这样，购买影响者才不会被看作外在的威胁，而是自己团队中的一员。那些使用战略营销获取成功的人明白：优秀的营销从来都不是你死我活的斗争，而是一个一赢俱赢、一损俱损的游戏，对方获利也符合我们自己的利益。随着时间的推移，我们会明白，在互帮互助的合作中，只有把购买影响者当作伙伴，我们才有希望获得彼此都满意的结果。

相互信赖

并不是所有的社会环境都适用此规律。某些与你天生敌对的对象不可能成为你的合作对象。例如，在一场足球比赛或一次诉讼中，你当然不能期望对手与你合作。但是，在任何需要相互信赖的情况下，你必须学会与客户相互扶持，否则你们就会被各个击破。

那么，这一原则在个人层面上是如何起作用的呢？要得到答案，就想想你最成功的一次销售：你肯定从中同时获得了情感上和经济上的满足。在这样的销售中：（a）你的个人利益得到满足；（b）同时也满足了购买影响者的利益；（c）还要让他们知道你满足了他们的需要。这就是所谓的"双赢"。还有什么能比这更让人满意呢？每个真正的专业销售人员都期望自己的营销能有这样的结果。

为什么呢？当然是因为利己主义。我们与客户共担风险、实现双赢，并不是出于高尚、礼貌或道德等原因，这都是些冠冕堂皇的套话。我们这么做完全是出于利己主义。当你的客户获利时，你也获利了，因而你赢得了与客户之间的长期商业合作。满足购买影响者的利己主义，将最终实现你自己的利益。

我赢—你输：击败购买者

这个象限代表了一般人对销售的理解，他们认为每个销售人员都试图操纵销售的交易结果。我赢—你输的事例是非常普遍的——把里程数调小的旧车销售商，拒绝提供质量担保的设备经销商，不能在两天内如约把包裹送达目的地的快递商。无论是公然的欺骗还是实在没有能力，我赢—你输这样的结果比比皆是。

尽管有相关部门的严格监管，但敢于铤而走险的人层出不穷，因为他们遵奉这样的信条：真正的商业规则就是干掉别人，否则他们就会干掉你。当然这些人只是极少数。但不幸的是，这种并不违反法律的"我赢－你输"模式是很容易实施的。例如，你往往会踏入这些常见的陷阱：

1. 当知道某人急需你的产品而不可能与你讨价还价时，你趁火打劫，将产品以高价卖给他。

2. 你可能不切实际地描述你们公司的服务能力，诱导消费者相信你们有能力立即解决产品出现的任何问题。

3. 你卖给买方公司的可能是一个高出（或低于）其实际需求的产品。

在以上种种骗局中，你想要的只是尽快拿到对方的订购协议。尽管许多人认为这样的销售是"常见的"和"传统的"，但实际上它既不是常见的，也不是传统的——至少在成功的销售人员看来并非如此。最好的公司和最好的销售代表都明白，要保持长期的合作，这类损人利己的策略是万万不能用的。它所能带给你的只不过是第一份（或许也是最后一份）订单。它也会带给你销售人员最不愿看到的结果：客户会拼命报复。

购买者的报复

尽量避免出现"我赢－你输"情况的主要原因是我赢－你输象限是短期的、不稳定的。在一定时间内，它将会退化到双方俱损的境地。如果你期望与对方保持长期的商业往来，那么"我赢你输"的策略是不符合你的利益的，因为"输"的对方迟早会发现你的真面目。针对以上我们所举的例子，他们将会发现：

1. 相同的产品，竞争对手的价格要比你的低35％。

2. 售后服务质量根本不符合你们当初所许诺的。

3. 尽管你的产品有一定技术含量，但还是不符合他们的特定需求。

这些情况可能不会立即发生，但是如果你真的忽视了购买者的利益，终究会被他们发现的。当这些情况发生时，购买者必定会把你的不诚信的行为告诉其他客户。这就是购买者的报复，它对你的销售是致命的。

有时，客户的报复来得很快。例如，那个向纺织品公司推销故障检测程序的案例。你的产品根本不可能通过试用期，因为你在推销时忽略了产品的具体使用者。忽视他们就等于说："我不会顾及你们的利益，即使你们受损我也能获利。"但是，当产品的使用者看到程序的运行与你的许诺不相符时，他们的报复马上就会降临。最终出现了双方俱损的结果。

有时候购买者的报复来得较慢。十几年前，我们的一个作家朋友和一位演员合作写书。那本书对作者而言是失败的，主要原因是当时的编辑为了追求更多利益，给这本书的广告分配了最低优先权。这位作家从未忘掉编辑在这项工作中所犯的错误。一年前，当那个演员——现在是一个逐渐走红的电视剧明星——邀他合作第二本书时，他进行了报复。那个编辑自然想与这个明星签约，但我们的朋友告诉他的合作者："不行，你我合作可以，但不能再和她合作。"所以，他们大张旗鼓地把这本书交给了另一家出版社。

我们看到，这位作者朋友不是一个"购买者"，但非常明显他是购买影响者之一。这位编辑由于对购买影响者采取了"我赢—你输"的做法——虽已是多年前的事情——她还是为此丧失了一个巨大的商机。教训是显而易见的。没有考虑每个购买影响者的利益，从长远来看，是一个自己打败自己的做法。或者，化用英国文学史上最伟大的作家威廉·莎士比亚的一句话："这种行径引起了购买影响者的愤怒。"

我输—你赢：给购买者优惠

每一个专业的销售人员都知道，采用"我赢—你输"远不如采用"我输—你赢"的策略普遍。这时的销售者扮演牺牲者，损失自己的利益，把优惠留给购买者。"我是故意损失自己的利益的，"销售者说，"所以你们客户才能获利。"

这种现象你可能见过多次了。一个参加我们培训班的学员抱怨说这几乎成为他们公司的一项政策。每当一个销售代理通过一个极低的价格得到首批订单，每当你的公司为了销量而提供折扣，每次免费服务，免费试用样品，或订单中亏本的附加优惠，那么你的公司采用的就是"我输—你赢"策略。

这种做法的明智之处在于：客户对商家的慷慨行为印象深刻，并会再次光顾。"我现在帮你，"销售代理暗示，"你以后也会帮我。"不幸的是，它并不总是有效的销售途径。

这里潜在的问题是客户如何看待你的慷慨。当你采用"我输—你赢"的做法时，你会给客户一个假象，使他觉得这一切都是理所当然的。当你通过赠送产品、服务、时间或其他资源"换来"这笔买卖时，你终将因为无限度地提升客户的期望值而失去他们。没有哪个公司会永远赠送他们的产品或服务。当你的公司认为是从客户那里获得回报的时候了，你将不得不给你的"已经获利"的客户一个令人不快的信息："现在轮到你们损失了。"通常，购买决策者在听到这个消息时都会忘掉以前你给他们的那些"优惠"。他们认为你现在采取的是"我赢—你输"的做法，他们就开始报复了。当出现这种情况时，你们双方都损失了——这与采取"我赢—你输"策略的结果一样。

与"我赢—你输"象限一样，"我输—你赢"象限最终也是不稳定的,它通常会恶化成双方皆输的境况。因此,它不能满足你的自身利益。

互相依存

并不是说不能采取"我输—你赢"策略。在一定情况下,它是一个有用的短期战略。例如,折扣是引起客户兴趣或对新产品产生期望的最好办法。但如果你想采取"我输—你赢"策略,那么方式要恰当,要让客户知道你作出的牺牲,而且确保他知道你提供的免费午餐是有限的。

最常采用"我输—你赢"策略的是消费品市场。厂商不需要向客户解释他们的行为,因为这是常识。当超市停止亏本销售"Barko"牌狗食而将其上调为正常价格时,没有人抱怨:"你为什么要敲诈我们?"当1月份"Super Sudzee"肥皂公司在你门前免费散发新产品样品时,你不会在一个月后打电话问:"我的2月份的免费赠品呢?"在消费品领域,客户像零售商和供应商一样明白:免费体验或亏本销售只是短期让利法。

但在其他商业领域,这可能不是常识,而且你也不要假定购买影响者都理解。你在"我输—你赢"策略中可能犯的最严重的错误是没有告诉你的购买者他们得到的是特殊照顾,这导致他们错误地认为这个特殊的照顾是正常的。于是,当你取消这种优惠恢复正常的价格(或服务)水平时,他们会认为你这样做很不地道。只有讲清楚你的所作所为,你才能避免这种尴尬。

另一条建议:把优惠条件写下来。你要知道,总有一天你得将一个"很喜爱的贸易伙伴"拉回到现实中,不要指望"友谊"能维持你们之间的合作,除非以书面形式规定出"我输—你赢"的特殊性——或在合同中,或在发票上,或在协议的分页上——这样就可以避免出现以上的问题。

即使你很"恰当"地采取"我输—你赢"策略，它依然是一个短期策略。你最终的目标是：始终使你自己和所有购买影响者都处于双赢象限。

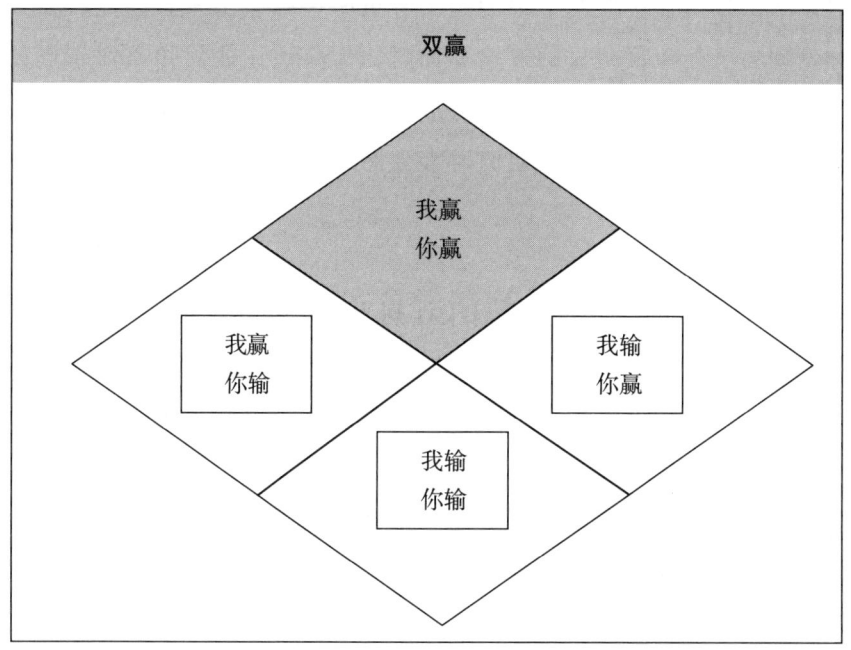

我输—你输：违约模式

我们已经说过，矩阵的每个象限描述了订单签订后整个销售周期和销售结束后的情况。双输或者违约象限也可称为"包罗万象"象限，因为有时在最后的协议签好以后，它包括了所有你没有设法变成双赢结果的销售工作。

鉴于此，在"我赢—你输"和"我输—你赢"方案中会出现的上述情况，在少数的双输模式中同样会出现。例如：一个客户明明知道产品要价太高却迫于需要不得不买时，他可能会把交货时间定得很紧，以此作为出高价的补偿。高价可以理解为是客户的损失，而销售者也会因为过紧的交货时间而蒙受损失。

然而这些情形是很少的，因为在销售中只有极少的销售人员会采取双输策略。除了受虐狂或精神病，销售人员一般都知道没有人可以从两败俱伤中获利。你的购买者也明白这个道理。因此，如果你发现自己处在很明显的双输局面时，你应该让他们知道你一点都不比他们开心。一旦处在这种情形下的购买者了解了你并不是以他们的损失为代价来获利，他们通常会愿意与你合作，从而就没有人遭受损失了。

目前的双赢定位

一流的销售人员从直觉上都明白双赢的重要性。我们都知道有这样一些极有天赋的人：他们总是在正确的时间出现在正确的地方，总是知道为实现某个目标需要联系哪些合作者，总是知道对每一个销售参与者说什么——这种神秘的"好运气"通过其收入数字就能看出来。

然而，当你考察他们运作事情的方式时，你会发现他们的成功与运气无关。他们成功是因为他们明白每个人都必须满足其自身利益，这是基本的生物学和心理学规则。他们通过不断努力把这个规则运用到实践中，以服务于自己和买方的利益。

当你满足某人的切身利益时，你就把他当作合作伙伴之一，你们共同的目标是满足自己和对方的利益。当你和购买影响者以这种方式实现合作的时候，你们实现共同获利的目标就变得容易得多。有了这样的经历，你以后所经手的每一次新的销售都会有同样的收获。

这是一个不间断的过程。由于商业条件和主要参与者不断变换，你必须在整个销售周期中不断评估自己在双赢模式中的定位，以保证你和所有购买影响者都继续朝着双赢的结果前进。

通过就既定的销售目标对购买影响者做初步的调查，我们来开始此次评估。前面已说过，当你满足了每一个购买影响者的自身利益时，你自身的利益也得到实现。因此，要一一审视你与每位购买影响者的关系，看看你是否满足了他们的利益。例如，从资金型购买影响者（影响销售因素表中的丹·法利）开始并自问以下问题：

- 在这次销售中，我是否诚恳、热心地试着满足法利的利益？也就是说，我真的想使他获利吗？
- 法利知道我正在为满足他的切身利益而努力吗？也就是说，他知道我想使他获利吗？

然后，针对表中的每位购买影响者思考同样的问题。

如果答案是否定的，或者不能确定答案，那么在销售中把它作为风险因素——红旗区域。也许你和那些购买影响者还不在矩阵的双赢象限内，所以你需要努力使你和他的关系趋向双赢。

如果答案是确定无疑的，那么把它作为你的战略实力区。但是，即使处于这种状况，你仍然需要记住你现在的双赢地位仅仅是一个暂时的地位。你需要维持这种状况，从而使你和购买影响者在销售过程的最后阶段或今后的合作中仍然处在双赢地位。一个可以帮助你达到此目的的有效工具就是我们战略的第四个关键元素——双赢结果。

第 10 章

关键元素 4：双赢结果

我们的许多客户，包括像可口可乐、惠普这样的世界 500 强企业，都认为我们的双赢理念非常有效，并把此理念融入他们自己的企业文化中。朝着双赢的目标努力，对于他们和我们一样，不仅仅是技巧和过程，更是经商的核心理念。其中的一些公司甚至直接把双赢矩阵应用到他们的产品推介中。就像最近一位销售经理告诉我们的："我们不但从理念上接受双赢模式，而且在宣传我们的产品时把你们的矩阵作为直观的模型；它是我们向客户表明我们是为他着想的理想工具。"

想要像这些商业巨头一样有效利用双赢理念，你需要像这位经理一样从思想上接受我们的理念。除此之外，你还需要一种实施双赢理念的切实可行的方法。现在，我们就给出这种方法。

实施双赢理念意味着对每一个购买影响者来说，双赢模式都是可行的。也就是说，使每个人都知道自己从中获利了。这一点在实际中怎样才能实现呢？答案就是：给每一个购买影响者一种证据，证明你是为满足他们的切身利益而努力的，我们把这种证据称为双赢结果。

第 10 章　关键元素 4：双赢结果

什么是双赢结果？

"双赢结果"是我们在早期创造的一个术语。在我们已经提出双赢结果的几年里，发现这种理念相比其他理念总是会产生更多的讨论、迷惑，但最终会给人以更多的启示。为了使学习者更好地领会双赢结果，我们从解释一些定义开始。双赢结果理念以下列术语为基础：

- 销售：销售是一项专业的互动的过程，该过程旨在向所有购买影响者证明你的产品或服务是怎样为他们的个人利益服务的。
- 产品：产品用来解决或者修正客户在商业流程中所遇到的问题。在战略营销中，"产品"被用来表示一种商品或服务，即你销售的东西。
- 流程：流程是把现有的东西转变成其他东西的一系列行为。比如，某商业流程包括运输、发货、生产、研发，以及质量监控等。
- 结果：结果是你的产品在客户的一个或者多个商业流程中所产生的可衡量的影响。结果是客观的和整体性的，虽然不一定以相同的方式影响所有人，但是通常能同时影响许多人。
- 赢：赢是你为了满足某人的利益所作出的承诺。对于不同的人，赢总是有不同的含义。
- 双赢结果：双赢结果是一种客观的商业结果，它能满足一个或者多个购买影响者的利益。

只有通过实现双赢结果，你才能使自己处于矩阵的双赢象限中。

因此，理解双赢结果理念的两个方面是至关重要的。一方面，你不能忽视结果，因为结果发生在客户感觉到取胜之前；另一方面，如果你只关注结果，那么迟早会出现这样的情况：你给购买影响者带来一个你自认为极好的结果，但在他看来却毫无意义。更糟的是，这种结果有时会让他们觉得自己的利益受到侵害。

这种情况不断在复杂的销售中出现。我们只举一个例子来说明这个问题。一位客户告诉我们，最近一段时间，他一直想不通为什么不能完成一个销售任务。这次销售的客观条件十分理想，但是由于某些他无法找出的原因被买方总裁拒绝了。他说："我的产品完全符合他们的需要，我们保证按期交货，我们甚至给了最低价。如果我是他，三个月前就签约了，可是他就是不肯让步。"

"给我们说说关于总裁的情况。他是什么样的人？"我们说。

"你是说他本人吗？"客户回答。

"对。就本人而言。"

他继而描述了一个非常勤勉的人。他白手起家从小本生意做起，为公司发展呕心沥血 30 年，再过两个月就要退休。在他讲述时，我们看到了一个疲惫不堪，但为了事业强迫自己每天早晨赶去上班的总裁。原因逐渐变得明显起来，无论这位销售人员的销售做得多好，他们也不可能对这个人产生影响，因为从某种意义上来说，他已经辞去了总裁这个职务了。

我们的建议是："似乎这个人所希望的就是不受打扰。在这宗生意中他能获利吗？"

不，这位销售人员突然认识到。一旦他认识到了，他就会采取在这种形势下唯一可行的策略，那就是耐心等待这位总裁退休。

这位销售人员知道，三个月后公司将会有一位新的总裁上任，他的销售活动将要有一个新的对象，所以他采取了"静观其变"的策略。这也是我们在与"稳定模式"的人打交道时推荐的战略。当然，在此期间有必要与买方公司保持经常但低调的接触。

当新总裁上任后，他的耐心取得了成效。新任总裁希望自己的任期有一个成功的开端，于是很高兴地签下了这个各方面都令人满意的订单。签订这份订单不仅使他的公司得到了他所要的结果，而且达到了前任总裁所没给予他的个人利益：这笔订单使他显得特别能干，让人觉得他是个善于处理问题的人。

一样的结果，不一样的获利者。这个教训是很明显的。虽然某个特定的结果对一个商业流程产生的影响可能没有什么不同，但它对于所涉及的每个购买影响者却会有不同的影响。对于整个公司来讲是好事，但对个人的影响有可能是坏事。这个教训非常深刻，所以我们把它论述成一条通则：

公司得到"结果"，但只有个人获利。

作为销售人员，你的基本目标是向购买影响者展示你的产品或服务是如何满足他们的个人利益，所以单单实现结果显然是不够的。你应该明白他们中的每个人是怎样获利的，只有这样你才能实现双赢。

结　果	取　胜
1. 产品对商业过程的影响	1. 自己所作承诺的实现
2. 有形的、可衡量的、可量化的	2. 无形的、不可衡量的、不可量化的
3. 公司整体的	3. 个人的

为了使读者更清楚地区分"结果"和"取胜"，上表对他们的基本特征进行了对比。

纵观上图，我们就可以更加清楚地区分双赢结果理念的两个部分。由于结果必然发生在购买影响者觉察到自己获利之前，所以我们从结果开始。

结果特征

1. 结果是你的产品或服务对客户的一个或多个商业流程产生的影响

你会影响客户的商业流程，因为流程是任何事情发生的最终原因；流程把一种状态改变成另一种状态。就像烹调过程把生牛肉和土豆变成一顿牛排晚餐，就像锻炼把松弛的赘肉变成紧绷的肌肉，同样的道理，客户的商业流程也是将一种状态改变成另一种状态。

前面说过，像运输、发货以及质量监控这样的活动可以被看作流程。事实上，任何商业活动，从清理仓库到最高级别的董事会讨论，都能被视为一种流程，这种流程用于把某种"原料"转变成有用的东西。

当然，参与到转换过程中的每个人都希望有用的东西能成为更好的东西。这正是你应发挥的作用。只有你的产品或服务对一个或者多个商业流程产生积极的并且可衡量的影响时，你对于那些购买影响者来说才是重要的。你可以用两种方法来达到此目的：

- 你可以改善本就运行良好的流程。
- 你可以改正已经出错或者可能要出错的流程。

回忆一下我们在第八章中对反应模式的讨论。我们提到只有当人们处在增长模式或困境模式时，人们才愿意接受改变，因而才有可能购买你的产品。这正与我们在这里的讨论有关。处于增长模式的人希望你能帮他改善一些东西，处于困境模式的人希望你能帮他改正错误。在这两种情况下，你对他们来说是有价值的，因为他们期望你的产品或服务对他们的商业流程产生积极的影响。

2. 结果是有形的、可测量的、可量化的

如果你推销给多瑞斯·格林一套存货控制系统以减少她16%的加班时间,那么你不必知道关于她的任何事情,或者她现实的感受,只需确定你已经实现的结果:这里的结果是指你帮她减少了16%的加班时间。

当然,如果格林不想减少工作时间,那么你向她提供的结果就是没有价值的。但是,为了客观地描述"结果",我们不考虑她个人的感受,"结果"是不受个人感受和价值影响的;客观来说,"结果"是外在的。那16%是一个你可以看见、感觉到并可以计算的事实。

3. 结果是整体性的

这里的"整体性"并不是说结果一定要被看作整体层面上的"结果"(虽然通常是这种情况),而仅仅是指被买方团体中不同的人所分享的结果。由于流程在现代企业中是相互关联的,因此在复杂的销售中,你实现的任何一个结果都可能同时影响不止一个流程。然而,即使只更改一个流程(比如说格林的存货控制系统),仍然会有许多人涉及这个流程(格林所在的整个部门),并且所有这些人都可以分享你已经促成的结果。

取胜的特征

1. 取胜是对自己所作承诺的实现

我们说过,人们之所以觉得自己取胜,是因为他们有意无意地实现了自身利益。但是,这些利益的实现不是凭空捏造的。

对个人来说，每个人的成长都离不开自己独特的文化背景。我们的梦想和追求反映了我们最基本的价值观和世界观，而这些都是由个人的文化背景所决定的。我们对取胜的理解都局限于我们自身的文化背景。而且，我们对自己的要求会随着世界观、价值观的变化而改变，这一点从不断变化的美国文化中就体现得尤为明显。一个中年人在年轻时给自己的承诺是一套豪华公寓和一辆法拉利，可一旦得到它们，这些东西对他来说就失去了意义，他就会发现获得这些对他而言不是取胜了。因此，在评估"取胜"时，你必须一直关注所有潜在的取胜者当前的期望。

2. 取胜是无形的、不可测量的

对于大多数人来说，生活中最重要的东西是主观的感受，比如家庭的温暖、安全感，以及自己做到最好时的那种微妙的满足感。而能够满足和丰富这些感受才是终极的取胜。

你大概看过一些心理学家定期所做的有关销售人员心态的调查。这些调查的结果出奇的一致：真正令优秀的销售人员着迷的不是他们六位数的聘金，而是他们对工作的满意度、他们得到的认可和工作中的挑战。那种认为优秀的销售人员只是为了钱的观点被证明是一种错误的认识。从中我们可以看到，金钱对销售人员的意义远不及一些无形的、抽象的工作动机的意义重大。

同样的情形也出现在买方身上。比如说，那些购买影响者之所以热衷于自己的工作，并不只是因为能获得高薪（虽然这并不是什么坏事），而是因为他们能从工作中实现自我价值，从而获得无形的满足感。因此，关注这些无形的回报对于每个销售人员来说都是必不可少的。

能使各位购买影响者产生满足感的无形因素有许多方面。下表列出了它们的范围和种类。

取胜参照表

拥有权力	偿还债务
可以指挥他人	增加责任与权力
工作更轻松	追求某种生活方式获取更多的自由
拥有固定居所	升职
技能提高	偿付一笔债务
提高个人生产率	独立
能够改变局势	教育
能够解决问题	信心十足
对组织有贡献	
增加精神鼓励	**避免损失**
获得认可	信用度下降
增加发展潜力	认可度下降
提高社会地位	失业
有更多的时间与家人在一起	持续忧虑
获取更多的权力	被降职
增强自信	被行业淘汰
更加灵活	惹怒老板或同事
感到更安全	自我贬低
办事效率高	
被认为是领导	
增加信心	

当然，这只是一个样表。人们获得满足感的方式各不相同。作为实现销售目标的战略实施者，你的责任之一就是确定每个购买影响者获取满足感的方式是什么。

3. 取胜是因人而异的

我们说结果是全体的，或者说是共享的，而且我们用多瑞斯·格林存货控制系统的例子来说明单一结果是怎样使多人受益的。但是，不管结果多么确定，这些人受益的方式不会相同。这就是胜利与结果间最重要的一个区别。即使一个客观结果能使很多人受益，取胜方式却各不相同，这和购买影响者对销售形势的看法有关。

以我们带给格林所在公司的结果为例：减少16％的加班时间。格林自己可能认为这样的结果是一种取胜，因为这有助于她把工作安排得更为高效，使其有掌控一切的满足感。而格林公司中的某名员工可能也满意这样的结果，但出于不同的原因：加班的减少使他有更多时间陪家人。由此可知，相同的结果，会产生不同的取胜。

更进一步说，格林公司中的另一名员工可能根本不会把这样的结果看成是一种受益。对于一名需要靠加班来增加收入的员工来说，减少16％的加班时间意味着经济上的损失。对于他来说，本是积极的结果却意味着损失。

总体结果和个人利益之间的矛盾决定了战略营销过程的基本内容：销售结果本身是远远不够的。要让每一次的销售成为你与购买影响者的双赢，你就必须明确他们每个人能从中获得什么。

确保购买影响者取胜

为了使销售进入双赢象限，你需要做两件事。首先，你要弄清楚购买者需要从你的销售提案中获得怎样的收益。然后，你需要使他们明白那样的结果如何使其取胜。当你完成这两个任务时，你就实现了使他们受益的结果。

通过这种方式去理解和实现购买影响者的主观需要并不是一项简单的任务，但是确保他们的受益结果也绝非空谈。从与不同领域的销售人员多年的共事当中，我们发现了三种有效的方法：

1. 从他们想要的结果或从你所了解的他们的生活态度和生活方式中推断每个购买者想要的取胜。
2. 你可以直接问他们想在销售中获得些什么。
3. 你可以去请教他人的意见。

推测出取胜

虽然每个购买影响者所期望的收益各不相同，但同一类别的购买者往往有相似的需求。知道这一点能帮助你评价某位购买影响者是否想获得某种特殊利益。的确，只确定结果是远远不够的。但是，如果一开始你就清楚亨利·巴恩斯在某个特定的条件下想要的结果，那么你就可以告诉他每种结果会带给他怎样的取胜，从而成功地推销商品。

下表（见下页）列举了一系列抽样结果。这些结果通常能为这四类购买影响者带来利益，因而在我们处理这些结果时，这张表是很有帮助的。

请注意，正如第五章中写明的，**每个销售结果都是和购买者的利益密切相关的**。例如，资金型购买影响者会要求你提供销售的底线以及投资回报。用户型购买影响者关注产品的实际表现情况，而且他们通常对产品能带来的收益有一定的期望值。技术型购买影响者关注你的产品在测评中的表现：如果你的产品的检测结果满足或者优于标准时，他们就可能获利了。最后，你一定要注意：这些部门影响者只关心自身利益，不关心整体的结果。你的销售的成功将会使他们从结果中获利。

资金型购买影响者	用户型购买影响者
低成本	可靠性
良好的预算	高效率
投资利润率	提升的技术水平
财务支付力	完成任务
增产	最好的解决方案
盈利	更加快捷地工作
现金流通正常	多功能
应变能力	一流服务
	容易学习和使用
技术型购买影响者	**顾问**
最符合他们的规格和要求的	认可
及时交货	出谋划策
最好的技术解决方案	给予帮助

单纯从结果中推测购买影响者的获利情况是不可靠的，因此你需要通过获取其他信息来校正你的推测。只要用心，你就会收集到这些信息。如果你已经拜访了格林三次，你就可能知道她所期望的取胜是什么。如果她的办公室满是奖杯和奖章，那表明她希望获得很高的成就，希望得到别人的认可。如果她的墙上挂满孩子的照片，那么安全感和家庭会是个突破口。如果她的时间表安排得井井有条，比如她在10点如约开始与你一小时的会谈，到11点准时结束，那说明她可能很注重精确和效率。总之，你所知道的关于购买影响者的生活方式和生活态度越多，你就越能更好地

推断出他们所期望的取胜。

你还可以从该公司的企业文化中获取其他信息。正如许多企业文化研究者指出的那样，当今的每个大公司都有它自己的内部文化，这种文化反映和影响着员工的世界观和价值观。例如，注重集体利益的公司的员工会比强调独立的公司的员工更有可能将公众对他的认可看作一种取胜。对于视自己为行业领头者的企业来说，若被外界认为是行业内部的革新者，它会认为是一种赞誉，而这对一个长期固守一种生产模式的企业来说则不是什么好事。

我们并不是说购买者个人的价值观仅仅是他们公司价值观的反映，但企业文化是你衡量员工期望值的有效方式。

需要注意一点：推断只是猜测的一个复杂形式。你的推测应该始终通过直接询问或请教购买影响者来得以核实。

直接询问购买影响者

发现你的客户的取胜期望的第二种方法就是询问。我们不是让你冒昧地突然向克瑞兹先生发问："你想在销售中获得什么？"与此相反，你应该询问我们称作"态度"的问题而不是"客观"的问题。

问一个客观问题可以帮你搞清购买影响者想要或需要什么。绝大部分销售代表只关注客观问题，更糟糕的是，他们试图去猜测客户期望的收益。他们只想要事实，而不想问关于客户态度的问题。不管出于什么原因，他们把自己局限于客观问题上，他们从中得到的只是他们所期待的事实。而仅靠这些事实去完成一次销售是远远不够的。

而态度问题旨在揭示个体对某个形势的看法："关于这套系统你有什么看法？""用这样的方法来解决你的问题你觉得行吗？"或者，更加直接地问："你对我的销售提案怎样看？"

这样做的好处不言自明。征询购买者的态度不仅是应该的，而且是必不可少的，因为它帮助你置身于产品之外去探查每个人的期望值。通过问这些问题，你还可以检验自己是否对不断变化的形势作出了合理的回应，也可以时刻掌握客户需求的变化。

有关态度的提问能够给你提供有价值的信息。例如，在第八章所做的对购买影响者的量化分级。如果你把多瑞斯·格林定为一个＋3级的用户型购买影响者，而随后的关于她的态度的提问显示出她对于眼下的销售感到担忧，那么你就会发现她并不是个真正的＋3级用户。在签订协议之前，问问这些问题可以使你对销售形势作出合理的判断。

很多销售人员对于询问关于客户个人态度的问题感到为难，其原因是他们知道要得到诚实的回答是不容易的。聪明的销售人员对困难保持警觉，但不会回避。战略营销的一个主要目标就是去发现在完成销售目标时所面临的困难。而你对困难的态度决定了你能否解决它。

我们并不是有意把困难最小化。的确，当你询问购买者想获取怎样的利益时，你会发现他们或者置之不理或者言不由衷。一些想要告诉你他们的期望的人却不知道自己真正想要什么。另外一些人则不愿让你知道，他们很乐意谈论结果，但他们觉得自己的感受是与你无关的。

在这种情况下，你需要通过对客户只言片语的理解来发现其隐藏的期望。例如，我们的一个朋友买了一辆新的保时捷，当我们问他为什么买这辆车时，他只说那是一种投资，尤其是客户对该车的满意度调查和保时捷的高保值性打动了他。你可能会把这些事情看成是结果。其实，这些只是一些次要原因，真正的原因在于——开这辆车让他觉得自己像个赛车手。你只能通过细致的分析才能弄懂什么是他想要的。

我们再举一个例子。有的资金型购买影响者看中的是交易的安全性，似乎有些胆小。但是，你却要透过这种"胆小"看到他的谨慎。我们知道，这种资金型购买影响者只从大供货商那里购买他所需要的产品。大供货商通常在价格上稍高于其竞争对手，但是他们会认为只要从大供货商那里买最好的产品就不会有问题。对于他们来说，远离麻烦是最优先的选择。如果你问他为什么选高价产品，他不会说："我害怕改变，我最大的收获是安全。"他只会告诉你高价产品的服务有多棒。同样，你只能从他对结果的评述中推断出他所期望的东西。

由于购买影响者经常把他们的期望隐藏起来，所以我们建议：当你询问客户对你的产品的态度问题时，一定要提防那些只谈论结果、不涉及个人期望的回答。把这个回答与你从其他地方获取的关于他的个人需求的信息进行比较。最后，在字里行间找出他所期望的利益，千万不要只是纯粹地猜测。

寻求顾问

要避免纯粹的猜测，或是对你的推测进行再核实，你可以寻求他人的指点。通过询问别人对某位购买影响者的印象或认识，不管是主观的还是客观的，都能帮你更好地了解他。因此，如果有些人难以捉摸，那么这种方法会很有效。

记住，你的基本销售目标应当是满足每个购买影响者所期望的个人利益。在征询别人对某人的看法时，要把重点放在了解他的兴趣所在："对于丹·法利，我应当强调结果的哪一方面来引起他的兴趣？"

在第十二章中，我们会更细致地讨论这种方法，并且告诉你如何通过对某位购买影响者的了解来更好地运作一次销售活动。当然这种方法最重要的作用之一是使你了解每位购买影响者所追求的收益。

两种不能用来判断取胜的方法

在众多的销售活动中,成千上万的销售人员都在使用我们上面提出的三种方法(推断、直接询问购买影响者、获取顾问)。除此之外,还有两个不是那么可靠的方法:

- 把结果看作购买者的取胜。
- 认为你自己的利益与购买影响者是一致的。

把结果看作购买者的取胜

首先从各个角度检验你的产品能产生的结果。不了解结果,你就推断不出这次销售能为购买影响者个人带来的利益。但是,并不是说一个好结果就等同于取胜。结果是取胜的先决条件,但不是等效物。

还记得那个例子吗?销售人员为了说服一位即将退休的总裁购买他的产品而费尽周折。他列举了他的产品能为对方带来的种种好处:为对方公司节约采购资金、提高生产效率等。正如这位销售人员说的:"这个产品完全符合他们的需要。"但是,这位总裁仍然不愿购买,原因在于这位销售人员的销售不能使他从中取胜。

其中的道理很简单。了解销售结果只是起点,而不是最终目的。只有了解每个人的购买原因,你才能明白:为什么你的销售所带来的结果有时会损害某位购买者的利益。

将你的取胜与购买者的取胜混为一谈

我们一直记得那位销售人员对我们说过的话:"如果我是那位总

裁，几个月前就签采购合同了。"

这话或许是对的，但这只是你的想法，并不是买方的想法。初次接触"结果－取胜"概念的销售人员常犯这样的错误，他们想当然地认为自己的想法就是客户的想法，二者是一样的。作出这种假设会使你无法辨别购买影响者所期望的取胜。

销售人员犯这种错误是有其逻辑原因的。当销售人员自问："要是我是多瑞斯·格林，我期望的取胜是什么？"他认为大家都有同感。同感是存在的，但在这个问题上并不适用。你认为人人都赞成的答案充其量只是你个人观点的翻版："如果多瑞斯是我，她会怎样想？"既然她永远不会是你，那么这样思考就不会有太多用处。

因此，你要做的首先是关注结果，然后问自己："我所能提供的结果能为购买影响者带来哪些利益呢？"

个人实践练习5——制作获胜结果表

在将获胜—结果中的关键元素运用到实践中时，列出你能给对方公司带来哪些结果，结合这些结果分析你能给每位购买影响者带来怎样的取胜。

第一步：确定你的销售所产生的结果

这一步骤的目的是使你关注"结果"的意义。可以先回顾一下我们在本章前面列出的"结果"样本，然后在此基础上制作出符合自己实际的图表。

翻开笔记本，在你面前有两张空白的纸。首先在左侧页面的顶端写上标题"结果"，然后把该页分成三栏，依次写下次标题：资金型购买影响者、技术型购买影响者和用户型购买影响者。在每一栏中尽可能多地写下各位购买影响者所寻求的"结果"。

在确定这些"结果"时，记住资金型购买影响者关注的是交易底线和公司运转的稳定性，技术型购买影响者关注的是你的产品在生产中的性能，而用户型购买影响者最在乎你的产品的生产效率。

如果你与参加我们培训的销售人员一样，那么许多"结果"将与抽样结果图中的完全一致。很好，但不能就此而止。在这个表上加上你的产品能为客户带来的特殊"结果"。

你的目标就是列一份单子，写上各类购买影响者在你的销售中通常关注的"结果"。如果你在这个步骤上花费五到十分钟，你就应该可以为每一类购买影响者想出至少六到八个典型的"结果"。

第二步：检验这些结果

下一步是客观地检验这些结果。针对每一项结果都问自己下列问题：

- 这一结果是可衡量的吗？有形的吗？可量化的吗？
- 是共同的吗？也就是说，是许多购买影响者都能享有的吗？
- 是否与客户的业务相关？也就是说，它能否对一个或多个购买影响者的工作流程产生积极影响？

如果你对其中的一些问题不确定，那么你所列出的可能不是结果，而是一些产品的"特性"或"长处"。这时，你需要重新评估形势，发掘出一些你能对客户产生的影响，否则就可能发现不了销售商机。

第三步：选出符合目前销售目标的结果

弄清楚这三类买家想在销售中得到什么样的结果后，现在你要做的是在笔记本上进一步列出购买影响者想从你目前的销售中所得到的"结果"。

开始在笔记本上列表。在页面的最上方写下"获胜—结果表",然后把该页分为三栏并且在每栏上方写上分目录:"购买影响者""结果""取胜"。取出你的"购买影响者"表,把其中的名字抄在最左侧栏中,有几个写几个。然后,在中间的一栏,对照着每一个人名,写下几个你认为他想要从交易中获得的"收益"。此时,你可以参照前面刚做好的结果列表,从中取出目前需要的内容添加入新表。

你现在做的这项工作,其实是对第一步中所制作的图表的一个提炼过程,即从各购买影响者对销售的一般性期待开始,逐渐聚焦到此次销售所涉及的购买影响者期望你的产品所能带来的结果上。

第四步:检查你列出的"结果"

在你为每个人列出一两个他们最期望的结果后,下一步就要客观地检测这些结果。你在这里的目标就是要明确你列出的结果与每个人的具体情况都相关。但是,类似于你的产品可以使法利的工作"更简单"的"结果"是不足以说明问题的。针对你列出的法利关注的"结果"问自己以下问题:

- 这个结果对法利的商业流程中哪个阶段有效?
- 这个结果是如何发挥作用的?
- 法利所关注的这个"结果"与其他同类决策人的关注点有何关系?

因为法利是资金型购买影响者,所以你要清楚你的产品或服务能为其公司的发展与稳定产生怎样的影响。

依此方法对表中列出的其他结果项和其他的购买影响者进行逐

一考察。记住：用户型购买影响者和技术性购买影响者所关注的结果是不同的。

对于每一个购买影响者，你都应当花一到两分钟的时间去完成这一步骤。如果你对某人所关注的结果不确定，就在与这个名字对应的中间栏标注一面红旗。

第五步：写出每个影响者所期望的"取胜"

现在回到我们在本章前面所提到的"收益"表。对照此表，把购买影响者名单再看一遍，这一次要在表中写出他们每个人想从你的销售中获得什么样的利益。对于每一个"结果"，问自己以下问题：

如果我的产品或服务产生这种"结果"，这个购买影响者会从中获得什么？

在寻求这个问题的答案时，你必须找出在销售中每个参与者所期望的"结果"和实现个人预期的"取胜"之间的因果关系。你现在要做的就是表述出每个参与者所期望的"获胜—结果"，这样做可以使二者之间的联系一目了然。依次分析每个购买影响者，考虑一下如果你的产品或服务为其带来某种"结果"，这种结果会使他们有哪些"取胜"的感觉，把这些内容填到第三栏中。然后针对每个人，写出简短的说明，讲清楚取胜与结果的联系。

例如，你的产品带给多瑞斯·格林（用户型购买影响者）的结果是减少16%的加班时间。假设你知道她想用减少加班时间来平衡部门预算的话，可以这样描述她的"取胜"：减少加班时间这一结果带给多瑞斯·格林的"取胜"是她看上去工作能力很强。再比如，你的产品能保证亨利·巴恩斯的生产流程稳定可靠，而且你也知道他为了生产稳定可靠花了很大的费用，则对这个"获胜—结果"的描述是：提高生产系统可靠性这一结果给亨利·巴恩斯带来的"取胜"是更稳固的职位。

在做这些练习时，你可能会面对一个或多个难以确定其"取胜"的购买影响者。你也可能发现，即便你知道他们的主观态度，也不知道哪一种"结果"更能使他们满足自身利益。遇到这些情况，你不妨把红旗标在你的"获胜—结果"表的第三栏中。这样可以提醒你在表述一个有效的"获胜—结果"之前去获取更多的信息。另一方面，如果你对购买影响者所期望的取胜和结果之间的联系已经非常了解，那就在你的图表中画条横线以示强调。

当你完成了这些步骤，你的"获胜—结果"表就应该像下面例子中所示的那样。

获胜—结果表

购买者	结果	获胜
丹·法利（EB）	生产能力提高	🚩
多瑞斯·格林（UB）	减少加班时间	维持对本部门的控制感
亨利·巴恩斯（UB，TB）	持续稳定	安全感
加里·斯坦博格（TB）	更快处理存货	🚩
威尔·约翰逊（TB）	账目管理更轻松	赢得善于管理的美誉

第六步：分析你目前的定位

现在，研究一下你的"获胜—结果"表和购买影响者名单，发掘更进一步的信息。依次观察每一个购买影响者，评估你的强项和弱项。可以通过问自己以下问题来检验是否还有未发现的信息：

- 还有什么信息可以帮助我理解这些"结果"是如何为格林带来"取胜"的呢？
- 斯坦博格的生活方式、价值观能否告诉我他是怎样获得"取胜"的？
- 我是否问过法利一些主客观问题并依此确定她期望的"取胜"？
- 如果我没有亲自与巴恩斯会面，我是否已经安排其他人去了？
- 我能否得到别人的指点？我有没有问过别人如何让自负的威尔·约翰逊看到他可能获得的"取胜"？

根据这些问题的答案来进一步修订表格。无论在什么情况下，只要你缺少某位购买影响者的信息，就要标出一面红旗，不断把这些数据添加入表中。

第七步：确保你当前的双赢地位

知道各位购买影响者的期望值后，现在你可以设法将你的销售目标引入矩阵的双赢象限中。首先，通过问自己如下问题，来检测当前你与买方是否处于这一象限：

我是否已经提供或者我能否提供给每个购买者能够满足其利益的结果？是不是每一位购买影响者都确信我能做到这一点？换句话说，是不是他们都知道我想和他们取得双赢？

如果有的答案是否定的，说明你目前所处的地位不一定在双赢象限中。

例如，如果你的产品或服务为巴恩斯带来一项结果，但你不知道这个结果是如何帮他"取胜"的，那么你迟早会尝到败绩。再比如，如果法利不相信在交易中你会给他带来利益，反而认为在交易中你获利，而他遭受损失，那么你将面临的不仅仅是失去这笔销售，还有可能是将来的所有生意。

看一下你标注在"获胜—结果"表和购买影响者记录表中的那些"小红旗"。哪些信息是确定无疑的？哪些地方还缺少满足每位购买影响者自身利益的信息？只要你实事求是地回答这些问题，你会发现，其实你与双赢象限相距不远。

第八步：修订你的备选战略定位列表

把你的销售引入双赢象限的下一步，是利用你已经获得的信息去修正你的备选战略定位。与先前的练习一样，你可以通过提炼、删减、添加等方式确定你的备选战略定位列表。

在第六步中，我们建议你结合"获胜—结果"表和自己当前的定位来修订备选战略定位。现在，经过相应的修改后，你要检测每项修订是否合理。记住：不断修订列表的目的是使你对客户所期待的取胜有更透彻的了解。

例如，为了擦掉斯坦博格名字旁的小红旗，你或许会请他一起吃午饭。这个战略定位可能会给你带来关于他的进一步的信息，也可能不会。在这种局势下，你可以转而把战略定位在"让多瑞斯·格林告诉我为什么斯坦博格如此关注库存问题"。在这种杠杆作用中，你所借助的"实力"来自格林对你的建议。运用此方法可以获得关于买方的更确切的信息。

在前面的学习中，我们建议你总结可供自己选择的定位，具体地说，你要对照战略营销原则去检测每一个能帮你擦掉小红旗的有效定位。此外，你还应找到那些可帮你撬动杠杆的"实力"。同时，你应该不断使你的选择具体化，并不断去检测它们。但是，现在我们还是少做一点总结，多做一些区分吧。因为成功的销售战略的核心是"获胜—结果"原则，所以我们强烈建议你记住列表中可供你选择的每一个战略定位，那些无法为你的客户带来"取胜"的选项，要坚决剔除掉。

最重要的就是记住每位购买影响者的个人利益。因为正是这些个人利益决定着他们的态度。这也是你将来采取任何销售策略时应遵循的准则。

对"获胜—结果"原则的总结

由于很多学习者都觉得这条原则难以理解，所以在结束本章之前，我们对它的要点进行总结。你可以把它作为继续改进你的销售战略的参考：

- 任何产品或服务都会提供改进某个流程所需的工具和知识。反过来，经过改进的流程所产生的结果使其中的参与者获益。
- 当购买影响者个人利益得到满足后，他就"取胜"了。让买方取胜是非常重要的。要销售产品，你必须明白如何使购买者"取胜"。
- 人们意识到你的销售方案和他们的个人利益之间有关系时才会购买你的产品。销售的艺术和技巧就在于它们能把你的销售提议和购买者的个人利益联结起来。
- 想要直接问出某位购买影响者所期望的"取胜"是很困难的。因此，不妨采取迂回战术。首先，确定他所期望的结果，然后通过这些结果来探究他们想获得什么"取胜"。向旁人咨询信息可以帮助你更好地了解决策人所期望的"取胜"。
- 满足客户的个人利益最终也是满足自己的利益。因此，销售活动最好的结果是——双赢。

第 3 部分

共同的问题,不同的解决方法

第 11 章

接近资金型购买影响者：战略和战术

现在已经给你介绍了销售战略中的四个基础，它们是：购买影响者的主要元素、红旗/实力杠杆、反应模式、获胜结果。在我们达到流程中的这一点时，我们的客户会提大量的问题，如果你在这时没问题，这将使我们很惊讶。在本书的第三部分，通过客户告诉我们经常在什么地方遇到问题，我们将在这些领域进一步深入，来预测一下这些问题。

在他们提的问题中，以下三个可能是最常见的：

- 怎样才能接近资金型购买影响者？
- 怎样才能有效利用一个战略顾问？
- 竞争会怎么样？

这些都是合理的问题，我们将在本书的这部分中提供一些答案。在这一章中，我们从那个频繁出现问题的领域开始：怎样处理那个既非常重要又难以理解，人们称之为资金型购买影响者的因素。

战略营销的核心是管理你的每一个销售目标，以便你能和你所有的资金型购买影响者最终都达成双赢。资金型购买影响者被证明是最容易出现问题的一个因素。他不同于其他的购买影响者，其主要区别有以下两点：

- 资金型购买影响者比其他的购买影响者更难识别。
- 在身体和心理上，这类购买影响者比扮演用户型和技术型购买影响者的人更难起到作用。

基于以上原因，与资金型购买影响者建立一个双赢结果是一个备受关注的问题，即便对擅长与其他购买影响者建立如此结果的销售人员来说也是如此。

不能充分了解资金型购买影响者，或没有注意到他在每次交易中的个人盈利，就可能破坏甚至最"简单"的销售方案。因为资金型购买者在销售周期中，能在任何时候否决交易。因此，在销售周期中，唯一的共识是尽可能彻底、更早地覆盖关键人物。

为什么接近资金型购买影响者如此困难？

当我们阐述战略营销中的资金型购买影响者时，我们向参与者提出了一些很尖锐的问题。以下是一些他们最常见的回答：

- 我不知道他是谁。
- 我不知道在买方机构中何处可以找到那种权威人士。
- 购买者说我应该只和她交易。
- 我见他时，感觉就像被叫进了校长办公室。
- 她拒绝和我见面。
- 我对那个层次的人没有半点信任感。
- 没有人愿意为了签订单而假装权威。

第 11 章 接近资金型购买影响者：战略和战术

- 她所有的电话都被屏蔽掉了。
- 他使我感到不安——我不知道和他说什么。
- 我不知道他需要什么。
- 他就是不和销售人员谈话。

你可能认识到以上的一些答案和你自己的销售情形有关。这些都是典型的回答，如果你没有认识到，我们将感到很惊奇。

就像我们获得的答案一样，还有一个事实也是很典型的：这些回答可以分为三个基本类型。在我们提供的成千上万的方案及我们自己的商业活动中，我们经常可以看到这种相同的模式。无论我们的客户在哪个行业，无论他们的销售规模有多大，他们对资金型购买影响者的抱怨总是这三种基本问题的演变。

问题 1：他们不能确定资金型购买影响者。

问题 2：他们无法接触到扮演这个角色的人。

问题 3：他们在和他交谈时感到不自在。

如果你再考虑上面列表中给出的问题，你就会发现这种模式是正确的。

例如，回答"我不知道他是谁""我不知道哪儿去寻找""没有人会假装权威"，可以理解为"我无法辨认资金型购买影响者"。

例如，回答"购买者说我只和她交易""她拒绝和我见面""她所有的电话都被屏蔽掉了"，可以理解为"他们无法接触到扮演这个角色的人"。

例如，回答"他使我感到不自在""我没有任何信任感""就像被叫进了校长办公室"，可理解为"和资金型购买者交谈时，我感到不自在"。

如果你回忆你过去的销售，考虑一下你在获得购买影响者的过程中所遇到的问题，我们确定你将发现相同的模式。

这章余下的部分，我们将给你提供战略和策略来一一克服这三个基本问题。首先我们先来看一下什么是资金型购买影响者及他在你的营销方案中的角色和地位。

资金型购买影响者的特征

为了他们每个人的销售目标，帮助客户更有技巧地确定资金型购买者，我们认为有必要强调三个概念：

- 像其他的购买影响者一样，资金型购买者是特定销售目标。
- 扮演资金型购买影响者角色的人在购买机构中经常处于高等层次。
- 扮演资金型购买影响者角色的人一般因为能够很好地预测未来而待遇不菲。

"特定销售"中的资金型购买影响者

我们把资金型购买者称为"针对特定销售"的人，是因为这些人是为了特定销售的目标而成为资金型购买者的，而不是某个公司的经济买主。并不是像"巨人肥皂公司的经济买主"那样，做这个事的只是一些公司的重要人物，这些人都处在能做这个事的合适的权力水平上。谁都无法保证在一次销售中扮演资金型购买影响者角色的人，在向同一家公司进行的第二次销售中会再次扮演这个角色，即使第二次销售的产品及支付的报酬和第一次一样。这就是为什么再次辨别资金型购买影响者对你仍然如此重要的原因，因为你开始制定一个新的销售目标。

资金型购买影响者的职位

由于做资金型购买者的人有直接获得资金的途径并可以随意支配,因而他们多是些机构内的高层人员。在小一些的企业公司,老板经常可以在多宗销售中作为资金型购买者。在大型的跨国公司里,最终的决定权很少集中在高层,而即使在这里,大部分资金型购买者释放限定资金的决定仍然是由高层管理者作出的。尤其是在裁员和重建成本的形势下,很少有公司会允许低职位的管理人员在大型购买中担任资金型购买影响者这个角色,或者是做一些决定性的政策。销售涉及的资金越多,你需要去找的释放资金的层次就越高。

预测未来

由于资金型购买影响者一般是上层管理者,所以他们的收入很高。对于大部分资金型购买者来说,涉及的都是能塞到自己腰包里六位数字薪金的交易。他们的收入不单单只是工作上日常管理的工资。这只是他们应尽义务的一部分,他们高收入的真正原因是预测及留意未来商业形势的能力,他们的公司亦能靠他们的能力而获利。他们依靠自己那双洞悉未来的慧眼赢取报酬。

资金型购买影响者大致类似于船长。我们说"大致类似于"是因为资金型购买影响者有不像船长之处,那就是我们刚才提到的资金型购买者并不在机构阶梯的顶端,他们不一定是公司的总经理。但是,资金型购买影响者也有像船长的地方,那就是他们对"船"驶向指定的航向有很大的责任,还有一点就是他们中的大多数并不是做每一件事都有报酬。我们的意思是说他们没有必要驾驶、操作发动机,也不必亲自把握船轮。他们的责任更广泛。人们期望他们更精确地知道目标在哪里,并且作出决定来保证船准时到达目的地。

记住资金型购买影响者的这种轮廓,现在你就会更有效地处理以下问题:销售目标与资金型购买者保持一致;要见某人总是被阻拦;你和他见面时有本能的不适感。

解决问题之一:辨别

为了准确地辨认每一个具体的销售目标中的资金型购买者,你就不得不关注复杂销售中的浮动因素。我们用"浮动因素"来表示资金型购买影响者的作用可以移动或者浮动。事实是他们的作用"浮动"在公司员工之间、销售与销售之间,有时甚至在指定的销售模式中。即使有经验的销售人员也经常忽视这个因素。误认为给他们的销售目标提供最终认可的人——法利,同时肯定也是这个销售目标的资金型购买者。这样的错误鉴别会带来一个长期的威胁。

浮动因素和可察觉的风险

在第五章中,我们描述了五种关键因素,它们促使资金型购买影响者在公司内部起作用。在一次特定销售中,如果你鉴别销售的最终权威有困难,那么你就应该开始问自己,就这五种关键因素,购买机构会如何看待此次销售。

1. 销售的价值。一般来说,销售价值越高,资金型购买者的作用浮动越高。记住:我们认为的价值是相对于购买机构的规模来说的。一个5000英镑的销售对一个小公司来说,可能会使许多经营总监成为资金型购买影响者,而相同的销售对福特汽车制造公司来说就不会有这样的影响。

2. 商业条件。萧条时期使资金型购买者的角色向上浮动。当一个公司正在承受倒退或者是不景气时,那些一般由中层管理部门作

第 11 章 接近资金型购买影响者:战略和战术

出的购买决定上升到了上层管理者那里;当经济景气时,会发生相反的情况。

3. 你和你公司的经历。为了给一个新客户做第一次销售,你应该重视机构中的最终许可。一旦你赢得过一个给定的客户,至少是某些方面的购买影响者,那你将可能在以后更高层次的合作阶梯上得到同类销售最终的许可。

4. 你的产品或服务的经历。这个变量也证明了相同的原理,潜在的客户对于你销售的具体产品或服务知道得越少,批准权就越有可能来自上层。如果有了类似的经历,最终的批准权将会层次低一些。

5. 潜在的机构变动。因为资金型购买影响者通常关注长期的效益,当购买机构感觉到你的销售计划将对于其组织发展和稳定性有一个长期重大的冲击时,资金型购买影响者的角色就会向上浮动。

上面的五个变量有一个共同点。这五个变量中的任何一个都有引起浮动的能力,原因是在这五个变量的背后是相同的基本商业因素:购买方假定的风险。

购买影响者都期望销售会带来经济和发展的收益,资金型购买者尤其如此。因为他们估算了其中的风险,并为此得到了报酬,自然期望值更高。他们制定决策的焦点是在风险和收益中得到平衡。并且预期风险越大,影响经济购买角色的上浮也就越高。

为了找出谁在充当你所销售产品的资金型购买影响者,我们建议你问自己两个问题。第一个我们在第五章就提到了:

这个种类的销售在自己的机构中应该到哪个层次才能被通过?

这个问题的答案也许就是你所寻找的资金型购买影响者在购买机构中的层次。也就是说,它建议你去关注分部、中层管理部门或者是领导层。然而，请记住，最终购买方许可的层次经常与机构的规模相关。

所以，如果你的公司和购买方是同等规模的，你们的许可可能是同等水平的。如果你的公司规模明显小于买方公司，你的眼光会相对较低。如果相比之下你的公司比较大，你的眼光会较高。

第二个问题与我们讨论的浮动要素有关——可察觉的风险要素。一旦你知道你可能找到的买方公司是在什么水平线上，你要问问自己：

考虑到我的销售中的可察觉风险，我是应该选择比我高的公司还是低的公司？

如果可察觉风险的水平是高的，向上调整你的眼界。反之，向下调整。

当你履行了这一观察程序，记住我们把可察觉风险具体化了。正如购买影响者对现实的洞察决定了反应模式，是买方公司的风险意识帮你辨别资金型购买者在公司中可能的地位。假设你试图卖给猛犸公司一个防火系统，你知道这套系统从来没有出过错。换句话说，你知道风险几乎为零。这当然很好，但是这并不起什么作用，除非猛犸公司的人也这样认为。如果他们以往从未跟你做过生意，如果他们从来没有安装过这一系统，或者这一系统对他们的预算来说是一笔大的债务，那么你"无风险"的产品可能是非常有风险。最终的购买决定权可能到了最高层。

这里有一个警告：在寻找资金型购买影响者的时候，销售人员会经常关注那些等级较低的人。当他们应该定位于区域经理这个级别时，却满足于从一名工厂经理那儿得到认可；或者当他们应该拜访常务董事时，却满足于会见一名普通董事。这种满足浪费了很多的机会,其原因在于,很多销售人员在面对高层管理的时候会产生的不安。

因为在公司低层中寻找资金型购买者是造成销售管理不善的一个通常原因,而且因为没有人会在自己的脖子上挂一个牌子,写上"我就是资金型购买影响者"。我们会提供两个窍门去帮助你避免这种看得过低的过错。

- 首先,对于资金型购买者关于利益回报、回馈投资之类的公司关注的问题,你要持谨慎的怀疑态度。如果他没有提起过这类的问题,那么有可能你选择了一个太低的对象。
- 其次,根据经验,为你所认为的合乎条件的资金型购买者划定一个大致标准。

这一点对于开拓新客户,或当你努力向新客户销售产品的金额明显高于旧客户时尤其重要。在每一个新的销售目标开始时,正确判断资金型购买者,是一个好的战略的基础,而且整体定位水平过高比起整体定位水平过低来说风险更小。

锁定资金型购买影响者

一旦你了解到,只有取得购买机构中的哪个阶层的人的同意,你的销售才能完成,接下来,你就要对这个你认为的有最终决定权的人进行确认,看其在交易过程中是否会使用这个权利。为了做到这一点,你有三种方法:

- 直接询问你认为是资金型购买者的人
- 寻求顾问
- 猜测

只有前两种方法是可以接受的。对于那些自认为知道谁是此次销售的资金型购买者、谁又是控制资金的人来说，他们的猜测经常是错误的。如果你不知道谁是你正在从事的销售目标的资金型购买影响者，那么就给你的购买影响者表格中的资金型购买者一栏上加一个红旗，然后通过询问或者得到顾问来锁定资金型购买者。如果你知道谁是资金型购买影响者，并且把起点都划好了，这条重要的信息也可以算作一种实力。

1. 直接询问购买者

在试图锁定资金型购买影响者时，我们一个唐突的同事将会用到最直接的方法。他说："一旦我确定了购买影响者的起点，我就会去找我认为是资金型购买者的那个人并且接近他。如果他签了合同，我就知道他是资金型购买者。如果没有，那说明我需要做更多的工作，或者应该寻找其他的目标。"

如果你对这种直率的方法感到舒服的话，要获取比它更直接的方法将是很困难的。"接近"被你怀疑的购买影响者，看他是否真的带有资金。如果你像我们一样，喜欢更委婉点，你可以问一些不是那么直接的问题。在构思这些问题时，记住资金型购买者实际上做了什么。通过下定义，你就知道这是不是那个拿出钱来支付你的销售或提议的人。如果你很确信丹·法利有这样做的权威，但是你想测试你的感觉的话，你可以问如下的问题：

（a）丹，决定之后，预算资金从哪里出？

（b）是否有人会否决这个提案？

（c）丹，当你赞成后，最后的决定程序如何？

（d）我们是否还需要征得什么高层人士的同意？

通过集中了解这一销售中的关键角色，那些所谓"被推荐的人""推荐人""迟疑的赞成""临时订单"等等鬼话，都会被这些设计好的问题揭穿。如果法利确实是资金型购买影响者,他的语言和行为将向你表明这一切。

当然,前提是他说的是真话——这一点往往不敢保证。因此,我们推荐另一种鉴别的方法。

2. 寻找顾问

当询问资金型购买者是否真的有权发放所需要的资金时,你或许不能得到一个直接的答复。不仅仅是因为最终有决定权的人善于隐藏于团队之中,而且,就像我们前面提到的,技术型购买者也会愿意以资金型购买者的身份出现,他们中的一些人很擅长玩这种游戏。比如,如果你问一个技术型购买影响者上面的问题,这个人会板着脸,简单地告诉你:"这是我的资金,我独立作出决定。这里没有任何其他人你应该知道或需要知道。"

那些刻意维护自己权威的人几乎都不是真正的资金型购买者,因此,这样的答复当然有充分的理由让你怀疑。但是,你仍需要第二个方法来帮助你挑选。那就是拥有顾问所带来的非凡的优势。关于谁会为你的销售发放资金的问题,你完全可以通过询问值得信赖的顾问。从顾问那里得到的信息经常会比你从令人怀疑的资金型购买者(或这些人的追随者)那里得到的要准确得多。

解决问题之二:当你遇到阻碍时

你已经正确地分辨出了资金型购买影响者,但是你的目标却让你感到沮丧,因为他无法接近。这情况很普遍。例如,有的人可能在一个很远的地方,要对你的销售真正赞成,就不得不从远离你数百里的家中或办公室出发。或者资金型购买者可能被一个专业的屏障所隔离,无法与外界联系,这个屏障就是秘书,每一次你想找老板的时候,他都会告诉你:"欧瑞丽女士仍在开会。"再或者,你可能被那些专门伪装成资金型购买者的技术型购买者所阻碍。

解决距离太远以及挡驾秘书的问题经常需要好的代理人。你可以让你机构的其他人为你去调查特殊的人物,由此你能够经常获得看似不可得的决定性权力。而对于那个人的最佳选择时常是位于资金型购买影响者同等水平的一个人。当我们讨论相似阶层的销售水平时,我们将立刻得到中肯的结果。

要和一个主动阻止你接近资金型购买者的购买影响者打交道更难。而这又是一个极为常见的问题。

如果在销售圈里,你可以足够早地接近资金型购买者,你就能避免这个问题。当你已经先接近资金型购买者时,没有技术型购买影响者可以对你采取有效的阻碍。但是,我们假设你还没有调查那些资金型购买者,在这种情况下,你又该如何解决这种阻碍呢?

解决阻碍的三种办法

当一个人积极地阻碍你了解资金型购买影响者时,如何解决这一问题呢?你应该首先明白为什么另一个购买影响者要这么做。当我们让委托人解释他们是如何被阻碍接近资金型购买者时,他们给出了类似下面的这些答案:

- "技术型购买影响者想独自处理所有的事情。"
- "他更喜欢我的竞争者。"
- "他们告诉我那是一个较低层次的决定。"
- "她说资金型购买者想让她做最后的决策。"
- "他仅仅是不想让我们得到订单。"

当你仔细检查这些答案时,你会发现这其中存在着一个潜在的主题。无论他们给出的理由是什么,无论阻碍资金型购买者的明显动机是什么,这始终有一个相同的根本性原因。它和我们在前几章讲到的所有购买影响者个人盈利的因素有关。当另一个参与者试图阻碍你接近资金型购买者时,这常常是因为这个阻碍者将你提供的请求视为对个人的损失。

让一个购买影响者感到他已经输了是很危险的,它简直就是对买主复仇感的一种激发。所以,你在处理受阻问题时,经常性的第一步应该是判断为什么这个人感到如此消极,也就是为什么他如此肯定你的提议是会使他受损的。你需要去这样做,不仅因为它是作为一个克服消极感觉的先决条件,而且因为你对这个人的叙述所采取的战略,将可能根据你所发现的原因发生戏剧性的变化。

例如,如果亨利·巴恩斯是因为他的姐姐与你竞争"年度售货员"而反对你的提议,而不是担心你的解决方法会使他失去工作,你就要采取一个与以前完全不同的策略。如果你不能查明他感到"受损"的本质原因,你在每次遇见他时会很容易将所有事情说错。

一旦你已经查明了阻碍者感到他受损的真正原因,这里有三种办法来解决这些战略阻碍物。你可以:

- 让这些阻碍者知道你接近资金型购买影响者会让他们获利;
- 绕过这个阻碍者直奔影响者;
- 和阻碍者和睦相处。

上面的三种选择都可能起作用,这要根据形势而定。

1. 告知阻碍者如何获利

在这三种策略中,告知阻碍者如何获利是最好的。我们建议你首先尝试这种策略,只有当它失败时再求助于另外两种策略。鉴于阻碍者的受损感是产生阻碍的原因，你有时候可以通过说明这种感觉是错误的来扭转形势。要让他们成为你的支持者而不是反对者，就得让他们明白使你接近资金型购买影响者是有利于他的。

理想的情况下，你会想一步超越这个状态。你会想要向阻碍者展示你怎样接近资金型购买者，而且是全靠自己。应对阻碍购买影响者的最佳途径就是显示出你拥有资金型购买者所需要的东西——而且阻碍者可以得到信用和认可，将此转达给影响者。如果你可以向一位阻碍购买者表明你拥有一些有价值的东西，因而值得被传递到资金型购买影响者那里去，你将很有可能转变这种被动的状态而把握主动权，因为这会达成一种共识，即与你合作将会加强阻碍购买者自身可观的价值。你这时要做的是让他觉得自己在别人看来是足够聪明的人，从而可以把你引入交易中。

阻碍者能够帮助你交给资金型购买影响者有价值的东西，其实一直是这样的。唯一最有价值的贡献在于你可以给资金型购买者带来知识。特别要说明的是，正是知识将会帮助主要参与者去做值得他们做的事：预测将来以及设置合适的议程。如果你以及阻碍购买者可以一起增加资金型购买者的预期能力，那么每一个人都会获利。我们一会儿将会对这种关键类型的知识作更多的介绍。

2. 绕过阻碍者

无论你多么努力地向一个设置阻碍的购买影响者说明，在你的销售中对你进行帮助会使他个人获利，你仍然会遇到一些不为所动的人。当你面对一个用户型或技术型购买影响者，而你又无法扭转他的失败感的时候，你就不得不考虑第二种选择——绕过阻碍者。

我们曾提到借助代理人去接触你个人不能见到的资金型购买者的好处。这种方式可以有效地绕过阻碍购买者。但是，这里也存在风险。尽管它有明显的好处，但对一个受阻者销售来说，这种方法仍是一个高风险的策略。

这种风险在于，当你急于见到资金型购买者时，你就会忽视阻碍购买者的抵制，将它视为不相关的或是不重要的东西。在那个处置失当的纺织品工厂销售的案例中，我们已经表明了这种方法所造成的长期反面影响。这种危险表明，无论何时你不顾一个关键人物的反对而进行一桩销售时，那个人就会觉得你正在与他进行一场针锋相对的较量。不可避免地，你把那个人变成了敌人，因为他认为你损人利己。

被绕过的阻碍者将会深深地记住这一点。10年或是20年后，他们仍会想起你曾经忽视过他们。因此，我们建议我们的客户，只有当他们已经走投无路时，才可以使用这个破釜沉舟的策略。如果你与某客户的关系并不稳定或者说你潜在的获利空间是很大的，你才可以实施这个办法。但是，因为任何被忽视的购买影响者都是一种威胁，所以小心被报复。即使当你觉得这种策略是你可以选择的唯一的策略，我们仍然建议你先与你的区域销售经理和你的顾问进行讨论，然后决定采取什么样的行动来消除报复。

3. 和阻碍者和睦相处

与一直妨碍你接近资金型购买者的人合作会经常导致你丧失眼前的商机。因此，它看上去是非常恶劣的策略。无可否认，这并不是一个吸引人的方法，但是也有一些特殊的情况证明它是适用的。

我们有一个搞广告销售的朋友叫加里，去年他就面临着这样的一个艰难的抉择。他是一个年收入为200万美元的客户的账目主管，这个公司每年支付给他的薪水占他总收入的一半。为搞一个假日促销，加里建议公司进行一下产品广告包装，而公司的一名中层经理却认为这不合适。加里和那个经理的上司有着十分要好的关系，并且经理的不赞同对交易的实施不是很关键。但加里知道，如果他将这个问题推给经理的上司——资金型购买影响者，那么最终会更为严重地影响他们将来的销售业绩。

因此，他撤销了他的提案，这使他损失了3000美元，但当他几个月后跟我们聊起时却说，他从未后悔过他的决定。他解释道："我在你们的项目中学到了很多，绝对不要让一个消费者感到他被打击了。我决不会冒损失我一半收入的风险去博得这一个项目，你知道吗，那个家伙真的十分感激我尊重他的意见，他变成了我的伙伴，今年我正在给他们做一个促销计划，这个计划能够让我双倍收回我损失的3000美元的收益。"

这个教训就是：如果你已经和购买公司有着良好的关系，而你当前的销售目标又会疏远你的购买影响者之一，你或许应该考虑放弃当前的订单来保全你目前已有的生意——这也为以后更大的销售可能性打下了基础。在这个决定的背后，其实就隐含了一个基本的销售目标：**不仅要保眼前，还要保长远的成功。**

当然，充其量，这也只能算是一个临时的方案，就像在路障前等待前面的路修好一样。你不能长期通过这个方法来管理你的客户。因此，你的第一选择应该总是展示给你的资金型购买影响者他们怎样可以获胜。

解决问题之三：处于不舒适的处境中

一个急切但又没有经验的销售代理人，在之前甚至没有礼节性地打一个预约电话的情况下，决定对她最近刚获得的一单业务的主管进行拜访。她还没有出售给这家公司任何东西，但是她听说这个主管的批准是所有销售成功与否的关键因素。因此，出于走捷径的考虑，她直接去找这个头目，决定去试试看。虽然她非常紧张，但还是决心要以积极的心态面对，尽她所能做到最好。

第 11 章 接近资金型购买影响者：战略和战术

当她来到时，这个对公司决策有着重大影响的主管正坐在他的办公桌边。

她说："你好，我是韦伯斯特公司的乔金纳·格朗特。今天冒昧拜访，是想了解一下事情的进展状况。只要我在这里，愿意随时为您效劳。"

主管把视线从他的文件上移开，抬头扫了乔金纳一眼，然后冷冷地说："很好，我对你就两个要求，出去，不要再进来。"

你差不多可以把这个故事看作业余销售者的教科书案例。乔金纳不仅没有预约，甚至在到来之前都没有打一个电话。而且，她的贸然拜访没有一个确切的理由。没有提出销售的追踪调查，没有参照，没有需要回答的问题。她这么紧张也不足为奇，主管的回答也是她应得的结果。

这个故事不仅仅说明了每个销售拜访之前的准备对销售战略成功的至关重要性，而且说明了在会见一个对购买起着重大影响的人物时，你的心理准备和你对产品的了解，像遵守见面之前预约这样类似的基本礼节一样重要。

对于会见主管，乔金纳觉得有两个令人不快的相关的理由。如果你的资金型购买影响者在现场，你会感觉到这两个理由是一样的。

在那些看起来很忙，或者事业非常成功以至于你要说的事对他来说无足轻重的人面前，你会有种压迫感。

你不能确定这样的人想要或者需要听的是什么，换句话说，就是不确定你到那里去应该做些什么。

当你胆怯时

我们发现只有一个明确的途径可以克服你面对高层领导时的害怕的感觉。那就是记住这一点：尽管购买你的商品的资金型购买者可能非常富有，但他仍然是人，也就是说你所出售商品的对象同样是人类。

我们并不是说他有多普通。在公司生活中，如果仅仅因为他们赚的钱比其他人多的话，扮演资金型购买者角色的人是不同的。但是，如果你过度关注自己和资金型购买影响者之间社会层面的或者经济层面的不同，你就只会给自己增加不舒服的感觉。想要把这种感觉减到最小，一个方法就是记住在他们的光环背后，他们也只是个普通的人。

从职能关系的角度，你可能会觉得丹·法利让你感到害怕，让你为自己的工作感到担心，因为他有能力发放资金去购买你的产品。但是，也许他也是一个溺爱孩子的父亲，一个水平不高的网球手，一个在大学舞会上穿着短袜跳舞的人，一个星期天在家里浇灌草坪的人，一个跟你一样爱看球赛、打电话叫中式外卖的人。就和你一样，他对过去也有遗憾，对事业和个人的未来和需要都有所期待，现在都需好好经营。

要记住的最重要的事情是：既然是你在向他提供建议，你就要站在满足需求的立场上。然而，为了很好地满足需求，你就要尽可能地了解这个人。

另外，还有一个经常的情况，就是当你要清除掉你在完成销售目标的过程中所遇到的困难，一个可信赖的顾问是一笔重要的财富。一个好顾问可以通过解答关于买者商业需求的问题及他个人利益方面的问题来把那些困难转化成机遇。

第一种问题的答案将会帮助你确认提供给购买公司的产品和服务的商业结果。第二种问题的答案决定资金型购买影响者的个人获利。在你进行第一次拜访之前，让你的顾问对你简要地说明资金型购买者是个什么样的人，这将是让你瞄准最有可能的胜利结果的最好的途径——也是当你面对这样的大人物时，让你减轻不安的最好的途径。

当你心里没底的时候

你和一个资金型购买者谈判的最主要的理由，自然就是让他接受你所提供的商品和服务，但那并不一定是这个人想要见你的理由。对于你来说，就是要确定这个人和你一样有充分的理由使两个人坐在一起。我们现在所谈论的是购买影响者的感受，不是你的感受。每一次你拜访资金型购买者的时候，他都会有一个没有说出来的问题："你有什么理由来占据我宝贵的时间。"在进入正题之前，如果你的答案不能令他满意，那么在你到那儿之后，就别指望会有令你愉快的结果。

所以，如果你想要减少与一个资金型购买者之间的不和谐，就要确保每一次拜访这样一个购买影响者时，都要有正当充分的理由。

资金型购买影响者的所需

什么样的理由会被购买者视为合理有效的商业理由？我们说资金型购买者经常需要的一样东西就是知识，知识将会增加他的预期能力，并用这种能力来提前对机构进行计划。从这个事实，就能推导出下列战略上的销售真理：

> 当你可以提供对资金型购买影响者的商业经营有所裨益的知识时，你就有正当的理由来联系资金型购买影响者。

这个发现使许多刚刚进行销售的人感到惊奇。那些和资金型购买者没打很多交道、没有经验的销售代表，经常把这些高层管理人员看得高高在上，并认为他们在经商方面无所不知。这是一个错误的想法。事实上，关于你的行业的许多领域，资金型购买者几乎总是比你知道的要少。这些人本性上是通才。他们没有时间去跟上所有的日常的发展，同时他们也缺少相关的精确的细节，因为他们所关注的是宏观的发展。这个就是事实上他们为什么需要你的真正理由。你可以提供他们所需要的细节来使这个计划更加详细。

高级管理层的资金型购买者就是被雇来使他们的"水晶球"更清晰的。增加他们预测未来的能力，具有减少隐藏的风险和不确定性的能力及知识会被高度重视。这种知识对于资金型购买者来讲要比任何物质的东西都重要得多。所以，对你来说，理想的情况是带给你的资金型购买影响者信息，可以使他们把他们的"水晶球"看得更清晰的信息。

这个信息可能会也可能不会与你的最近的销售目标有联系。自然，如果你提供的信息表明了通过购买你的产品，买方将站在行业发展趋势的前沿，这就最好不过了。但是，如果你带来了整体的、行业范围的信息，不管它是不是你演示的一部分，你还是可以把资金型购买者拉到你这边，同时也就增加了他同意购买你的产品这一目标的可能性。

我们曾经有一位客户是快餐食品的主要制造商。几年前，当他的公司的销售经理和一些连锁超市的老板建立联系以后，他已经揭示了带给资金型购买影响者这种信息的重要性。

那并不是一次产品演示。经理不是来推广他的品牌或者公司的生产线，而只是提供了一些综合的信息，这些信息对各种资金型购买者广泛适用。在这些给超市老板提供的信息中有一条，那就是事实上对于快餐商而言，不管贴谁的标签，在超市销售的平均收益总体上比杂货店高得多。这个信息带来的效益非常巨大。尽管我们的当事人没有声称他的产品的利润空间要比那些他的竞争者大，但是几个月的事实证明,公司已经明显地增加了在它所能影响的店面的占有份额。这就是资金型购买者抱有的"感谢你提供信息"的说法,同时增加了买方公司在交易中利润的份额。

资金型购买影响者不需要的知识

快餐制造商成功地提高了对超市客户的渗透,那是因为他们的销售部门了解资金型购买者的真正的商业需要。他们知道他们所提供的知识要和长期增长的可能性联系起来。忽略了这一点的人们经常试着把错误的信息提供给资金型购买者。把这种消息提供给资金型购买影响者的人会损害他自身的定位。

我们已经提到过许多销售代表仍然把诸如"特性和收益""铃声和口哨声"的偏见带到他们的工作中去。当你向用户型和某些技术型购买影响者销售时,这个偏见有暂时的效用,但是当你和一个资金型购买者谈判的时候,这通常是一个劣势。关于计算机领域的字节和比特单位,机械领域的力矩和压缩比,或者食品制造的微量成分,这些知识对于一个眼光长远、追求稳定,以及能够重复投资的人来说是不重要的。不要浪费自己的时间,或者是给你的资金型购买者一些不是很重要的小东西,来浪费他们的时间。

前面我们提到资金型购买影响者和船长具有一定的相似性。作为一个销售人员,你就像一个航海器械专家,正在努力推销一种新的导航系统。考虑到船长的需要和利益,去强调计算机系统的存储大小,或者夸大你的产品将会在这个世纪作出什么贡献,这些都是错误的。导航者(用户买主和技术型购买者的综合体)很想知道这些细节。船长却不想,他只想让你回答一个问题:"这个产品能帮助我更好地完成这次航行计划吗?"

理解概念

资金型购买者需不需要以上的知识可以用另一种方式来陈述。在米勒·黑曼的概念营销中开发的第二个项目里,我们强调了客户概念的重要性,把它作为每次购买决定中的重要因素。当我们用这个术语的时候,概念是客户想要的想象中的销售结果,即客户所期盼的产品和服务。概念性销售的第一课——也是最重要的一课——就是在你可以以一种双赢的形式出售任何产品之前,你必须首先了解客户的想法。我们说,一种产品销售成功的衡量标准就是它满足了客户的需要。

当你与资金型购买影响者打交道时,这一点至关重要。与这些影响者处理好关系的销售人员,经常会首先找到什么是他们的所需。有些人总有这样的疑惑:"法利为什么不关注我?"他们经常会努力地过早推出自己的产品,其实这时他们根本不明白法利的问题和解决方法。

概念和销售产品之间的区别,可以用以下实例来说明:假设你在考虑作出对一家或数家工厂装配自动化生产设备的决定,首先,这是一个概念性的决定。资金型购买者对这个决定的制定将会是很重要的。如果你想参与到这个行动中来,你必须从瞄准这个概念开始。你必须找出,他认为自动化到底能做些什么。

但是,一旦作出了装配自动化生产线的决定,你就必须说服机构中的其他人,你的特殊的生产线对于工作来说是最好的。那就是我们所说的"销售产品",而这个任务主要由用户型和技术型购买影响者来着手处理。这一点也是经常在你有了概念之后才明白的。如果没有概念就努力去做这件事,那么你冒险提出的方案将与大多数购买影响者想要的不相关甚至相反。

第 11 章　接近资金型购买影响者：战略和战术

当然，理解概念和销售产品是两个相互联系的任务，但是大多数情况下，你与资金型购买影响者的讨论更应该集中在前者。当与这些有长远预期的人交谈时，你最好能够呈现最终的结果，假如他们询问，就详细说明你的产品正好能提供这样的结果，这是你们的专业。高层管理者很少想知道"这个功能是什么？"，他们想知道："这个会对我的公司（或部门或集团）有什么好处？"

理解资金型购买者的概念非常重要，我们把它看成销售人员和这些主要的购买影响者交往的一个主要任务。但是，还有另外一个相关的任务同样重要：你也必须建立你的个人信用。

建立个人信用

这不仅仅指你个人的个人信用，还有你公司的个人信用。良好的信用是销售成功的基础。我们发现建立个人信用中有四个技巧尤其有效，即同等地位的销售、宣传过去的成功、管理简报，以及引进专家或权威的帮助。

同等地位的销售

作为完成销售目标的始发者，尽管是你来监督完成对每个购买影响者的任务，但是你没必要把商品亲手卖给每一个主要的负责人。这就是为什么我们鼓励我们的委托人来进行团体销售，让购买者和销售者面对面。因为管理者和其他商业人员经常最愿意和同等的人谈话，所以你的老板（仅仅是举个例子）可能会比你更容易和资金型购买影响者建立诚信的关系。

你的任务是确认每个购买影响者的工作是由最适合的人来完成的。资金型购买者很少愿意和同等的管理者交换想法。如果你能让资金型购买者来参观你公司的一种设备，这也是可能的。或者甚至更好的是，你能把你公司的一个经理介绍给这个主要的参与者，那么你就可以有效地运用同等地位的销售。

这样让管理者们聚到一起还有一个额外的好处，就是给资金型购买者展示了你们公司对你的建议是很有承诺的，不管是高层管理者还是基层员工。反过来，这又给了你一个展现你的个人价值的机会，从而为将来的销售建立了良好的信誉。

宣传过去的成功

你也可以安排资金型购买影响者参观一套安装在一个用户处的你的装置，在那里你有成功的记录。因此，你可以很快地同其他竞争者区分开。通过显示你的产品或服务对另一个客户是如何的好，你演示了概念和诚信，给资金型购买者一样他们最需要的东西：怎样改进经营的直接信息。

管理简报

管理简报经常用于货物包装和消费产品的领域。在这些领域里，许多500强企业一年要有一次或者两次这样的简报分发给他们在全国范围内的客户经理。在这些定期的简报中，他们和资金型购买者重新回顾最近取得的成绩，并暗示在未来的合作中一定会确保客户继续获利。即使当时没有公开的特殊提议，销售公司仍然能够让客户在回忆前期合作的过程中提高满意度。

引入"业界权威"

在战略性销售术语中，专家是那种在影响商业趋向方面提供专门意见的人。这个专家可能来自你自己的公司，也可能不是来自你的公司；可能了解你的特定的生意，也可能不是很了解。

资金型购买者之所以能取得他们权威的位置，部分原因是他们

第 11 章 接近资金型购买影响者：战略和战术

能够接受新想法。对你来说，安排专家和资金型购买者之间见面的好处就是能给那个人带来新的想法。绝非偶然，这样就会给你带来信誉，同时也给专家带来信誉。因为在某种程度上，你使得这个专家的意见非常实用。

另外，雇用一个专家可以给你带来你想要的资金型购买者的信息，但是这种你将会更加相信的信息往往来自一个没有偏见的专家。如果有一位专家告诉资金型购买者，你的公司的技术处在同行业的尖端，比你作为一个销售代理商说"我们有了市场上最好的产品"更加有效。

与大公司做生意时，专家的技巧会经常用到，而且特别有效。这是一种途径，它不是使特殊的销售变得容易，而是建立一个健康交流的历史。在交流中，一家提供了专家，另一家接受了新知识，两家公司的主要参与者都认为自己取得了成功。一段时间以前，有人把我们当作专家，预订了一套战略性的销售计划。这个计划并不是为了自己使用，而是为了一个委托人。我们的参与让他们对这个计划非常满意，因为已经提出了计划，他们的感激不仅仅是对于我们——专家们，还有对使这一计划成为可能的公司。所以，每个人都赢了。

这四个技巧只是样本。你可以采取其他同样能够提高你在资金型购买者中地位的技巧。当然，只要你确保传递的信息是资金型购买者所需要的，而且能提高他的预见能力，那你正在以一种双赢的方式来传递，任何有效的方式都可以用。

你将不得不设想眼前的负担，这一点是真的。因为很显然是注重知识传递的公司付了款。但是，你将会在未来的生意中得到补偿。给资金型购买影响者传递信息并不是送礼。如果这个知识是相关的、有用的，那么这个技巧就可以视为一种投资。

保持联系

对新客户做第一单交易时，尤其要注意掌控资金型购买影响者——要在销售循环的早期来做这个。但是，那还不够。和每一个客户潜在的资金型购买者保持定期联系，对于长期的销售策略是至关重要的。

怎样才算是定期呢？即使在有销售经验的专家看来，以一种什么样的频率来和资金型购买者保持健康的商业联系，也是没有十足的把握的。所以，我们被经常问的一个问题就是在我完成第一次销售后，我应该多长时间去看资金型购买者。这个问题要分两部分来回答：首先，要看资金型购买者的一切需求；其次，要看怎样的频率可以减少不合适的感觉。

- 与资金型购买影响者的联系必须是周期性的，而不是不定期的。
- 不管什么时候你接触这个人，都应该有正当的商业理由。

你不必每一次销售都与资金型购买者接触。但是，第一次订货后的联系还应该是有周期性的而不是随意的。如果你没有和资金型购买者制定定期见面的时间表，那么你将很容易陷入过去那种不合适的陷阱，还会让与这些主要参与者的接触机会慢慢消失，直到改变你在客户中的地位。作为一个普遍的规律，如果你在每六个月没有拜访你的资金型购买者，那么你就要冒这样消失的风险。

因为他们知道需要在两个月或三个月之内看见资金型购买者，所以，最好的销售策略是经常找到正当的商业理由做到这一点。也就是说，为找到可以与消费者做生意的途径做贡献。这些贡献很重要，可以向资金型购买者表示，你的公司的更新过程可以节省客户

18%的原料成本，或者一些琐碎的事，比如带来一条外部采购的条款，一个新规定，或者一个有关产量研讨会的消息。由于他们重视未来的趋势，而这些趋势会直接或者间接地对公司的生意产生影响，即使资金型购买者已经看到了这些，他们也会感激这样的贡献。这样做你就可以表示你想要让这个人获利。明白了这一点的资金型购买者在任何销售中都是一个非常宝贵的同盟。

个人实践练习6：资金型购买影响者与你的地位

取出你的购买影响者表、盈利表、选择位置清单、你的笔记本，以及红旗/实力表。因为选择了单一销售目标，你需要20分钟来检验你与资金型购买者的相对地位。

第一步：对于你的销售目标，谁是你的购买影响者？

在确定谁是你的销售目标中的资金型购买者时，记住这个人是最终有权发放资金的人。再看一看你的资金型购买影响者表中购买者一栏中你所填写的名字，然后问自己，你是否确切地知道这个人控制着这一销售的资金。如果你不确定，再检查一下你的资金型购买影响者表，看看你是否能在其他的主要参与人中找到一个隐藏的资金型购买者。同时也想一想账户的剩余部分，看看你是否忽略了一个仅仅不加考虑就表示赞同的人，而这个人其实就在购买机构中，他实际上最终有权释放资金。

一旦你有了能够控制你所需资金的人的名字，即使你找到了那个人，也要进一步检查一下，问一问以下问题，假设这个人是丹·法利：

- 在购买机构中，法利是在合适的地位作了这个购买决定吗？

- 如果我的公司作出这样的决定，那么资金型购买者的批准是来自同一个层次吗？（记着要考虑两个公司的相对规模）
- 我考虑了可能引起资金型购买者在这一层级上下浮动的五种危险因素了吗？
- 我关注的资金型购买影响者，是针对这次销售目标的，而不是针对上个月或者明年的销售目标的吗？
- 法利最后同意了吗？我可以把他的首肯当作发放资金的命令吗？或者这仅仅是一个建议？
- 在购买机构中，有其他人能够否决法利的批准吗？

在问自己这些问题的时候，记住你有多种信息来源可选择，不要仅仅依靠你自己对销售形势的印象。如果可能，你可以直接或间接地询问一下资金型购买者本人，然后咨询你的顾问，再把答案检查一次。

第二步：对资金型购买影响者了解到什么程度？

记住：不了解的购买者就是威胁。通过问自己以下这些问题，确定你对资金型购买者的了解程度：

- 我亲眼看到丹·法利，或者我已经安排某个更适合的人来接触他了吗？（除非你已经看到在你的销售队伍中最好的成员已经跟资金型购买者接触，不然你就不得不考虑把购买影响者看作一面红旗。如果你的组织中有某人已经联系到法利，那就是实力。）
- 如果没有联系到法利，那么，为什么没有呢？如果他在很远的地方，或者是有秘书作挡箭牌，我能用好的代理人或是对等的交换来接触到他吗？

- 如果我接触法利有困难，那么我克服困难的最好的策略是什么？在这种特殊的销售环境中，最好的策略是顺从阻碍、绕过阻碍还是向设置阻碍的采购者说明如何获胜呢？

第三步：怎么使我的建议被资金型购买影响者接纳？

我们已经说过，每种反应模式都对应着一种不同的销售策略。在第八章，你曾对资金型购买者的反应模式作出过评估。在这一步训练中，测试你的评价来确保在销售循环的这个点上，你正在用合适的方法接近这一个体。可通过问自己如下这些问题来达到目的：

- 如果法利处于增长模式，他是否能够理解我的建议是为了帮助他改进经营，或者说我的建议能够使经营朝着他所期望的方向前进。
- 如果他处于困境模式，是否能理解我的建议可以修正所有的错误？他相信我懂得他的问题的紧迫性吗？
- 如果他处于稳定模式，我能给他证明现实状况与他想要得到的结果之间存在他还没有意识到的差异吗？我能用另外一个购买影响者来警告他与之类似的麻烦吗？
- 如果他处于自负模式，我努力在此时销售给他是否明智——或者我是否应该退一步直到他陷入烦恼？当他终于陷入烦恼时，我有没有为解决他的问题做好必要的准备？

第四步：我正在与资金型购买影响者获得双赢吗？

当你能够肯定地回答如下问题时，你就正在与你的资金型购买影响者达成双赢。这些问题是：

- 我有没有，或者会不会给丹·法利的公司递交一个这样的结果，这个结果能够在这个公司的一个或更多商业进展上创造积极的效果。

- 这个结果可以说明作为个体赢家的法利将满足他自身的利益吗？（这里要记住，那些赢家都是私人的和无形的，那么你就可以经常使用顾问来为你提供购买影响者如何取得利益的可靠信息。）

- 他是否明白我已经承担责任了，并将继续承担责任，负责递送胜利结果给他？换句话说，他知道我如同为我自己服务一样想为他的自身利益服务吗？

如果你不能对这些问题给出具体的、肯定的答案，那么你就需要重新审视你的情况了。查看你的购买影响者图表和你所获得的胜利结果，集中在资金型购买影响者身上。回顾那些你曾经写给这个人的关于所取得成功的陈述。把危险信号列在列表中对以上那些问题的回答并不满意的任何地方。为了消除这些危险信号，你需要问你的顾问什么样的问题？

要看到你已经在购买影响者记录表上确定的实力。你能用表上任何一项抵抗红旗的实力，提升你与资金型购买者的相对位置吗？

第五步：我有一个正当的商业理由去见这个资金型购买者吗？

不管你与你的资金型购买者的关系看起来有多稳固，其实这总是处于危险中，除非每次你去看他都有一个正当的理由。通过问自己如下这些问题来测试你是否有这种理由：

- 法利可以利用我拥有的什么知识来预测他商业上的发展趋势？这种知识将怎么帮助他擦亮他的"水晶球"？

- 这种知识是更倾向于概念还是更倾向于产品？为什么我对他的生意所做的努力能促进机构的稳定和发展，而不仅仅是日常操作上的改进？
- 怎样才能让我所做的不但对客户的生意有所帮助，而且还对我自己的公司有所贡献呢？是不是那样做了，我的建议才会被接受？他们怎么区分我和那些竞争者呢？

通过这个测试，你已经问了你自己一些问题，这些问题通过你的资金型购买影响者来说清楚你现在的位置。现在利用这些问题的答案来提升你的位置。拿出你的目标清单并且把任何从这个测试中得到的策略记录到上面。

当你修改这份清单的时候，把注意力集中到与资金型购买影响者相关的选项上。继续保持对具体问题的关注，并继续用自己所设定的最低标准来检验每一个项目，以达到或减少危险信号，或加强优势，或两者兼具的效果。

比如说，在第二个步骤中，如果你发现加里·斯坦博格阻碍你接近法利，这并没有产生足够的理由使你把"打败斯坦博格"列入清单。一个更合适的描述应该是这样的："向斯坦博格说明，他可以通过帮助我把提高效率的建议带给法利，给法利留下深刻的印象。"

或者，在第四个步骤中，你注意到你仍然不清楚法利如何获利，你不能在清单上写"让法利赢"。更好的做法是利用自己的长处来减少红旗：让多瑞斯·格林告诉，法利15%的生产增长会给他带来利益。

最终的定位审核

不断地修正目标清单是一种很好的方式，可以使你保持准备状态，在会见资金型购买影响者的时候减轻不安。不过你不必每次在会见一个人时，都把这个清单带在身上，并非常仔细地看一遍。为了减少你与他见面时的不愉快，你只需要一个小的测试，对你即将来临的会见最重要的特性进行测定。我们已经发现，如果在你会见一个客户的前一刻，认真地做以下的问题，你能够很有效地并且快速地减少不愉快的发生：

1. 我需要找出什么？也就是说，我需要从这个资金型购买者或者别人那里，得到什么样的信息来帮助我更好地达到我的既定目标和个人胜利？

2. 我想让这个购买者知道什么？或者说，我能对这个客户的长期生意计划作出什么样的个人贡献？

3. 我想让这个购买者做什么？或者说，怎样才能带来对我自己和这个购买机构都有利的结果？

4. 我想让购买者感觉到什么？或者说，怎样才能将这些结果转化成购买影响者的个人成功，而他又会将这个成功归功于我？

如果你清楚地知道了上面问题的答案，并且知道了你想让购买者知道什么、做什么、感受到什么，你就会自觉、轻松地面对这一关键的购买影响者，并且去会谈时也会有更多的信心。

第 12 章

顾问：你的主要信息来源

通过我们之前正在进行的对当前销售目标的分析，我们已经强调发展顾问的重要性，它能改进你在和其他卖家进行竞争时的战略位置。第一章是以格雷戈的故事开始的，这名电脑销售人员借用一个外面的顾问让他与资金型购买影响者恢复交易。我们已经说过，使用高效率的顾问，可以让一个几乎接近消亡的销售继续，而且以你的获利结束，并且还能对你将来的发展产生双赢效果，这就是差异。我们同样也指出，和其他的购买影响者不同，顾问不会在商业机构中坐等着别人发现他。顾问首先会在他们那个行业中打响他们的名声，然后为你的某项特定的销售提供一定的信息。

正是由于一个好的顾问是作出一个好的决策的基础，也正是由于他在某些方面与其他的购买影响者有很大的区别，我们认为在单独的一章中，你将会学到所有关于如何明智地发现、发展、利用你的顾问的知识。我们之所以单独把这些写出来，完全是为了遵从那些客户的要求，当我们问他们更想要听到哪方面的东西时，他们说："首先，是资金型购买者，其次是顾问。"一个好的顾问，常常就像是打开你与购买影响者关系的钥匙。这里，让我们来告诉你如何使用这把钥匙。

好的顾问，其作用等同于一个信息源。他不仅仅可以帮你检测你已经获得信息的准确性，而且还可以给你提供一些你在其他任何地方都无法获得的信息。正是由于其重要性，顾问可以帮你把所有你已知的，或者正在寻找中的有关你销售目标的东西都联系到一起。更具体的是：

1. 一旦你开始了你的战略，顾问会帮你找出销售目标中真正的起主要作用的人，并且可以帮你估计每个人的影响力。

2. 你的顾问可以帮你找出你在领域中的实力，并利用这些实力有效地避免出现红旗。

3. 你的顾问还可以帮助你了解到每一种购买影响者对现实的观察，从而可以用四种模式（发展、困难、平稳和自负）来测评每一个人对你的建议的反应。

4. 你的顾问可以帮你明确每一个购买者都需要赢得的结果，以及怎样传递好这些结果，以使你的购买者能够感觉到自己和你一样处于双赢的关系中。

只有在符合特定的"专业特征"时，顾问才能够在这些领域给你提供帮助。

戴了牛仔帽不一定意味着你能识别出哪一匹马能在赛马中胜出。同样，并不是每一个看起来像是顾问的人都能够达到真正的顾问角色所要求的素质。所以，你必须提炼出一个标准，确定谁有可能为我们提供信息资源。

衡量顾问的三个标准

我们已经说过，一个好的顾问其实是到处可见的——在你自己的机构中，在购买影响者的机构中，或者是在这两个机构之外。到底谁能够充当你的顾问,这并不是由什么固定的、机械的因素来决定。但是,不管候选者的条件怎么样,他首先必须得符合以下三条基本的标准。

标准1:你的信任。一名顾问应当是一个确实适合这个角色,并且与你之间存在个人信任的人。也就是说,你的顾问信任你,他认为你是值得信赖的。当然,我们这里所说的信任指的是在职业范围,在销售能力上的信任。你的母亲相信你即便是在她不在时也不会去偷饼干,但是这并不能使她成为合适的顾问候选人。一般来说,你和你未来的顾问建立了信任,是因为这个人在过去和你有过职业上的来往。所以,当你在掂量着是否要将这个候选人选为自己的顾问时,首先要问你自己的事是:"我和这个人有没有过合作的记录?"

标准2:顾问的信誉。一个好的顾问必须对你的特别销售目标中的购买影响者有足够的信誉。他们,或者至少是他们中的一些人,必须信任那些你认为能够和你分享重要信息的人。这种信任不能被分散,也不能仅仅是基于想象中的威信。如果说Manetti公司的人们信任托尼,因为她是一个高层管理人员且应该值得尊敬,这是不够的。如果你真的认为托尼是一个有潜力的顾问,她应该私下里认识Manetti公司里的一些购买影响者,过去他们曾经合作成功过,且她值得他们尊敬和信任。因为你需要你的顾问告诉购买影响者怎样做购买的决定,那么这个标准是最基本的。所以,第二个问题是:"我的销售目标里的购买影响者信任这个人吗?"

标准3:期望你的成功。你的顾问和其他的购买影响者最本质的区别就是,顾问希望你能做成这项业务。无论什么理由,这个人相信,当你的建议被采纳时,他就会成功。就和我们在获利结果的讨论中解释的一样,了解这个原因是会有帮助的,但这不是最重要的。最核心的就是你的顾问可以很直接地看到你获得这桩生意和他自身利益之间的关系。因此,第三个问题是:"在我做成生意时,这个人能不能看到个人的获利?"

在本书的第一版中,我们曾经提过,只有一个理想的顾问才能符合以上三个标准。因此,和最接近这三个标准的人合作也是可以的。我们说过,只要提防没有达到任何一条标准的人就可以了,他们不可能是顾问。所以,把范围只集中在那些能最接近这三条标准的人身上就可以了。

这是一个在战略营销上,我们很少改变我们的建议的几个地方之一。进一步的经验告诉我们,除非你的顾问候选人达到了我们列出的所有三条标准,不然你应该十分谨慎地考虑这个人是不是一个真的顾问,至少,你应该把每一个没有达到的标准作为一个红旗。我们的客户总是告诉我们一些发生在他们身上的糟糕的事情,这更突出了这条修改意见的重要性。

举个例子,假设你正在考虑,在以下与 Manetti 客户的交易中,托尼作为一个顾问的适合性:

Manetti 的每一个人都信任她,她对你的意见很有激情,但是她根本不了解你。这其实就是符合标准 2 和 3,但标准 1 没有达到。

在过去,她和你合作得很好,她喜欢你的建议,但是 Manetti 中没人知道她。那么标准 1 和 3 符合,可是标准 2 不符合。

她信任你,他们也信任她,但是她正忙于另一个部门的操作性故障,以至于她把和你谈论 Manetti 看作一种很大的干扰。这与标准 1 和 2 符合,但与标准 3 不符合。

在所有这些情况下,一味追随流行的说法"符合三个标准中的两个已经不错了",后果会是很糟糕的。这里只符合两个标准可能很糟糕,因为试图在托尼没有完全达到条件的时候用她,可能只会使情形更糟。

然而,这不是绝对的。我们不是建议当你发现自己处于"三个之中的两个"的情形时,草率地否定那个人。因为复杂的销售是动态的，而不是静止的，而且你的战略行动能自己带来变化，所以你应该把你遇到的每一个托尼都认为是还没有发展起来，但是仍然很有潜力的好资源。

把潜在的顾问想象成钻石。当一颗钻石从地下被挖掘出来的时候，它是一块乳白色的石头，而使它价值倍增的是打磨和修饰。换句话说，是发现精华的过程。同样的法则也可以用在把顾问变成"宝物"上。寻找通过所有这三项资格测试的顾问。对于那些仅通过了一个或两个的，那么开始你的开发过程吧。这也就是说，像其他的购买影响者一样，把你的潜在顾问当成这样一个人，当他需要个人成功的时候，你就可以给他这个机会。

避免虚假的顾问

缩小候选人范围，把你的注意力集中在最有可能是顾问的人身上。这时候，我们发现有一点很有用，那就是从一开始就要把常被误认为是顾问的人分辨出来。他们可能看起来很像顾问，但他们没有真正达到这些标准。这些伪顾问中有下面的人：

朋友

很有可能，在寻找潜在顾问的时候，一个最常见的错误就是把顾问对销售人员个人的爱好同他对销售目标的爱好混淆起来。在寻求可靠的顾问的时候，千万不要把"他喜欢我"与"他喜欢我的建议，希望我做成这笔生意"等同起来。

你当然希望你的顾问喜欢你。你不可能很轻易地从一个不与你为善的人那里得到可靠的信息。但仅有个人的友好还不够。你希望你的顾问能喜欢你仅仅是因为一个原因——这个人在过去和你一起成功过。一个曾经与你合作取得成功的人很可能相信他还会和你再次成功。因此，你将获得那个人的必要信任，这是我们要求的第一标准。

但那仍然是标准之一。不要忘记其他两个。无论你和某个人关系有多密切，无论他认为你是一个多么伟大的人，他都不能成为你的顾问，除非其他的购买影响者信任他，并且他意识到了这个销售目标中他的个人成功。顾问必须对你当前的销售建议感兴趣。

信息提供者

你的顾问的主要职责就是给你提供信息，但也不仅仅是信息。要成为一个可信的顾问，他必须向你提供一些有关本次特定销售的独特而有用的信息。

- 所谓独特的信息，就是那些你不能轻易从其他地方得到的信息。
- 所谓有用的信息，是指能在销售中改变你与其他购买影响者关系的信息。

这两个特征是相互作用的，但同样重要。有人给你提供了购买公司的资金支出数额，可能是给你提供了有用的信息，但它不是独特的信息，因为你自己也可以从报告中很容易就得到。另一方面，有人告诉你这样的信息：资金型购买影响者的左肩上有一个星形的痣，他给的信息很独特，但是没有用。你希望你的顾问提供的独特而有用的信息能告诉你购买机构如何真的作出决定，告诉你每一个购买影响者如何取胜，还有提供的建议是如何帮助他们做到这样的。

理想的情况是，你的顾问们提供一个详细规划指导你去接触其他购买影响者。对有些提供者要小心，因为他们给你"稀缺的"

或者"有趣的"规划,但并没有给你指出方向。如果你要和生活在布鲁塞尔的人合作,那么你口袋里放一张伦敦的地图是没有意义的。

内部销售人员

内部销售人员,正如这个术语所表达的一样,就是在购买机构中帮助你进行销售的人,他们经常也会劝导你参与竞争。换句话说,就是担负起一些你的责任——因为他们经常看见在销售中有个人利益。第三个标准达到了:他们把你即将到来的成功看成他们个人的成功。

但是,再说一遍,那仅仅是标准之一。从它本身来说,它不足以使一个人成为好的顾问。对于复杂的销售来说,内部销售人员尽管很重要,可并不是他们都能成为一个好的顾问。为了明确哪个是可靠的信息来源,我们劝你用前面两个标准测试一下内部销售人员:(1)他们必须相信你;(2)这次销售的购买影响者必须相信他们。如果他们不相信你,他们对你的期望可能不会持久;而且如果他们没有取得信任,他们就不会得到你要的准确信息。

从内部寻找顾问还有另外一个危险。从字面上可以知道,内部销售人员也是要销售的,而这不是顾问人员所要做的。顾问人员应是局外人,指给你方向。作为一个销售主管,你应该做你自己的销售。如果一个高尔夫球高手要求他的教练在第十八洞击球,那么他将会取得多好的成绩呢?如果克丽斯蒂·山口要求她的教练演示她的绝技,那么她会取得多少块金牌呢?在发展内部销售人员成为顾问时,记住一个最重要的原则:你越让其他人做你该做的事,最后的结果你越难控制。

指导者

正如你所知道的，今天许多经营主管是在他们的机构中（有时在机构外）一个高级员工的支持下开始他们的职业生涯的，这些高级员工肩负着一个非正式的责任：指导新手。年长的员工把一个年轻人介绍给合适的人，给他解释公司的规则和程序，然后一般会帮助新手管理者树立起自己的领导形象。

你也可能在你的公司里发现顾问。一个像我们刚才所描述的高级员工一样的顾问也是一笔很重要的财富。但是，不要把指导者同顾问混淆起来。

你的指导者希望你在职业上成功。他让你追随他的脚步，这样你在商业上的成功也会衬托出他。你的顾问对你成功的期望，并不只是关注于此：他真心地希望你能在这次销售中取得成功。尽管指导者可能对你的成功也很热忱，不过他可能对你当前的销售目标没什么帮助，比如为你收集或推荐本次销售所需要的信息。反过来，你的顾问，可能对你长期的计划不怎么关心。但是，一个能在你完成一桩生意时看到个人利益的顾问，未必就不是一个可靠的销售上的特定资源。

可能的最佳指导情形

虽然到处都可以找到好的顾问，但在所有可能中，最理想的来源就是销售目标中的资金型购买者，最好能够把他们转变为自己的顾问。这其中的好处也是很明显的：

- 资金型购买者可能比其他的购买影响者更容易理解购买机构整体上是如何运作的，也就是如何作出关键的购买决定的。

因此，这种人可以引导并把你引荐给其他关键人员。
- 如果资金型购买者被你的提议中好的方面所说服，你将更不受阻碍地把产品销售给其他购买影响者。
- 资金型购买者通常是总经理，这一简单的事实意味着资金型购买者的评议将会对其他购买者产生重要的影响。
- 将资金型购买者转变成顾问，会有效地降低销售在后期被否决的风险。

尽早接触资金型购买者并尽早发展一种良好的顾问关系，通常是有好处的。将资金型购买者转变成顾问，可谓一举两得。

如果资金型购买者在这场博弈早期喜欢你的提议，把这个人转变为顾问的好方法就是请求他去指导其他人。你可以说："丹，如果你能对维尔·约翰逊采取的措施提出辅导，我将非常感激。"这样的请求将加强你在资金型购买影响者心中的地位，同时也提高了获得指导的可能性。

请求指导

当你剔除掉假的顾问，并且发现了你相信能满足三个标准的人的时候，你应该请求这个人进行指导。"指导"（coaching）这个词在我们的文化中具有十分积极的内涵。它可以解释为"我是有竞争力的，我可以做好自身的工作，只要给我一点指点"。因为这种积极的内涵，大多数人都乐意被人请教，并愿意得到指导的机会。因此，我们使用"指导"这个词。

请不要说诸如"我需要你的帮助""你能把我介绍给合适的人吗?"之类的话。"介绍""帮助""推荐"这些词隐含的负面意思是："我不能胜任此事；我需要你的帮助。"当你请人指导而不是推荐时，会发现一个看似矛盾的现象：**寻求推荐或帮助的人可能什么也得不到；而寻求指导的销售人员在得到他需要的信息的同时，也会被推荐。**

基本原则在我们定义内部销售人员和顾问的区别时已经提到。你的顾问角色是提供信息、趋势和指导，以帮助你接近其他购买影响者。但是，顾问不为你做销售交易。注意不要给予任何潜在的顾问"你正是我在寻找的人选"这种印象。

你的顾问网络

你应当试着在每个主要销售目标中至少发展一个顾问，但通常一个是不够的。事实证明：在一个销售目标中很有价值的顾问，经常在将来的销售目标中不起作用。因此，从长远考虑，你应该在每个客户机构中都建立一个顾问网络，他们有你信赖的专门知识，并且随时可用。客户机构越大越复杂，对顾问网络的要求就越高。

建立这样的一个顾问网络有两个基本原因：一个原因是每一次销售都是独一无二的，你需要不同的顾问来指导每一个单独的销售目标，而且你可利用的人越多，对你将越有利；另外一个原因是，人们可能会被许多方式误导，因此销售的成功通常不能依靠于一个人的信息，而是要对比来自许多渠道中的数据。

本次销售的顾问

最近，我们一个从事计算机销售的朋友发现了拥有顾问网络的重要性。由于他仅仅依靠唯一的一个顾问，他差点错失一次大的软件交易。那是一个购买机构的中层管理者，他称之为"我的老伙伴梅尔"。在以前的几次交易中，梅尔指导我们的朋友很有办法。自然，第三次做生意时，我们的朋友又去找他了。

但在，在这次销售交易中，梅尔并不热心。他给了我们的朋友一些建议："先暂时放在那儿吧，你干得不错。"当然是鼓励——但不是那种销售人员所需要的巩固地位的信息。持续了大概一个月，他一直找梅尔，但没有得到任何结果，直到有一天，他突然意识到问题所在。在以前的销售中，梅尔作为用户型购买者之一，同时也是顾问；他看到正是自己的直接利益促使我们的朋友做成了交易。然而在这次销售中，我们的朋友想要销售的是对梅尔毫无作用的软件包。因为梅尔感到他没有从这次交易中获得任何东西，所以他的"帮助"只是礼貌性的而不是指导顾问性的。

这个销售人员告诉我们："当我意识到这一点时就立刻明白了，我仍然把他看作朋友，但他已经不再对这次销售感兴趣了。我不得不另外去寻找一位真正的顾问。"

他的做法体现了网络的重要性。当他发现梅尔是这次销售目标中的错误资源时，我们的朋友去找他并承认了自己的矛盾。他说："梅尔，这次我遇到麻烦了，你能不能找到可以给我提供销售信息的人，就像前两次你做的那样？"我们的朋友还是利用梅尔当作顾问，但是用了一种完全不同的更有效率的方式。通过"老朋友"的指导，他接触了另外的销售顾问，完成了三项有价值的事情：

1. 让梅尔知道他重视并欣赏其建议，以加强他们之前已有的双赢关系。

2. 为自己在这次交易中找到了一个合适的顾问——一个看到能在销售交易中获利的女士。

3. 拓宽了自己将来可以利用的顾问网络。

作为检查机制的网络

你需要寻找不同的顾问的第二个原因是，即使在每次的特定销售中，你仍然有许多被误导的可能。给你提供信息的人越多，你就越需要用其他人的看法来检验每个人提供的信息。此外，你还很有可能把更多的红旗转变成机会。

有一位在北方从事食品销售行业的主管，我们叫他罗德。他运用一种叫"全部覆盖"的技巧来建立并加强他的顾问网络。他解释说："我经常试图让每个人成为我的顾问。大多数时间我都与主管层的人们交流。那个阶层的每个人都有你可以利用的信息。从杰克那里得到玛丽成功的方法，然后再让玛丽告诉我杰克的秘诀。用这种方式我可以双重核对每个人告诉我的信息，而不会被信息误导。"罗德的技巧已经多次帮助他成为"年度销售人物"。这种技巧起作用是因为它将我们已经描述过的各种销售战略原则结合成一体：

- 用一种复杂的方式，即发现—重新发现—找底线，尽可能多地把红旗转变成机会，用尽可能多的实力来应对这些红旗。
- 把注意力集中在单独的购买影响者可能的获利之上。
- 最终，它强调了一个基本原则，即对每个销售策略都要经常测试、重新评估以保持其有效性。

当然，用网络作为测试机制时，你将面临一些问题，最显而易见的问题是，你要揭示的信息不但未经验证，而且往往相互矛盾。因为没有两个顾问可以用同一种方式来感知同一次销售，你将不可避免地陷入一种困境：一个顾问给你谈了主要购买影响者的情况，第二个顾问告诉你的恰恰相反。要在这种困难的情况下辨别真伪就意味着，你要能够在观察到的事实基础上，独立地评估每个顾问的信息。

最近，在一个未定的销售中，我们用这种策略解答了谁是真正的资金型购买影响者的基本问题。我们最初的交易顾问，一个技术型购买者告诉我们，这家公司的销售主管福克斯，将对这次销售最终批准。技术型购买者说："他会一直在这里工作。即使我们都离开了，他也不会走。"

然而，一个用户型购买影响者给了我们相反的信息。据她说："公司内会有一次机构变动，福克斯在寻求别的出路。"她在过去已经给了我们好的信息，但是技术型购买者在组织上和福克斯更靠近，哪个顾问是我们可以信任的呢？

为了解决这个问题，我们安排了和福克斯的会面。这中间，我们轻而易举地就发现了用户型购买者所警告我们的那些不确定的问题。她说："那家伙是在蛋壳上行走，你可以看看再过一个月他是否还在这里。"与福克斯的交流证明她是正确的。福克斯很不自在，迟疑地看着我们，不情愿承诺任何事情，也没有对我们的销售过程表示任何赞同。

当我们看到了这些，就肯定他不再是资金型购买者，即使他曾经是我们其他销售中的资金型购买者。因此，为最后的成交我们开始转向其他地方。没多久，效果出现了：一个月以后，福克斯提前退休了。那时，我们已经有效地转向了真正的资金型购买者。幸亏我们的第二个顾问，加上实际测试过程，我们避免了把更多的宝贵时间花在"昨天的决定者"身上。

顾问网络中还要注意最后一点。除非你仅仅只是销售一个产品给单一的客户，并且是一个固定的比例，要不然，每次销售中就要发展不止一个顾问。这还仅仅是有效利用网络的开始。因为你很有可能是在接触不同的产品或服务、不同的公司、不同的消费人群，所以你需要开发一个渗透到你的整个产业，可以接触每个可能的销售情况的网络。

在某种程度上,一个产业化的顾问网络是发展大量客户网络的符合逻辑的结果。如果你像我们的大多数客户一样,商品交易可能大批量地集中在少数产业中,假如是这样,利用一个好的顾问——导师——可以经常"扩展功能",单个的好顾问能在许多客户中给你提供可依赖的帮助。再加上,如此多的网络不可避免地要重叠,这就给你提供了发展跨客户、跨地区的顾问的可能。

这里的底线足够清楚,你发展的可依赖的顾问越多,在每个新的销售目标中,你就将越快发现各个方面的合适顾问。

最后的测试:你的感觉

即使你已经确定,每个你正在利用的顾问满足三个顾问条件,你也已经挑出了我们所说的"假的顾问",利用你自己对销售形势的观察核对了你的顾问的那些冲突的信息,但你还是无法确定潜在的顾问是否有能力在销售中指导你。在这种情况下,你可以求助于最后找到的有吸引力、可信赖的人。当所有其他手段已经用尽时,你就应该问自己让一个特定的人给你做顾问,感觉如何?

这涉及我们在第三章中讨论的"陶醉—恐慌"进程。在那里,我们是这么说的,虽然你可能经常被迷惑,但是你对特定的销售情况的本能反应通常还是可靠的。在一次销售中,如果你感觉到"不安"或"有点可笑",那么很有可能说明你的定位出了问题,即使你还不知道问题在哪里。

这一点也同样适用于你对顾问的评估,适用于检验每一个提供相反信息的人。要相信这种"不安"的感觉。如果一位顾问告诉你的每件关于购买影响者的事都对了,关于客户的情况听上去也不错,但还是感觉有问题,那就重新审视顾问。如果对你得到的指导还感到不满意,那么很可能你不是在与一个真正的顾问交谈。

个人实践练习7：测试你的顾问

你的策略分析进行到这一步，已经至少确定了一个顾问。这一节的私人研讨就是要看一下他能否提供好的指导。因此，拿出你的购买影响者图表、选择位置列表、成功事例的清单及你的实力/红旗表。因为顾问是你了解其他购买者的主要途径，所以你写在这些表格内的信息均直接或间接地来自他。现在就开始测试其可信度。

第一步：你与顾问之间建立信任关系了吗？

首先看你的顾问是否符合上文提到的三个标准。如果你确认了两个以上的顾问，把他们列在购买影响者图表中，一个一个地单独评估他们，这个步骤没有什么深奥的。比如，为了测试你是否信任桑迪·凯利，你可以问自己几个问题：

- 过去桑迪和我是怎么取得成功的？
- 如果她没有和我个人合作成功过，那么她有没有和我的公司合作过？
- 能否确保桑迪信任我？

与以往一样，你的回答应该具体。如果你能说："她在史密斯公司时和我做过一次促销，而且正是这次促销让她得到了主管的位置。"这样，你就可以相当肯定地说，你赢得了她的信任。但是，如果你给不出这样的回答，如果你不能确定具体的、最好是近期你带给她的成功，那么，你还得重新审视她。只有她认为你会为她获利时，你才可以信任她。

第二步：这个顾问对于购买影响者有可信度吗？

现在，检查桑迪是否能在这次销售中为你提供购买影响者的可靠信息。要得到信息，影响者首先得信任她。如果不信任，那么她为你做的努力即便是在最好的情况下也将是毫无用处的，在最糟糕的情况下，甚至还会削弱你在购买影响者中的地位。

过去的经验是最好的参照。如果桑迪告诉了你一项市场拓展的决定，康图儿公司两个月之后才公开了这个决定，那么，看起来选她就没有错了。很明显，康图儿公司的一些人信任她，并给她提供了内部线索。但是，如果上一次她对资金型购买影响者认定有误，你这次再想用她时可得三思。

如果你的顾问不是来自购买机构内部，那么，测试他与购买影响者之间的信任度尤其重要。从你自己的公司、俱乐部或网络中挑选出的顾问，有可能对你指导不力。他们可能会是很优秀的顾问——但只有测试过了，你才能确认。

即便是面对你精心选定的、帮你打进康图儿公司的顾问，你仍然得测试她的可信度，尽管她本身就是内部人士。要知道，并不是每个坐在老板桌旁的人都了解企业的进展。按照第二条标准，测试你的顾问时，不要只看头衔或位置。如果你不能确定他告诉你的是否正确，那么他在公司的位置就无关紧要。

你还可以利用顾问网络中的一位测试另一位。多瑞斯·格林怎么评价桑迪？桑迪又会给多瑞斯怎样的评价？你自己判断，他们中的哪个能给你带来康图儿公司的实际情况，更利于销售成功呢？为了澄清冲突的信息，有没有其他人可以求助呢？

第三步：你的顾问希望你做这次交易吗？

顾问的角色是在销售中对你进行指导，他不仅要有能力而且要有意愿给你指出合适的方向。保证这种意愿的唯一途径就是告诉他在这次交易中有利可图，让他把每一次交易看成是一次个人盈利。因此，再测试桑迪一次，并问你自己：

我做成了这次交易，顾问的利益是怎样得到满足的？

对于这个问题，你需要一个清晰、具体的答案，如"这次交易提升了她在公司的声誉，她似乎成了一个解决问题的能手"。如果你知道，自己获利的时候桑迪也获利了，那么她就满足了顾问的第三个标准。如果你的答案不是这样，就不能确定她是否能做一个可信的顾问。

假如情况确实如此，你无法判定有意向的顾问参与销售的原因，那么你就需要重新考虑你给他的定位。在一次交易中，只有顾问能看到他和你双赢的时候，这个顾问才是你需要的关键人物。

要判断一个潜在的顾问是否在和你努力达到双赢的结果，一个办法就是严格核对你已经得到的信息。问你自己这些问题：

- 这个顾问是否帮我找到了本次销售目标中真正关键的人物，清楚了每一个人所担任的详细角色？
- 这个顾问是否帮助我辨别出我这方面的不确定因素（红旗），并且给了我可靠可行的减少红旗的建议？
- 关于每个购买者对我具体的销售建议的接受程度，这个顾问是否能提供可靠的信息？
- 这个顾问是否给我提供了获利方面独特、有用的信息，让我可以给每一位购买影响者展示我的双赢结果？

对于以上问题，你应该做到绝大部分答案是肯定的，即便不是全部。否则，你的顾问将不会是你真正需要的人。

第四步：评估你当前与顾问的关系

如果你的顾问不能给这次销售提供合适的数据，你应该调查为什么。如果你已经通过实践发现桑迪·凯利不能满足你的要求，就把这个发现作为一个把握机会、继续前行的红旗，并且要找到原因。

- 如果是因为你对她缺乏信任，那你能否创造或恢复这份信任呢？你是否可以让她想起她可能已经忘记了的一次过去的成功吗？
- 如果是因为与购买影响者之间缺乏信任，她是否至少可以指导你找到另一位在机构中有信誉的人？或者还可以选择更便捷的方式：甩掉桑迪，重新找一个顾问？
- 如果是因为她看不到在销售中可获得的利益，你又能做什么呢？你可以提供什么信息让她看到自己在这次销售中一定能够获利？如果没有看到她自己在这次销售中的获胜，她是对的吗？比起承认她不会在销售中获利，你是否还有更好的选择？是继续选择另一个顾问吗？

记住，在公司层面上，一定要有多个顾问。有时候，最合适的选择也是最困难的——那就是解雇一个顾问，然后再去寻找另外一个顾问——一个在销售中可以真正地指导你的人。

第五步：修正你的可选定位

现在，利用你在训练中获得的信息来修正你的可选定位。查看那些还保持在你的购买影响者和获胜—结果列表中的红旗。首先集中在可以减少或降低红旗的选项上。有没有新发现的实力可以用来对付这些红旗？对顾问仍在给你提供的信息要特别注意。把你要向顾问提出的问题进行梳理，并将它们作为新的项目写在可选择定位的清单上。

例如，如果你仍不清楚这次销售中丹·法利能得到什么，有一个选择就是："让多瑞斯·格林去解释法利会怎样盈利"。如果斯坦博格的存货问题你仍然不清楚，可以写下来："问桑迪，为什么斯坦博格如此担心他的部门。"

这时，你可以列出顾问有可能帮助的选项，还有可能改进你与他之间关系的选择。之后，考虑在第四步中要向顾问提出的问题。这些问题的答案是否可以对更多的可选定位作出提示？

这种两边探寻的方法应该是你回顾的基准，所以，要就此评估每个可选定位。确定你考虑的每个战略选择都能减少或降低红旗/实力杠杆的冲击，或两者兼而有之。

最后的提示：再次评估

在结束这一涉及顾问的章节时，我们将再次强调一点，而且这一点在整个战略营销的各个方面都是绝对重要的，当然这一点在你已经完成的个人研讨与实践中已经特别暗示过。那就是，想长期地做一个有效率的营销策略专家，你就必须不断地重新评估你的定位。

对你的策略来说，顾问是不可或缺的。原因之一就是他能在一个特定的基础上，帮助你完成必需的评估工作。你利用顾问的方式很大程度上反映了你管理销售的方式。如果你把这个独特的购买影响者仅仅看作一个内部销售人员或"伙伴"，可以肯定地说，你开发的顾问并不称职，或者是你利用了潜在的好顾问，但没有达到效果。

但是，如果你测试顾问的信息，并把它应用于你的销售策略，你将发现自己在交易中的地位会不断地、如你所愿地巩固改善着。

你必须经常重复这个工作。一次好的战略分析实际上只在于它最后的重新评估。在每一次重新评估的过程中，理智地利用你的顾问，你会发现这个重要的购买影响者不仅仅对其他购买者，而且对长期可预测的双赢结果都很关键。

第 13 章

如何应对竞争？

大约两千年前，罗马演说家西赛罗在一个关于商业的演讲中，讲述了两个商人的故事：他们都想打倒对方，并以此来决定谁先在附近的一个小镇上开设店铺。似乎，竞争和营销一样古老而悠久，而且，在过去的 20 多个世纪里，这个情况也没有很大的变化。历史上，每个瞄准了商机的商人，都会非常清醒地意识到，别人也在觊觎这个机会。

然而，今天人们所面临的竞争似乎比以前更为激烈。这就使得"对手正在做什么"成为大部分销售人员最为担心的问题之一。一直以来，我们的客户也证实了这一点。即便是最成功的销售人员也时时抱怨，为什么我们不多花些时间在这个重要的问题上。而且，几乎所有的人也都在寻找一个可以使他们在这场追求利润的比赛中最先达到终点的方法。在每一个我们所做的战略营销项目中，总是有人问道："竞争怎么样？"

这是个很不错的问题。迄今为止，我们还没有作出回答的原因是：在我们看来，竞争经常被过高地认为是一个决定成败的因素。我们不想被人误解，认为我们是支持那个观点的，即销售成功的秘诀在于打败对方（其实这是一个结果，而非原因）。但是，如此多的人不断地提起这个问题，因此我们不得不对这个问题作出解释。

在这一章里，我们将阐述一下我们的看法。它将首先说明为什么今天的竞争如此激烈；其次，为什么"沉迷于"竞争的策略注定会失败；最后，介绍一种独特的"消费者驱动"的方法来解决一个问题，而这个问题正是建立在你为减少"红旗"而付出的努力之上的。下面我们先从今天激烈的竞争局面开始。

为何今天的竞争如此激烈？

为什么维持一个竞争优势如此困难，这主要有四个基本原因，简而言之，即缺少差异、人们越来越精明、竞争模式多样化、普遍被"对手正在做什么"的问题所困扰。

明显的区别正在消失

在我们与客户沟通的过程中，经常听到同样的问题：每一位优秀的销售人员所希望拥有的明显差异已经模糊了。产品或服务趋于相同而缺少差异已经成为"通病"，而非一时的偶然现象。不论你认为这是"抄袭现象"还是有"好主意总有人要模仿"的证据，其结果都是相同的：现在很少有某种产品或服务能占据独一无二的优势。

即便在一些时候，你可能会拥有这种优势，然而一转眼间，这种优势可能就已不复存在。竞争压力促使创新，它能导致技术更新的加快。即使拥有最好的性能、可观的利润增长点，也都只是短暂而乏力的。

如今对竞争的回应是如此聪明、迅捷，即使你拥有了一些产品的优势，也不能指望维持很长时间。因此，如果仅依靠产品的差异来保持领先,你会发现自己被困于一个每月都有领跑者的市场交替游戏中。

因为人们更精明的因素

你的竞争对手并不是唯一变得更聪明的人,消费者也是如此——对于现有的产品和服务更为明智,对产品专家不再那么依赖,更执着于自己定制的解决方案。曾经有段时间,作为一个销售人员,你就是一个专家,而且很多时候,你可以走进你的客户的办公室,而他也会被你天花乱坠的宣讲弄得眼花缭乱。然而,那个时代已经过去了。他们已经完成了自己的准备工作。他们也已经知道你会说些什么,并且他们或许也知道,你的竞争对手能提供同样的东西。

因此,他们经常使用价格作为一个杠杆。因为保证或维持一个真正的产品差别是如此困难,所以客户也就很自信,诚实地告诉卖主:"在你们的产品上,我们看不到一分钱的不同,所以我们买那个价钱最低的。"因此,你与竞争者被逼进了一种"饿狗争食"的战斗中,一边抱怨着,一边还得接受一输一赢的结局。

竞争的新模式

自西赛罗时期开始,传统意义上的竞争者指的是其他的从事你所做的业务的销售人员(或者该销售人员所在的公司)。事实上,那仅仅是竞争的一种类型。在战略营销中,我们将给出一个广义的看法。我们把任何可以替代你及你的公司所提出的解决办法的方案都看作竞争。从别人那里购买只是竞争形式之一——我们经常所说的竞争也是指的这个。但是,请看下面的情形:

1. 利用内部资源

你为之提供解决方案的公司都明白,对你所阐述的问题,如果使用公司自己的解决方案,这会更有效率。现在,大部分的大公司都有足够的资源来完成任何想完成的事情而不需要外部的帮助。但是,通常他们是不这样做的。因为他们认为从外部采购更划算。但是,使用内部方案的可能性也是存在的。如果你所面对的销售目标公司有余力把一切都处理得井井有条,那么,这就是一个非常厉害的竞争对手,尽管是潜在的。

2. 把预算用在其他方面

同样,那个准备采纳你的销售建议的公司也有可能把资金用在其他方面。我们的一个同事就曾向一个连锁酒店兜售过一种照明系统。他没有输给另一个照明系统提供商,而是输给了一个防火系统提供商。这个酒店的主管明白,无论一个新的照明系统有多吸引人,

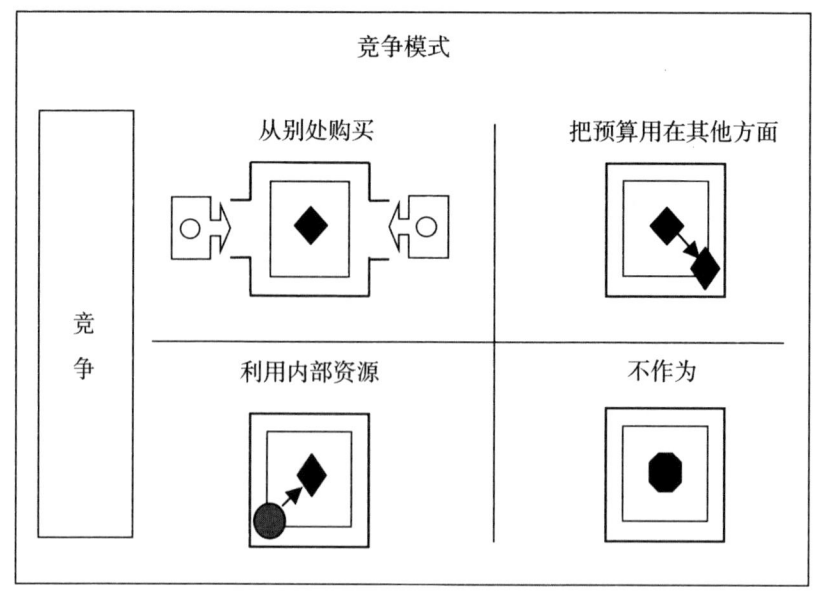

都不如更新他们陈旧的灭火装置重要。我们的同事甚至都没有把防火公司作为自己竞争的一部分，但正是一个非照明公司的竞争对手，使他输掉了这项业务。

3. 不作为

尽管在商界很少有人把惯性看作一种竞争压力，但事实上，有时惯性却是最大的压力。当一个客户觉得他不值得花费时间、资金、资源或人力去尝试一个新事物的时候，那就是对你所提供方案的一个直接打击，对其他想要变化的公司或个人也一样。

在以上三个例子中，教训是一样的。尽管面对面与一个公司进行竞争很残忍，但那仅仅是竞争的一部分。今天你们竞争的不是客户在你的或其他人的订货单上签名，而是客户的决定——那个把资源利用到你的方案，而不是其他人的方案上的决定。

对竞争的困惑

在销售界，很少有人能认识清楚，为什么竞争如此激烈。其实，竞争之所以激烈是因为我们参与者本身。大家都不愿承认这样的事实，那就是没有人能强大到不可战胜，相反地，我们把自己的对手幻想成爱因斯坦和终结者的结合体——他非常聪明并且时刻准备吃掉我们。

我们的一个朋友曾经在学校是一个不错的拳击手。有一年，他不得不去同邻校的一个对手比赛，而这个对手曾是过去两年的地区冠军。比赛前，教练告诉他，不管怎么样，不要让对手用快拳击中。他曾经用那一招打败过 16 个对手，所以，一定要小心。这是一个非常糟糕的建议！我们的朋友只顾着担心对手的那个招牌式动作了，就像预先注定了似的，他失败了。

他回忆道:"前两局,我一直都做得很好,直到他在一个近距离移动中击中了我。此时,突然间,我关于拳击的一切认识都消失了。我只是想,他要打中我了,当然,也确实是这样。在两秒钟内,我从一个虽没经验但有能力的拳击手变成了'可怕的汤姆'的另一个殉难者。"这就是一个让自己困惑的典型例子:过分关注对手的长处,以至于连任何保护自己的措施都忘记了。

为什么关注对手反而不起作用?

我们不是说让你一往无前,似乎看不到竞争的力量。你当然得为客户考虑你的方案的优越性,包括从你的竞争对手那里购买方案。这就是平衡与相对关注的课题。我们的朋友的问题不是他注意了对手的优势,而是由于过分关注,没给自己留下足够的空间去发挥自己的优势。也许,那个地区冠军是一个很优秀的拳击手,但也是因为他自己,使得对手赢他变得容易了许多。

销售人员一直在犯类似的错误。我们的客户,可口可乐公司的前总裁唐纳德·基奥看到了这样的现象后,曾经很清楚地阐述了自己的观点:"我们一直认为,经营中失败的一个戒律就是关注你的竞争对手而不是你的客户。"这是因为,关注竞争的策略,自然而然地而且也不可避免地是一个起反作用的策略。你能对客户所说的最好的话应该是"我们会做得更好"。通常,一个起反作用的策略会传递糟糕的信息,它隐含的意思不是"比别人好"而是"我和你做得一样"。

在传递这些隐含的信息时,会出现一些反弹因素,其中最具负面影响的当数以下几个:

- 允许竞争来制定游戏规则。当你把自己和更高、更有实力的"对手"作比较时,其实,你无意间在告诉你的客户:"他们才是标准。我们要追赶的是他们的速度、成就、议程。"不管你把这个陈述用词语表达为"比别人好"还是"我和你做得一样",其潜台词都是"我们不得不去努力"。

- 它宣传了你的弱点,而不是你的长处。每一个可靠的策略都来自你的长处。如果你把自己所有的精力都用来抵消另一个人的优势,其实你是在冒险让自己"挨打"。在一次有效的销售中,你给购买影响者显示的是你能做什么,而一个反作用的策略却只能显示你不能做什么,除非他们要的是一个保镖,否则,那就会被对方理解为你的一个弱点。

- 它导致了价格下降。当你让客户把自己同对手相比较的时候,他们肯定会比较的一个因素就是价格。在一场价格战中,只有当你的主要卖点是低价格或你不介意它降得更低时,这样做才没有问题。实际上,价格战只会使双方失利。最终无非是一个毫无利润可言的互吐口水的竞赛,而这其中唯一的赢家是那个利用了你们的客户。

- 它使你看起来很愚蠢。或许"无想象力的""无创造力的"这两个词比"愚蠢"会更礼貌点,但其意思都是一样的。当你采用了反作用策略时,就像把你、客户及竞争对手安排在一张桌子周围,而你只是对对手的话作出回应。当你的策略只能是对别人想法的回应时,其实你是在告诉客户:"我没有自己的想法。"

- 它转移了客户的关注问题的注意力。很简单,一个以竞争驱使的策略无法对客户真正关心的问题作出回应。这样的策略只是对你自己的需求——对失去生意的担心、推测及恐惧——的回应,即使有时候你还没有得到这笔生意。如果那就是你的驱动力,那么你不可能研究出真正解决问题的办法,甚至更糟的是,客户也会看出你没有办法。

以上任何一个结果都会很严重地威胁到你的战略地位。把这些结果加在一起，就会导致一场灾难——让客户知道你的想法在别处，这相当于把棍子递给你的竞争对手，还告诉他们："打我吧。"

前瞻性的可供选择的办法：恢复差异

这里可供选择的办法就是少想一些对手正在做什么，做了什么，或可能做什么，而是多考虑营销——给不同的人提出的问题提供特定的解决方案。所有以竞争为驱动力的策略的失败之处就是它使得你偏离了专业任务。能使你重新回到这条路上来的策略必须具有前瞻性，而不是反作用；这种策略关注的对象必须是客户，而不是产品；还必须使客户认识到这种策略里蕴含着巨大的商机。

为什么前瞻更有效

当你使用一个前瞻性的竞争方案的时候，你就设定了议程和标准。你花时间来分析形势，以确保自己定位准确，能最大限度地发挥潜力，而不是小心翼翼地提防竞争对手。这就意味着做这本书中所提到的一些事情：辨别并了解购买影响者、看清他们的反应模式、确保自己在向双赢的结果靠近、借助实力杠杆消除红旗、得到好的指导，等等。

这些事情听起来似乎不属于"竞争性"的策略，如果仅想凭此来应对竞争确实不够。这个策略虽然不是由竞争来决定的，但它是一个有效的出销售成绩的策略。而且正因为如此，它非常具有竞争性。这将让你从其他的那些所谓的策略家中脱颖而出，因为当他们正在浪费资源相互打斗的时候，你却把你所有的精力用来处理手头的工作。一个防御性的措施将不可避免地导致力量分散，而一个前瞻性的措施却能让你始终关注目标，所以这也是对你的技能和资源的有效利用。

关注客户

你只有关注你的客户，你才能从这个效率中获利。最糟糕的竞争策略是过分关注竞争，第二糟糕的竞争策略是你对自己的产品或服务如此迷惑，以至于认为你仅仅通过鼓吹它的优点就可以打败对手。我们曾在第十一章讲过这为什么不会发生。因为，当你希望能够在利润或投机方面取得进展之前，首先必须理解客户的概念，那便是，与你做生意他能得到什么。

如果你想仅凭强调自己的产品比别人的好就赢得竞争，那么你其实就掉进了那个古老的比较陷阱，而且再一次把焦点转移到了对手身上。另外，你其实也是在冒险：对于你正在夸奖的一种产品，特定的购买影响者可能对它一点兴趣都没有。通过夸奖产品来竞争，不管你做得多么诚实，还是像走进一间房子，唱你最喜欢的歌曲，却没有问一下房子里面的其他人的音乐口味。也许他们和你一样喜欢这首歌曲，也许不是。为什么要把你自己置于一个充满不确定因素的位置呢？如果你为了听众的注意力而竞争，那么起码要先问一下他们喜欢听什么，这才是合情合理的。如果你不这样做，就很有可能输给一个事先问过了的人。

做出点贡献

想要有效地竞争，就必须和你的竞争对手有所不同。更重要的是，你必须让别人觉察得出来你是不同的——以一种能让客户感觉到你的不同的方式来表现。这就回到了我们在第八章中所讲的差异。为了能够有效地销售，你必须让你的客户意识到，你是在减少他们的预期与结果之间的差异，给他们提供一些东西让他们有一个更好的改变。

这里的"一些东西"可能直接和你的产品、服务或一个特定的销售有关，也可能和你整个销售关系中更宽广的方面有关。在这个情况下，如果你能演示出带给他们的这些东西——（a）对他们的公司有价值，（b）在别的地方买不到——那么你就已经得到了一个绝佳的竞争机会。在我们公司的整个大的管理过程中，我们把这个更为宽广的东西称为贡献，而且，我们认为这也是你最伟大的竞争武器。

由于这种粗线条的差异已经变得越来越模糊，仅仅靠产品来显示你的差异已经越来越困难。这也是为什么贡献的概念是如此的重要，为什么大部分成功的商业人士都在花费巨大的时间和金钱来调研他们客户的需要，这样他们就可以给结果带来一些有价值的东西。再回头想一下我们在第十一章里所谈到的内容，关于带给资金型购买影响者有价值的知识——可以帮助他更好地经营自己事业的知识——那就是我们所说的贡献，而且每一个销售专家都在追求。当你不断地提供这样的贡献的时候，你就加固了与主要购买影响者之间的关系，同时降低了价格的重要性，而且，这样做也把你带回了竞争所必须符合的标准中来。

一种好的进攻

"进攻是最好的防守"，这句有关足球的古老谚语对本章的话题进行了一个良好的总结。防守自己能免受其他队伍的进攻，这可能是玩阵地战的一个基本策略。但是，这样你不会赢得比赛。要想赢得比赛，你就必须进球得分，这就意味着要进攻。

另外一种有关运动的类比可能会让这个道理更明确。在分析体育运动的时候，你可以很容易地分清"正面"运动和"侧面"运动。

在正面运动中，双方面对面相互斗争，比如足球和拳击；而在侧面项目中，他们是平行并进的，看谁能努力最先达到那个预定的终点，如游泳和赛跑。通过这个区别，我们就可以总结我们刚才所说的内容。传统的竞争行为可以看成是"正面"的策略，你的努力及资源都聚焦在了竞争上；而我们现在所使用的前瞻性的策略则更像是"侧面"的策略，你和你的竞争者都在冲向同一个目标。

这个推理成立的原因是：在目标处等待的那群人是关键的购买影响者。我们所进行的每场比赛，他们是都要到现场的。如果你认为自己应更多地关注这个目标，那就努力训练（通过策略分析），并且努力比赛、往前冲，你就会明白这里我们所谈论的竞争是怎么回事了。关键在于你要一直向前看，并且给客户展示你最好的表现，不要为周围所发生的事情分心。就像任何一个赛跑性选手会告诉你的一样，老是左顾右盼，你肯定会摔倒。

不幸的是，在现实世界中，一些潜在的优秀销售人员甚至会犯更低级的错误。他们没有把竞争销售看成是一个"侧面"比赛的过程，而是在思想上坚持把它想象成用头撞人的、面对面、狂暴且经常令你血流满面的比赛，而你的客户却成了看台上的观众。有时候，还会有这样的临时插曲，在你和主要的对手结束战斗之后，客户可以很轻松优雅地从看台上下来，把胜利者的丝带授予那位出价最低的战士。

你怎么还不从这样的噩梦中醒来？有点前瞻性的思想吧！我们不是说要你无视竞争，而是让你以"侧面"比赛的思路来看竞争的效果。销售不是在三车道上进行的，它只发生在你和你的购买影响者之间，没有第三者。**唯一能给你带来成功的策略就是：时刻关注你的客户。**

专家如是说：四"不"方法

既然我们已经构架好了独特的面向客户的策略来赢得竞争，那么接下来让我们看一些其他方法，有时候通过智胜竞争，增加收入，你可能会使用到这些方法。这里大部分的方法会违背我们的基本假设，这些假设你已经非常了解而不至于被其困扰。但"智胜"这个词暗示着你要了解对手在干什么。另外，就像你将看到的一样，即便推荐的销售专家称之为方法，但它们与真正的方法论却相去甚远。下面让我们来看最流行的四个方法：

避免闲谈导致失败

一个专家曾说过，要打败很棘手的竞争对手，聪明的做法就是亲自了解对手。你应该走出去，到展览会上去会见你的竞争公司的销售人员，同他们打高尔夫，在一对一的基础上了解他们的想法。他说，亲自了解你的对手将会帮助你非常有效地同他进行竞争。这会让你明白，为什么他会是你的生意的一个威胁，并可以让你利用一些内部信息来应对这种威胁。

亲自了解对手没有任何错误。事实上，关于销售形势的信息，无论来自任何渠道，对于稳固你的地位都是有利的。问题是这种方法被误导了，它会很容易地把你的个人知识的优势转化成单向思维的红旗。当你把所有的精力都用来了解竞争对手时，你采取的营销策略很可能会过分关注他们的信息。不但那些信息值得怀疑——比如来源，而且过分地关注会让你忽视其他的信息，而这些其他的信息在有效的定位时可能更有用。例如，回想一下我们所说的，"其他的人"即最明显的竞争压力的来源。你可能一周又一周地议论你的对手乔治，一个机械产品的销售人员，最后却发现，几个月下来，你的主要客户却决定用其他的小器件来代替你们的设备——你们两个都出局了。教训是：**窃取对手的智力成果，最终还不如使用你自己的智力成果更有价值。你需要了解的其实是客户的想法。**

我值这个价

同一个专家还说，通过增加价值和价格行为，你完全可以克服单一的普通竞争问题。当承认你比同行的供应商价格更高时，要强调这样的事实：你的所有包装就应该值这样的价。换句话说，通过把价格重新定义为一个附加优点，你就能够克服价格障碍。

这个方法听起来很复杂，但它是对旧的"特色－利润"模式的修正版本。当你和一个需要特殊的铃声或哨音的客户讨论的时候，完全可以说："你得多付给我们15美分，因为我们有快速投递铃声，采用最先进的警笛设计。"但是，当你面对的不是这样的客户的时候呢？最糟糕的是，有时你甚至都不知道客户属于哪种类型。

谈到潜在功效，价格行为的问题是：在销售循环中它通常被采用得太晚。就像一尊生了锈但依然可靠的大炮，当销售就要结束或处在风险中时，销售人员故意拖延时间，并且期待着价格行为成为最后的决定性因素。但是，如果你需要一个这样的结论，就应该首先用到它。如果只在字面上向客户证明你的产品值那样的价，很可能客户不会领会你的意图，所以，仅仅谈论增加价值起不到任何作用。

不要误会我们的意思。谈论和强调你的附加价值是一个很不错的主意，但是要一开始就做。从首次与购买影响者会面开始，就要努力显示你的公司能够给他的公司带来利益，这样，价格就不会作为一个决定性的因素显现。向客户展示你的方案将如何影响他们的经营理念、如何在增长模式中更加增长、如何帮助企业摆脱危机，这是唯一真正的能够克服价格因素的手段。你做到了这些，就意味着真正具有前瞻性了。

你应该有这样的需要

价格竞争的另一个解决方法是积极寻找你可以在其中主导的区域，然后努力向客户说明这个领域对客户有多么重要。用一位专家的话说，你应该努力去改变客户评估产品或作出决定的标准。例如，如果你的强项是做支持计划，那你就应该说服客户，让他相信支持才是真正重要的。你要改变他的愿望，使之正好符合你要推销的产品。

这种潜在的精彩观点也有三个缺点。第一，在你完全了解客户的购买想法之前，它就先入为主了；我们已经看到了它的相反结果。第二，它把你的需要和期望值强加在购买影响者身上；用最近一本自助手册上的话说，它表达出了不受欢迎的信息："你确实应该按照我说的去做。"第三，当你进入一个改变标准的讨论时，通常情况下都为时已晚。和客户就他的购买标准讨论的时间应该很早，这时标准还未在他的脑海中形成清晰的概念，而你的能力和专业知识还能起作用。

事实上，在你为客户的经营做出的重要贡献中，其中之一就是帮助他们固定购买标准。当你那样做的时候，不要仅仅是提供有价值的指导，而且要把自己与没有提供类似帮助的竞争者区分开来，这是一个有利的条件，或许也是最便宜的选择。

但是，这里的目的性很重要。"让客户改变"是投机和自私的行为，"帮助他去设计解决方案"却是完全不同的事情。要能完成这样的任务，就不仅仅是把你从竞争中区分出来了。你将和客户成为共担风险的搭档。正像我们贯穿全书所强调的一样,这是一个远比签订订单更有价值的成就。

第二位置的首选

在使用这种方法时,你的开始方式是以积极的态度去应对竞争,而不是躲避竞争。你对客户承认与竞争者之一有着稳固的甚至令人羡慕的商业关系,并且清楚地表明很重视这种关系,你的目的是不想破坏它们带来的有价值的东西。然后,你解释为什么作为可选的供应商,你们想要成为"第二位置的首选"。提供这个建议的专家相信,就足够的商业经历而言,你们可能还位居第二。但是,有了一两次的经验,位居第一只是个时间问题。

同时,这种方法还有一些其他的价值。如果你们抛弃了"直接拿钱"的明显花招,这就意味着想要等机会证明自己有能力给客户带来价值。你们尊重和其他供应商的关系,不想对他们产生威胁,在他们需要帮助的时候将尽最大的努力帮助他们。如果和其他供应商有矛盾,你们将会作出让步。

这实质上是建立滩头阵地的技术。实际上,如果在沙滩上真有空间的话,这可能就是一个公平、有效的长期策略。但是,如果你们采用这种方式,就得甘愿等待。对客户提出的任何问题或任何请求都要答复。但是,不要被工作中一闪念的所谓创新、想象或根本不存在的问题诱惑,否则你将会违背自己的原则:乐意随时提供帮助。

如果一位客户或潜在的客户对另一位销售者极其满意,那么,你一再地"提供协助"将会是最没用的努力,甚至会给客户发出这样的信息:尽管你们曲意奉承,但你们真正感兴趣的是破坏这种关系。这个策略唯一能保证的是你落在最后。

伪造诚实的策略

最后,要考虑专家说过的一点,通过暗示竞争对手仍然有些不愿承认的问题,你可能会让消费者选择你。他说,结合这种不单纯的策略,你可能表面上卑微地承认你们也不是最好的,你的公司现在也陷入了困境,但在他们公司之上。依照此说法,消费者将得出这样的结论:如果你们有困难,竞争对手可能也有困难,他可能会把他的生意交给足够正直、敢于承认困难的人。

对于这一点我们不会有好的评价。这绝对是在玩游戏,而且犯了不尊重对手和消费者的双重错误。通过散布对自己有利的谣言把水搅浑了,把消费者当成游戏中的棋子,被愚弄的人还在帮他们从其他人那里获得生意。所有这些使我们想起好莱坞的演员代理商对演员的建议:"我们是在好莱坞的电影里,如果你能伪造诚实,那你已经成功了。"

也许这一点在好莱坞的电影里行得通,但在销售世界里却行不通。如果你想要诚信的名誉,这一点当然更行不通,就像我们说的没有诚信是万万不能的。这种方法带来的麻烦不仅仅是它明显的不诚实,而且在实际操作中后患无穷。它不能使消费者安心,让他处于提防的状态。他们不明白,如果你们完全有能力,就应该敢于对外说明自己的不足。

四种难对付的情况

我们的委托人不断地向我们提出各种难对付的情况,克服竞争性威胁似乎是销售的关键。我们通过讨论四个难以对付的情况来结束这一章。

1. 竞争者的地位是根深蒂固的

当竞争者是多年唯一的供应商时，你该怎么办？解决问题的方法不是唯一的，但是不管你采取哪种解决办法，都要求思维的创新和巨大的耐心。想让一个长期固定的供应商失去资格很容易，你每天都会看到这种情况，当然，这一点在强调长期关系上没什么意义。所以，关键在于进行调查和努力工作。

第一步，在客户的机构里，你需要与更多的人会面，不能只限于你现在认识的人。与购买影响者接触得越多，你就会发现他们的商业领域中对手没有渗透到的空间越大，尽管对手一直在坚守着阵地。第二步就是不要去窃取生意，而是要寻找比其他人更好的机会，为客户的商业活动做贡献。如果他们对现在的供应商满意，这些机会可能需要过一段时间再去开发。与大量的购买影响者进行适度的交往，你就可以在销售时利用他们给自己找到位置。

2. 坚定地相信自己

下面是相反的情形。当你是唯一供应商时，应该如何抵御瞄准你的竞争者以保卫自己呢？第一步是明白你当前的策略是什么。仅仅夸赞自己有十年的经验是不够的。你必须问自己为什么能够做到这点。你能成功地使客户不转到别处去的秘诀是什么？买方机构中谁对你有如此的好感以至于竞争者无法打入呢？

或许最重要的是，在用户机构里，最近是否已有变故，会发生面向另外一个卖主的可能吗？回顾一下我们在第六章提及的自动的红旗。当你感到你正被一名新竞争者威胁时，你应该为了这些红旗检查你的位置。特别要问自己是否有新来的购买影响者、以前没有接触过的购买影响者或新设的机构。如果答案是肯定的，或者你还不知道答案，那么，这就应该是对威胁特别警惕的时候了。

作为唯一的供应商时，你永远不可能高枕无忧。当危险显现的时候，你的策略应该是退回来看一下过去曾经作出的贡献，然后重新审视、研究它们，看如何修改才能满足客户不断变化的需求。你要做的是让购买影响者恢复信心：与你合作了十年的决定是明智的，而且现在仍然是明智的。这是一个永无止境的过程。这个过程停止的时间就是你给对手提供立足点的时刻。

3. 你是高价供给者

在这种情况下，窍门是记住，昂贵和高价对买方来说并不一定意味着相同的事情。如果我说某种东西很昂贵，我所说的意思是它可能不值我所付出的金钱。对一件很贵重的产品来说，可能是也可能不是这样。当你的产品或服务比你的竞争者说的价格高的时候，你的挑战是帮助客户看到它们并不贵，而是物有所值。

这并不是一个文字游戏或者自相矛盾的事情。并不是标价，而是客户的价值观念决定某物标价合理与否。如果客户在你的高价格的产品上看到了更高的价值，那么它就不再贵重了——它的标价是完全合理的。另一方面，如果他没有看到那样的价值，你也不可能通过降价让他们看到产品的价值。所有这些都是承认产品没有他们付出的价值大，而这并不是激发信心的动机。

另外，商品降价传达给客户的信息是："买我的东西时你损失了，那么就让我也损失一次，如此一来你的感觉也会好了。"我们已经看到了，正是这种大方的逻辑思维导致了合作的失败。底线在哪里呢？作为销售者，你的任务不是给客户提供更便宜的产品，而是要证明你带来的销售使客户的购买变得更划算。

4. 客户就想你竞标

有的时候，客户看起来好像完全对发展关系不感兴趣。他们提议竞标，并且要求你通过数字来参与。当我们的客户问我们在这种情况下怎么办的时候，我们引用一句古老的谚语："没有金刚钻，别揽瓷器活。"通常，对这个评论的反应是不安。然后，有人通常会这样说："不竞标就等于和客户说我对这项业务不感兴趣。那样做，我们失去的不仅仅是眼前的这份生意，还有将来和这个客户合作的一切机会。"

听起来，这话非常有道理，然而事情绝不是这样的。当你被要求竞标的时候，其实可能是另外的一些人，或许是一个咨询者，或者是一个你的竞争者，已经站在这个门口为你的客户策划竞标的详细计划书了。当你仅仅是满足了竞标的要求的时候，你已经不知不觉中接受了那个人的安排，随着他的规则游戏了。在这种情况下，如果你不是事先和每个购买影响者接触过，或者以内部人士的视角看待客户的问题，那么不论你出价如何，你都注定会失败。

另外，竞标不是销售。竞标可以由电脑来完成，然而销售需要一个人和其他人的交往。正因为如此，我们通常的建议是你应该彻底避免盲目的竞标。如果竞标不可避免的话，你至少应该在竞标之前和你的管理层商量商量，当你什么都不清楚的时候，进入竞标场是没有价值的。

对于投标而言，一个积极主动的选择就是一封礼貌的回复信，解释为什么你不能参加盲目的竞标，为什么那样的活动对你方不合适。这封信应该让你的客户清楚地看到你不仅对这笔生意感兴趣，还希望和他们交谈，依此来确定你是否可以提供他们认为的有价值的产品或服务。最后，如果你要进行有效的销售，你必须建立一种个人与个人之间的双赢的销售关系。我们的建议是尽早开始这个过程。

个人实践练习8：竞争

现在，你将有机会把这一章的课程应用到自己的竞争环境中去，在个人训练中使你的单一销售目标更加清晰。你可以在笔记本新的一页上标记"竞争"字样。

第一步：确认你的竞争者

首先，辨别可能出现的所有选择，并就此次单一销售目标向客户提出销售建议。记住以这项业务为目标的竞争公司仅仅是这些选择中的一个。你的客户也会选择提供一个内部的解决方案，或利用别的资金和资源，或者什么也不做。向自己提出以下的问题可以帮助你澄清这些选择：

- 什么能使得这项提议的资金流失？
- 客户是否有更划算、更简单，在一定程度上比我们的建议更有吸引力的内部选择？
- 客户是不是还面临其他的问题，有可能使必需的资金流转？
- 过去他们是怎样来处理类似的问题的？

记住，这些问题中的任何一个，你都可能得到一个或多个答案。例如，可能有三家公司正瞄准了这项业务，客户可能会有多个资金的使用选择。你要把所有的目标辨别清楚。

第二步：对你的主要竞争公司进行评估

如果你不能确信自己已经找出了客户的所有可用选择，那就把它标记为红旗，并且寻求指导。然后，问自己有关主要竞争公司的问题，来测试已有的信息，并记下更多的红旗或者更多的实力杠杆：

- 我的单一销售目标和竞争者的目标有什么不同？我们都瞄准了同一单生意了吗？我们所要实现的目标是不是有相同的部分？
- 谁在指导这家竞争公司？谁是他们的资金型购买者？谁是主要赞助者？谁是主要反对者？
- 这家公司在过去曾经卖给这个客户什么？他们是不是像承诺的一样做了？
- 对于这个销售目标，对方有什么产品和服务上的优点？他们的弱点又是什么？
- 我们所能提供的和对方可能提供的是不是有价格上的明显差异？服务或保障的区别在哪里？

同样，也要问客户对于竞争对手的态度。他们有没有喜欢单一供应商的历史，或者是他们更喜欢多种来源？在任何答案不是很明确的问题边上标记红旗，在那些说明你比对手占据更有利的位置的问题旁加上实力标签。

第三步：评估客户的其他选择

客户可能把必要的资金和资源用到其他方面，对这一点也要估计到。向自己提问：

- 如果客户决定在内部修正或改善情况，那会成为一个更划算或更省事的解决方案吗？如果是这样的话，我们能参与到这个内部解决方案中来吗？
- 如果客户决定把资金转向其他的项目，我们在那个项目上有销售机会吗？

- 如果客户决定什么都不做，我们需要做什么来维持现状，直到他们需要我们的帮助？

然后，再次确认答案中的红旗区域和实力区域。注意，在这一步骤和前一步骤中，你的红旗可以被认为是对手的实力，并且你的实力也可以被认为是他们的红旗。

第四步：明确你对他们的商业的贡献

不仅要看你的产品和服务的实力，而且要看你和客户关系的背景，明确你对他们的经营所作出的贡献，这有助于让他们把你从竞争者中区分出来。你的贡献应该能够让你从所有选择中脱颖而出，并且会被置于特殊的、共担风险的范畴。

把这个贡献写下来。如果你没有一点显著的区别来让客户关注你，那就在你的策略表中标上显著的红旗，并请求指导。如果你确实有这样的贡献，那就标记为实力。

第五步：修正你的选择位置列表

最后，把本次讨论中所有新的行动方案添加到选择定位表中。像通常一样，要具体详细，并且对每个可能的行动方案用战略家的规则进行测试，确定它是否对你的实力起杠杆撬动作用，或是能排除红旗的影响，或者两者兼而有之。我们建议你不要只是注意产品或服务的实力，还要注意长期的贡献。而且，不要集中在他人身上。记住：要超过一个快速前进的竞争者，最好的方法并不是进入他的跑道中，而是要自己跑得更快更好。

第 4 部分

策略和版图：集中精力于你的双赢客户身上

第 14 章

关键元素 5：理想客户

任何以销售谋生的人都处在不断的压力之下：来自经理的压力、同事的压力、家人和朋友的压力——也许更多的压力来自我们自己。因为这种压力，我们经常被引诱做那些边缘的、可能引起麻烦的业务。本来，我们是应该远离这样的业务的，而很少有人能一直抵制这种诱惑。因此，大多数人都做过事后又后悔的生意。

在整本书中，我们强调只有个别的订单是不够的。我们说只有当每次订单获得双赢结果，才能为你带来满意的客户、长期的合作关系、经常的商业往来和固定的推荐，销售的真正的技巧才变得明显。这样做就会一切都好。几乎生意场上的每个人都同意，这就应该是你对销售所作的总结。

但是，更进一步地说，如果你参与了一桩不能获得双赢结果的销售，就应该痛下决心，考虑退出这桩交易，无论其直接佣金有多么丰厚。事实上，有些销售目标是不值得我们去追求的。

在许多所谓的销售行家看来，特别是那些从传统销售科班出身的人看来，这种想法稍微有点离谱。他们告诉我们："任何一桩生意都是好生意。"或者说："所有的钱都是一样的；坏客户的钱和好客户的钱都是钱。"

如果我们是从自己或客户的领导那里听说，就可以给这些旧的观点更多的信任。但是没有。事实上，这样说的人肯定是一些业余销售人员，或者是不熟悉内幕的新人、极度渴望佣金的人。真正的销售领导是明白经济生活的这个道理的：不是任何销售方法，在任何时候，都适合任何人的，无论是对一个销售人员或是对整个销售公司。

他们也明白不是所有的钱都是一样的，如果你想在复杂的销售中长期取得成功，那么你不得不拒绝掉一些生意。如果你不这样做，一些没有出路的生意将不可避免地阻碍你的销售生涯。即便你当时做成了这些生意，将来你也会后悔，真希望自己当初没有这样做。

以我们的经验来看，这种低质量的销售目标占据了大部分销售代表35%的潜在生意。你可能会认为这个数据有虚构的成分，但你不知道这是我们和数百个国家、地区的客户经理谈话得出的数据。这些业务代表的销售目标专业管理员告诉我们，他们经常被迫放弃相当数量员工建议的客户，因为这些生意能达到双赢结果的概率很小。

在这一章和下一章，我们会在双赢原则的课程中得到一个合乎逻辑的结论，在你精疲力竭之前，给你指明分清良莠的方法。在使用这一方法时，你可以根据自己的生意情况假设一个理想的客户，然后你可以用这个假定的客户作为一个实践的标准衡量实际的客户。这可以使你降低35%的妨碍你销售的不良客户，把注意力完全集中在能带来双赢结果的客户身上。

挖掘匹配

大多数销售人员所做的35%的预期销售无法实现，原因是他们缺乏对消费者真正需求的分析。这种分析应该是动态的、现场测试式的。在大多数的公司里,这项工作通常是由市场开发部门来完成的。由于这种奇怪的设置,和市场开发部门比起来,销售代表对于消费者的需求知之甚少。

很多市场开发人员对于怎样满足客户的要求并不是很清楚,所以一旦他们确认了客户的要求,就会把更多的困惑传递给销售团队,使得销售形势进一步复杂化。更糟糕的是,他们给销售人员传递了一种传统的对销售工作的看法,认为销售的过程并不重要。这使得销售人员对自己到底应该干什么无所适从。

你可能也遇过这种矛盾心理。大多数从事销售行业的人都曾有过。一方面,我们被告知,我们的目标就是在任何时间尽可能多地让想要买东西的人多买我们的产品。当然,这种"给别人塞产品"的方法是花言巧语的骗子式的传统哲学——这种人可以把冰卖给因纽特人。另一方面,我们被告知,应该一直卖给需要的人——应该在产品或服务与客户的真正要求间找到一个交汇点。这才是一个更现代、基于市场的销售方法。

你不可能同时有两种方法。"给别人塞产品"和"挖掘匹配"在销售过程中是两个相互排斥的方法。我相信,对于我们推荐的方法,已经说得很明确了。**如果你想在战略销售上取得成功,那么你必须放弃老式的骗子哲学,然后学会怎样在产品和客户真正的需要之间找到切入点。** 找到这个切入点,是每一个诚实的、成功的市场策略的核心。

你需要逐个客户地去这样做,然后才能把市场开发人员提供给你的数据补充全。他们做的可以叫宏观市场开发,通过关注大的经济趋势,寻找广大受众的偏爱。我们建议你通过你自己的客户做一个微观的市场开发。用公司的市场开发数据作为基础,从此起步。只有通过评测客户个人的需要,然后对照更广阔的市场设计审视这种需要,你才能给所有的客户提供一个有效的匹配策略。

你自己的需要也很重要

你的战略必须同时满足自己和客户的要求。"匹配"意味着互惠,一个双赢策略的全部重点应该是产生客户和你都能获利的结果。因此,开发理想客户的一个重要因素是:把你的注意力集中在这样的客户身上,他们不但需要你的产品,而且他们本身也是你所需要的人。

当然我们说的不只是钱。正如前文所述,仅仅得到订单是不够的。也不是仅仅只为了获取佣金,来创建双赢的销售,不管它有多么的丰厚。一家物流公司的销售主管最近告诉我们的故事很能说明这一点。

这是一家有着大量公司级客户的企业。它曾经发布过一则广告,声称要为那些横跨整个国土运送居家物品的经理提供特别服务。主管告诉我们,大约在一年前,公司找到了一个潜力巨大的新客户:他们是全国连锁的打折销售店,他们的经理调动非常频繁。从容量上说,抓住这个客户可能推动该物流公司获得大约每年12%的收入。尽管听起来不错,但是在其他方面,这个折扣连锁商店远远谈不上理想。

"因为我们的生意具有季节性,"那位主管解释说,"当我们缺少货车时,我们更喜欢选择那些在淡季让我们搬运而不是在夏天搬运的客户。此外,我们喜欢长途而不是短途,喜欢独立的庭院而不是小的公寓。而且最好提前一个月预约。"

这个理想客户的要求对我们来说是有意义的。很明显,那家物流公司知道哪一种客户会给他们带来最佳利益,所以更愿意关注他们,而不是盲目地追随每一个客户。

"为什么连锁店不适合做这笔生意?"我们问他。

"不能再糟糕了,"他厌烦地说,"确实,他们给的工作量很大,但是除了让人伤心,什么都没有得到。他们的通常做法是:仅仅在三天前预先通知,然后希望我们为运送一名见习经理完成横穿整个国家的迁徙,而且经常是在 7 月。第一个夏天结束后,我意识到我们的员工做了两份工作,却只拿了一份钱,所以我们放弃了这笔生意。"

这个教训应该很清楚了,仅仅给喜欢你的产品或服务的客户销售是不够的——就像连锁店喜欢物流服务一样。你还得确认,让尽可能多的客户像销售人员那样,尽可能地满足你的需求。你不能在单行道上开发你的双赢方案。

早点缩小领域

除非你在成熟的领域和行业中,要不然,在自己的销售范围内,每个销售人员都要和数不清的潜在客户联系,才能取得销售成功。如果你没有在自己的销售圈内尽早地关注双赢的可能,你就很有可能处于一种平庸而不快乐的地位,在一些糟糕的生意上浪费时间而不知道自己应该做什么。

在第五部分,当我们讨论销售漏斗时,会告诉你怎样提高时间的利用率,以便你每周把适量的时间花在可以建立合作关系的潜在客户上。但是,如果你不计后果地与很多客户联系,对你没什么好处。这大部分客户,你用十分钟的时间就可以转让给任何一家。

因此,为了让你从有限的销售时间中得到最高的利润,你要做的第一件事情就是把你的潜在客户进行分类,看哪家能得到好的生意,最有可能得到回报,决定哪个应该放弃。除非你一开始就非常谨慎地限制你的领域,否则即便是世界上最好的时间管理方法也不会让你成功。

这里讲的谨慎限制将是我们下一章要讲的主要内容。

第 15 章

你的理想客户档案：从人口统计学和消费心理学出发

这里的理想客户并不是指实际的、现实生活中的客户。我们永远找不到一个虚构的完美的客户。理想客户是一个衡量现实客户的标准，它能让你关注好客户，放弃那些真正的坏客户。当然也不能忘了那些介乎两者之间的客户，理想客户标准也能帮你预测与他们之间的问题。在这一章中，你可以自己分析目前最好的客户，看清楚是什么标准使他们成为最好。然后，你用这个标准来定义假想的完美客户图像，这将是你理想客户的形象。

在描述这个形象的过程中，你需要考虑两类可能的客户特征：第一类是人口统计学特征，第二类是消费心理学特征。

因为许多的市场开发部门专门与人口统计数据打交道，所以你可能已经对人口统计这个术语比较熟悉。根据社会学家和统计学家的观点，人口统计指的是选定人口的数量和组成。在市场开发和我们的销售过程中，这个词略有变动，因此它指的是个人客户的数量和组成。我们用的人口统计的内容主要包括以下几点：

第 15 章　你的理想客户档案：从人口统计学和消费心理学出发

- 目标对象的数量
- 你的产品或服务的最终用户的数量
- 用户目前设备的使用时间和状态
- 客户位置与你的公司的运送点的距离
- 与服务和保障中心之间的距离
- 产品或服务与用户现有设备的兼容性

请注意，上述例子有一个共同的特征：它们都是可衡量的，是客观的。

和人口统计学不一样，消费心理学这个词还没有被广泛地应用。一些广告代理机构和市场开发部门对它很熟悉，但是这绝对不是一个家喻户晓的名词。如果市场开发部门的人员没有进入经营的最前沿，他们可能也从未听说过。然而，理解消费心理学对销售成功起着关键的作用。

消费心理学是被机构内部的个人购买影响者所共有的价值观和态度。当机构作为一个整体时，也持有相同的价值观和态度。在今天的商业世界里，拥有这种价值观是一个普通的现象，特别是在管理层，大多数的成功人士都能在一定程度上熟知公司正式或非正式的态度。消费心理学的例子包含：

- 公司对于其在市场上的信誉的看重程度
- 道德标准——无论它们是否出现在公司守则上
- 对待人们的态度，包括客户、供应商、雇员和其他"利益共享者"
- 对创新的开放程度
- 与数量相比，对质量的重视程度

消费心理学不像人口统计学那样可以用数字衡量，它得到的信息通常不是客观的。但是，对一个专业的销售人员来说，它也是同样重要，因为它决定了你的销售目标的企业文化。

企业文化

如同公司环境的观察家们数十年来一直指出的那样，今天大多数公司的成功至少有一部分归功于一个事实：那就是，从CEO到普通雇员都有意识地、积极地参与到机构的文化构建中。无论在私生活方面怎么自我和花样翻新，但雇员们还是拥有一些与工作环境中的内部准则相一致的价值观念。

我们并不是说现在的最顶尖的公司里的员工行为举止像20世纪50年代公司里的人那样，总是穿着灰色细条绒的衣服。相反，最成功的公司通常会形成重视创新而不是传统的企业文化，重视服务质量而不是老套的过得去就行的思想。请看来自我们的客户的一些例子：

- Sterling医护公司，它管理的医院和咨询机构遍布全美，就很重视个性化的服务。公司的推销人员为能够提出高度个人化的、客户为导向的医疗方案，而不是模板式的服务而感到自豪。
- 可口可乐公司的文化是：致力于把可口可乐打造成各个方面都是一流的、全球的领跑者。不论是选择广告营销战略或是公司总部的购买艺术，质量监控或是处理客户需求，可口可乐的管理者在做每一个决定时，都把第一作为自己的口号。
- 最后，在惠普公司中，整个公司正在致力于打造最先进、最高级的电子产品和电脑产品。员工们都在为使惠普成为质量、价值和最先进的技术的代表而努力着。因此，在研究领域的创新就成为惠普内部文化的中心环节。

第 15 章 你的理想客户档案：从人口统计学和消费心理学出发

这几个例子都表明了这样的一个事实：在当今的企业氛围中，你的销售对象尽管大部分人在各自的公司里，但很可能持有和许多人一样的社会、经营态度。社会科学家会说，一个公司里的经营人员，可能会持有一套标准化的价值观。也就是说，这种价值观阐释了一个社会团体的一系列可以被接受的行为或信条。因为公司是一个社会团体，所以为什么会形成这样一个标准化的观念，为什么在一个公司里最成功的人是那些接受、适应这些观念的人，就都不难理解了。

现在回到战略营销术语中，我们可以说一个企业的标准价值就是它最重要的消费心理学特征之一。而且，这些价值观不仅仅适用于整个公司实体，还适用于每一个人，每一个为这个实体作出购买决定的购买影响者。

这种结论对于每一个做销售的人都有着巨大的指导意义。这种企业消费心理学的存在对你的意义在于，当你把自己与各种不同的客户进行定位的时候，你不仅可以通过分析每一个客户的"硬事实"，即它的人口统计学，还可以通过分析它的关键人物的价值观和态度，即消费心理学，来获得优势。

你的消费心理学特征的重要性

因为消费心理学不仅仅是针对个人，也一样针对企业，所以，在买卖的过程中，买卖双方都会表现出一定的消费心理学特性。你可以通过判断哪些人和你公司的消费心理学特征最接近，迈开你谨慎限制潜在客户的第一大步。附着在你的产品和服务上的是你的公司特定的价值观和态度，与你的理想客户标准最容易匹配的将是那些本身就怀有同样价值观和态度的人，或者是可以通过熏陶成为这类客户的人。

例如，假定你销售的产品主要竞争优势是它的质量和长期的价值，如果你的客户公司只把价格作为选择购买商品的主要因素，你可能会有点麻烦。但是，如果你的客户更注重价格性能，也就是说他愿意多付点钱来切实满足自己的需要，那么你的竞争者的价格战争可能就不足为道了。

我们的一位朋友在一家全国性的食品服务公司工作，他就十分清楚这个原则。他最近跟我们说："我卖的是质量，而且我也不愿意和那些不把质量作为基本要求的客户打交道。他们必须和我们所持的观念相同，否则他们的需要与我们所提供的产品将没有切合点。"这个三次获得"年度销售人员"称号的销售人员成功地使他的生意成功率超过50%，而且他也承认："在最近的十年里我也没有碰到什么讨价还价的问题。"

我们在这里暗示的东西就是本书所要强调的内容。消费者买你的产品的真正原因并不是你的产品符合他们的客观商业需求，他们看重的不仅仅是结果，还有个人盈利。他们买是因为他们觉得你的销售会满足他们的价值观和态度，同样也满足他们自己的利益。

归根到底还是要强调盈利。在第九章和第十章，在促使你和所有购买影响者建立双赢模式时，我们说过，达到这个目标的最好的方法就是给他们带来盈利的结果。在整个客户范围，甚至是公司范围内，都是这样的。想要和一个特定的客户取得长期的合作成功，最好的办法就是弄明白那个公司的消费心理学特征，因为这个特征最能反映每一位个人购买影响者是怎么样获利的。

如果您和销售业界的大部分人一样，也许至今还在将绝大部分的精力专注于人口统计学。在这里我们会开设一个私人研讨班，给你提供一个机会，让你利用人口统计学和消费心理学两个方面的知识，来定义和规划你潜在的机会。

个人实践练习 9：理想客户

在这项研讨中，你将基于现在和过去的客户，创建自己的理想客户档案。然后，用这个模型来测试双赢销售的真实前景，注意要涉及当前的所有销售目标。

第一步：画出您的理想客户表

翻开你的笔记本，先画下一个工作表，用来记录你的理想客户档案。然后，在页面顶端写上标题"理想客户"，把这页纸分成 5 个相等的栏目，并且从左至右写上小标题："最佳客户""最佳客户的特征""理想客户档案""最差客户的特征""最差客户"。当表格画好以后，这个表格就应该同下方的例子相似。

理想客户				
最佳客户	最佳客户的特征	理想客户的档案	最差客户的特征	最差客户

第二步：分辨出你的最佳客户

在左侧的一列中列出你目前和过去的最佳客户。只是客户，不是潜在客户。把范围限定在那些你已经与之做过生意的客户里。

这里所说的"最佳"是按照你的意思，你自己设定标准。这里我们想要你关注的是那些给你带来最大利益和最小麻烦的客户。你自己就是制定那些用来鉴别最佳客户的标准的最佳人选。把你自己的这种想法保留在大脑里，通常你对"最佳客户"的感觉是美好的——不论他给你带来了多少收入。

尽量多地列出你能想到的最佳客户。但是，请遵循这个指导来确立一个取舍点：首先，写出你的第一个最佳客户；然后，写下第二个；然后依此类推，往下写。直到你想到一个与你刚刚写下的客户有明显区别的人。那么，就在这里停住。如果第三个人和第四个人在性质上有着质的区别，那么把第三个人写到这个列表的最后。

第三步： 鉴别出你的最差客户

现在在这个表格的右侧栏里列出你过去和现在的最差客户。同样，还是你设定标准。尽管你完成了订单，但是要么是你，要么是你的客户，要么就是你们双方都损失了，那么对于这样的客户，请你特别关注。同样，相信你的直觉。当你感觉到你最后写下的名字和你想到的下一个名字之间有着质的区别时，就此停住。然后，辨别出最差客户，不管他们曾经花了多少钱。

第四步：列出最佳客户的特征

在左起第二个栏里，列出你鉴别出的最佳客户之间共有的和独有的特征。既可以是人口统计学特征，也可以是消费心理学特征。但是，你应该特别注意后者。给你一个例子，参加此项训练的销售人员经常能列出以下的消费心理学特征：

- 相信我公司的表现

- 创新、上进的管理
- 对选定的供应商忠诚
- 质量监控有保证
- 愿意为产品的增值特性付费
- 高度的商业道德和诚信
- 每一次交易中都希望达到双赢

用以上的例子作为指南,列出最佳客户最吸引人的特点,但必须是你的看法。

需要注意的是,不要只列出"有钱用来支付""他想买我的商品""他是可信赖的"这样的特征。我们认为不仅是最佳客户,所有的客户都能满足这些最低的商业要求。关注那些把最佳客户同其他人区别开来的特征,不论是客观的角度还是从消费心理学的角度。

第五步:列出你的最差客户的特征

在右起第二个栏里,用同样的方法来概括你的最差客户,尽可能多地列出那些他们与其他客户所不同的特征。下面就是我们的一个客户列举的例子:

- 价格不灵活
- 做买卖时犹豫不决
- 对我的公司不够专一
- 独裁的管理系统
- 隐藏甚至不愿进行合作
- 希望我受损而他得利

这样做的目的如上次一样,就是为了得出最差客户间共有的消极的特征或者最少是他们大部分人共有的特征。这次的标准同样由你自己制定。

第六步：创建你的理想客户档案

现在，在这个理想客户表格的中间部分，你就可以列出自己用来衡量客户的标准了。这是一个提取的过程。研究你所列出的那些最佳客户和最差客户的基本特征，抽出另外的你认为最重要的新特征。这个过程需要一些时间，不要着急来完成。

在评估"最佳客户的特征"一列时，仅把里面最重要的转到中间一栏。在评估"最差客户的特征"一列时，仅把里面最突出特征的相反的特征转到中间的栏目中。例如，你要把"行业的带头者"作为最佳客户的最明显的特征，做法很简单，就是把这个特征列入中间的栏目。如果你的"最差客户"之间的共同点是"犹豫不决"，你就可以在中间的栏目中写上"迅速做购买决定需要一个过程"。

把相关的特征都转入中间的栏目后，就要认真地研究，找出 5 个最明显的特征。翻开笔记本新的一页，在这页顶部写上"理想客户档案"，只需把刚刚总结的 5 个最明显的特征写下来。这些最后提取的特征就是你的理想客户档案。

第七步：测试你目前的客户

现在你有一个工具可以判断以下两点：一是每个客户与你所要求的条件之间的兼容性，当然，这些条件是你认为客户最须具备的；二是那些不能满足以上条件的客户最有可能出现的问题。换句话说，这个工具可以帮你分清未来客户和预测之间的问题。现在你就可以做这两件事情了。先评测那些从第三章开始你就想列为销售目标的客户。

第 15 章 你的理想客户档案：从人口统计学和消费心理学出发

不妨这样做：对那些客户，用你得出的最理想客户的 5 个特征一一进行比较。顺着列表，对于每个特征，你可以问自己：

这个客户在何种程度上符合理想客户的特征？

然后，对每个条目上的客户进行量化，就使用我们在购买反应模式那一章介绍的-5 到+5 的衡量方法。如果一个客户非常或近乎完美地符合第一个特征，那么对于这个特征，你就可以给这个客户+5。如果与第二个特征完全不相匹配，则在这一个特点上给这个客户-5。其余的由此类推。当你继续往下完成这个列表后，你就会得到 5 个数字，正的或负的。加起来你就会得到此客户和你的理想客户的标准的出入程度。

在你对你的测试客户进行了这种练习以后，你也就可以用它来检测其他的客户和潜在客户了。对于你的实际和潜在的每位客户，根据他们与你的理想客户特征标准的符合或不符合程度，得到另外的一组 5 个数字。

当然每组数字会不一样，但是每组数字，就如你从那个测试客户那里得到的那组数字一样，都会给你一个可信的轮廓来反映这个客户和你的理想客户标准的差距。正的数字越高越多，那么这个客户能长期与你达到双赢结果的可能性就越大。换句话说，得到的负数越高，你就越有可能遇到问题，至少说明在这些区域里他们与你的理想客户的差距是巨大的。

当然，这些数据只是一个大概的指导，每笔交易都是独特的。我们不能武断地建议你放弃去做那些在数字上反映"坏"的交易，或者对那些数字上反映"好"的交易过分自信。我们所知的就是，其他的事情也如此，以上的事实只是给你分析某个特定的交易带来双赢结果的可能性。

第八步：改变你的选择定位列表

一旦你知道某个客户与你最佳客户标准的匹配程度，就应该决定如何改进你的计划。假设这里有一个与理想标准相比不很完美的客户（也许大多就是这样的情况），你要做的是以下的事情：

- 把特定的销售目标从这个客户处，也是你的工作范围中撤出来，因为你意识到产生一个好订单的可能性很小。
- 根据那些不匹配的程度，预测一下这个目标上可能会出现的问题，然后研究对策来克服这些问题。

通过依次考虑目前的每个客户，你就可以作出以上的选择。可以从正在与之交易的客户或潜在的客户开始，而他们也是你尝试销售的对象。看一下你给每一个客户的评定，而后决定采取什么样的备选定位才能增加双赢结果的可能性。

就如我们在以前的研讨中讲的那样，你应该对自己选择的销售目标客户进行完整的分析，而不是其他的客户，因为目标客户的信息更多。你对这个客户进行的分析可以被认为是对未来的理想客户分析的模型。

很明显，这其中包括了主观的判断。使用这个分析模型时，你应该把你了解的关于客户的每个细节都考虑进去，细化到每次销售中。那些量化的数字只能作为粗略的参考。我们不建议任何人把这些理想客户的标准作为逃避困难交易的借口。反之，它应该帮你建立一个理想客户的基本标准，这是你得到双赢结果的需要。

你应该把这些标准作为判断的基准，而不是最终的依据。例如，如果你的理想客户标准提示你格里尔斯公司符合程度是-4或者-5，那么你就应该考虑放弃它。但是，如果这个客户的潜在收益巨大，如果公司的市场开发人员让你给格里尔斯公司推销它特别需要的产品，或者其"未来投资"的可能性巨大，那么，你花时间继续和这个客户进行合作就是值得的。

另一方面，如果你对一家公司印象很好，但是它和你的主要对手有着十几年的合作关系，并且对你没有显示任何诚心，那么，所有使他们变成你的理想客户的努力都是在浪费时间。

请记住，理想客户的形象只是用来预测或者解决遇到的问题的。同样，也要把那些潜在的差的交易剔除出来。这就意味着你必须查看表格上的单个特征，而不是把它看作一个整体进行分析。如果因为潜在的佣金价值，你决定把格里尔斯公司作为主要领域里的合作伙伴，那么，你通过依次分析表格中的形象特征，也许可以改进自己的定位。并且，这样能使你在那些匹配不够完美的区域内工作更加有效。如果格里尔斯公司不符合理想客户档案的标准，得分较低的原因是因为它对协议的反应较慢，你在选择列表可以加上"调整我的时间安排来适应格里尔斯公司的周期"。如果它对于你的质量没有明显的兴趣并给出较低的价格，你就可以加上"尝试着展示他们最需要的物美价廉的产品"。

这里的关键点是：使一些单个客户和你理想客户的形象特征靠得更近。靠得越近，交易就越容易成功。离理想特征越远，可能遇到的麻烦就越多。这个形象特征的主要功能就是一个预测和分类的工具。它能使你预测到可能存在的问题，比较真实地测量这个问题与你潜在收入之间的冲突。

平衡策略

你们的目标是为了得到平衡。对于一个好的销售策略来说，瞄准那些同你的公司的观念和态度不一样的客户不是好的选择，而销售人员也不可能只做那些最佳客户的生意。消除不确定性、确保交易双赢的最好方法是：审慎地辨别那些与你进行交易的人，接受其中"最好的客户"。

你的目标就是盈利。同样，要保证所有客户中的购买影响者也从买卖中获利。达到这个目的最好的方法是：把理想客户标准作为一个底线，然后把你获得的其他客户信息与这个标准进行比较。

审视你自己的定位

我们曾在本书的第二部分里介绍过营销战略的四个最基本要素，并且在此后的章节中进行过实践指导。"其他客户信息"与此有着巨大的关联。我们建议你用理想客户标准把这些要素再复习一次，建议你把所有的资料拿出来分析一下。把它们放在你的面前，然后问自己：

- 购买影响者。看你的购买影响者记录表。问自己，你在购买影响者处遇到的问题是不是由于客户和理想客户标准不符而产生的。哪些具体的人口统计学和消费心理学特征使得与他们做生意变得不确定。
- 红旗/实力杠杆作用。看购买影响者记录表和取胜—结果表格上的红旗。它们是否与理想客户标准中的与销售目标不匹配的项目有关？形象标准中的"最佳匹配"项必须划归实力范围。你能用它们中的任何一种实力去抵消红旗吗？
- 反应模式。你的理想客户标准中的哪一项说明了购买影响者对于改变的接受程度？哪些项目说明了不情愿程度？那些个人客户是否知道你正在衡量他们的交易并试图与他们达到双赢？

- 盈利结果。把取胜—结果表同你的理想客户标准相对比。这个标准中的人口统计学项目有没有转变成客观的经营结果？消费心理学特征是否转变成了客户个人购买影响者的盈利结果呢？

正如我们多次强调的，只有当作为一个系统互相作用的时候，战略营销的这些关键元素才能充分发挥作用。问自己这些问题，能帮你明白前5个要素是如何组合的。

再添加一个要素，这幅图画就完整了。这些要素在逻辑上可以根据你所学的内容推导出来。理想客户形象能使你对未来无限的潜在销售机会进行区分，来创建一个属于自己的领域。为了更加有效地对它进行管理，你需要一个区域管理工具，我们把它叫作销售漏斗。接下来我们将介绍这个最后的关键元素。

第 5 部分

战略和领域：管理好你的销售时间

第 16 章

时间、领域和金钱

当你在同一时间应对几个客户时，便会很容易产生战略上的混乱。除非你将每个客户的业务都分为更小的部分，即我们一直以来所说的单一销售目标。这在复杂的贸易领域尤为重要。在复杂销售中，即便是同一个客户的两个销售目标，所涉及的购买影响者也不一定是相同。这就是我们在整本书中推荐的做法，在每次实践新的战略原则时，都要将它应用到相同目标的个人研讨中，即第三章所挑选的"测试例子"。

当你要深入销售第一线时，我们也为你提供相同的建议：每次只为一个销售目标制定战略。然而，我们知道，说比做容易得多。在实际销售中很难做到思想集中。你要去管理一个领域，那个领域可能一次就给你带来 20 多个客户，而在这本书中你选中的测试目标仅仅是许多不同的商业机遇中的一个。

在前面的部分，我们讨论了理想客户档案，通过将你的销售领域限制在真正值得花费时间的客户上，可以帮助你应对上述的多样性问题。在这一部分，我们进入下一个逻辑步骤，介绍第六个关键元素——销售漏斗。这是我们的战略销售方法所必备的，因为它可以通过更有效地管理你最宝贵的资源——销售时间，使得你从你销售领域内的每一个客户处收益最大化。

你最宝贵的资源

我们知道搞销售的人都会时常抱怨："我需要每天有 48 个小时。"这是不同领域的人都有的抱怨，但是这对我们的专业销售人员来说更加严重，因为除了现实的销售时间我们得投入外（这是我们大多数人所共有的），我们还不得不花时间在许多非销售任务上，这些任务往往占据了我们专业人员很大一部分的时间。

如果你怀疑自己做的大都是非销售的事，你可以想想每周花多少时间在以下的事情上：

- 在你们公司内部进行销售
- 作出开支报告
- 做其他的文案工作
- 参加会议
- 处理客户投诉
- 催交订单
- 培训客户使用你的产品和服务
- 出差

不要误解我们，我们并不是说这些任务不重要。你知道，它们是你远期成功的基础，但它们不是销售。当讨论销售时间时，我们指一些非常具体的用于销售的时间，指确实花在与客户面对面（或通过电话）交流的时间。在战略销售计划中，我们用的是以下的定义：

销售时间是指任何可以用来与一位购买影响者讨论增长模式或困境模式的时间，这个时间也可以用来询问购买影响者一些问题，以便发现增长模式或困境模式中的差异。

当我们的参与者理解了这种对于销售时间的定义，他们通常会告诉我们他们非常幸运，每周能用5～10个小时致力于这个最重要的活动。事实上，顶级的销售人员每周都只花费5％～15％的时间去积极应对客户。在数千位被辅导的销售代表和经理中，还没有见过哪一位把超过四分之一的时间花在与购买影响者讨论增长模式或困境模式上。

没有人喜欢这种情形，但是，这是每个销售人员生活的真实写照。尽管我们都想花费更多的时间在应付客户上，把更少的时间花费在办公室里或汽车旅行里，但销售时间始终还是短缺。如果管理不当，销售人员便会沦为致命的收入波动模式的牺牲品。这种模式我们叫作过山车效应。

过山车效应

如果你已经做销售好几个月了，你可能已经很熟悉过山车效应了。专业销售人员典型的收入不平衡现象通过这个比喻可以一目了然。

就像你所看到的，下页的图表明了月度销售与收入之间的联系，即时间和金钱之间的关系。假设你每月都把大致相同的时间花在销售上，这里的推导会明显令人不安：稳定的工作量并不一定能换来稳定的收入。不客气地说，时间经常不等于金钱。

如果你发现自己的时间和金钱模式很接近这幅图表，那么其实你已经和其他很多人一样，陷入了这个效应中。

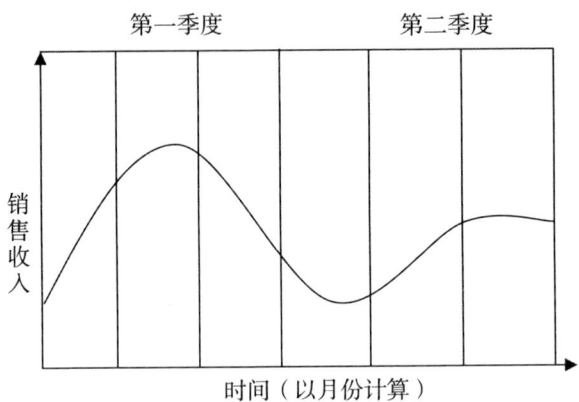

这种收入的不平衡在销售中太普遍了,以至于许多职业经理人和销售代表认为它是一种自然法则。就像一个地区经理曾经在他的辞呈里无奈地向我们陈述的那样:"这就是销售职业的运作方式,你只有看清楚、坚持下去才行。"

这样说是不对的,无论它看起来多么自然且无可逃避,过山车效应的影响并不是不可避免的。你必须作出"坚持到底"的选择,直到事情有改观。

坦白地讲,在市场体系下你的收入出现周期性波动是不可避免的。季节性变化、年度预算、利率,以及经济的整体趋势都会给每个专业的销售人员的工作带来冲击。甚至政府也只能在调整中取得有限的胜利,它们看起来也远远不是普通人能控制的。然而,我们的经验表明过山车效应中最坏的波动并不是这些经济力量造成的,而是销售人员对于销售时间糟糕的管理造成的。而这种时间正是你所能够控制的。

销售漏斗怎样工作

销售漏斗帮助你更有效地管理你的销售时间，这样你就能避免你个人销售周期的最低谷，并把那些时间转化为稳定的、可预见的收入。在这一部分你将学到如何运用这个时间管理工具，并把它应用到你的工作上，那样你就能完成以下基本任务：

- 通过把你的销售目标在漏斗中分成 4 个不同的类别或者"级别"，从而准确定位你在销售流程中所处的位置。
- 跟踪每个销售目标"从漏斗中下降"的过程，从第一次接触到最终签订订单的全程进展。
- 给漏斗的每个级别上的目标设定优先次序，确保你不忽视四个当中的任意一个。
- 为漏斗的每个级别上的目标分配好时间，确保你能始终如一地执行四种基本的销售工作。
- 依据你完成目标订单的速度和顺利程度，预测未来的收入。

当你用销售漏斗完成这些相关的任务时，你不仅更有效地利用了时间，还获得了更广阔的前景，所有这些都将保证你的未来销售目标取得成功。所以，让我们看看这个最终的关键元素是如何工作的吧。

第 17 章

关键元素 6：销售漏斗

在我们战略的第六个关键元素中，我们所用的漏斗比喻可能已被你们所熟悉了。许多销售人员讨论着把期望"放进管道""放进漏斗"，或者"放进漏斗的顶端"，然后等着完整的订单从另一端产出。

同这个传统的方法不同，我们强调你不能等待订单。你要天天积极主动地去研究这个漏斗，那样订单（和你的收入）就是可以预见的。我们将销售漏斗分成四个不同的层次，每一个都与不同类型的销售工作相关联。要有效地运用销售漏斗这一关键元素，你首先需要知道如何将你的销售目标分为四个层次。

改进的漏斗的四个部分

销售漏斗的概念可以通过下面的图表表示出来。你会发现它并不陌生："期望""资格认证""收尾"是标准的销售术语，而"封底"和"领域"是本书中前面用过的战略销售术语。但是，我们给漏斗的三个层次的命名是新的内容：漏斗上、漏斗中和最优少量。以前，我们所说的漏斗只由这三个层次组成。但是，在目前的这一修订版中，我们承认"缩小领域"是成功完成任何目标的一个必要的开始。鉴于这个原因，我们把它作为漏斗体系的一个不可或缺的部分加进了漏斗图表。这就是下面这个精炼的四层次的漏斗。

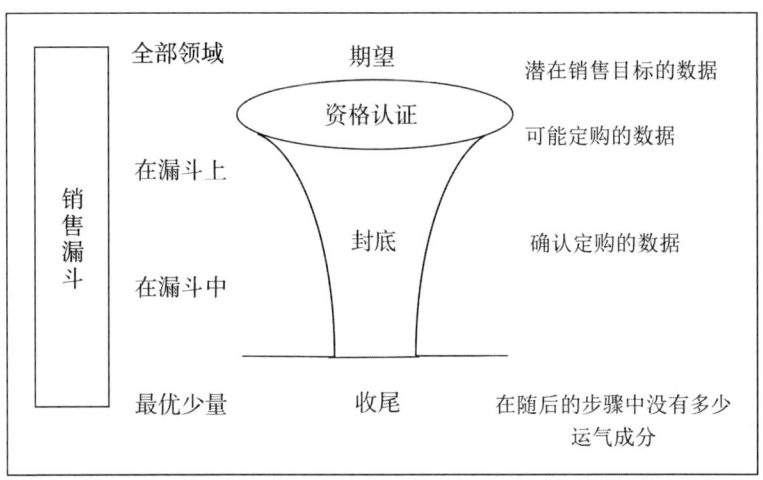

你会注意到在这个漏斗之中，每一层次都与一种特殊的销售工作相联系。这是该漏斗的主要特征：漏斗的每一个部分都只与一种工作相关。作为一个专业销售人员，你必须有能力去做所有的四个层次的工作：

- 期望
- 资格认证
- 封底
- 收尾

但是，由于你可能会同时处理许多订单，而且它们的完成情况也各不相同，那么，你就不能同时对它们做同样的工作。当你对一些生意进行收尾或者封底时，对另一些业务你可能还在做期望和资格认证。你只有在正确的时间对每一个销售都做正确的工作时，才能得到预期的较好的收益。

这正是你需要对工作任务进行分类的原因，而销售漏斗就是能帮你做这件事的最重要的工具。

预备技巧

在详细描述漏斗的四个部分之前，我们先提供一些相关的预备技巧。

首先，销售漏斗能帮你对单个订单或销售目标进行分类，并跟踪其进展情况，而一些人用它去跟踪单个产品线或单个账户上的各种交易。虽然它终究还是聚焦单个交易，但是漏斗并不是用来跟踪大客户的整体收入的。

其次，随着单一销售目标逐渐移动到漏斗底端，得到订单的预期时间和其中的不确定因素会慢慢减少。每个销售目标都从漏斗的顶端开始，然后是很长一段的等待获取订单的时间，其间会有很多的不确定因素，最终在漏斗的底端结束，即合理地处理了各种不确定因素并获得订单。

最后，在你把一个目标从漏斗的一个层次移到下一个层次之前，你必须要了解一些先决条件。这些条件与你在每一层次都必须做的各种工作相关联。重漆一张旧桌子的先决条件就是先刮干净旧漆并磨光。你可以不去做那些工作而直接漆，但是你可能不会满意它的效果。你同样也不会满意你急着结束的销售订单吧。

将销售目标移到漏斗底端的先决条件已标注在图的右边。我们现在对其作进一步解释。

全部领域

我们已经用了两个章节来介绍理想客户的概念，所以，这里不再重复。关键是那里有太多的销售机会，你无法完全把握。那就现实一点吧，对这些机会进行明智的选择，只关注那些可能带来双赢结果的机会。

因此，你确定符合销售目标的销售机会的先决条件是它符合理想客户的标准。例如：

- 你看到一则某公司扩大规模的报道，而这可能需要你的产品或服务。
- 一位潜在客户会参加一个交易会并可能把你的产品资料拿回去看。
- 某公司与你的竞争者之间的合同就要到期。

此时你必须做的就是期望，紧紧跟踪每一条线索，不管有没有可能，或者为另一次销售随时做好闪电战的准备。我们所说的"期望"是指"寻找一个合适的机会"。在漏斗的顶端，你利用理想客户的概念来评测每一个客户，并逐渐把范围缩小到那些符合条件的机会上面。换句话说，你在判断自己公司能否满足每一个潜在客户的需求。

在漏斗上

在接下来的层次上，你要做的与上面类似，但是更具体、更集中。此时，判断一个销售目标的可能性的先决条件是：你的产品不仅满足对方公司的要求，还满足潜在客户的直接需要。例如：

- 当你仔细研究这则报道时，你发现你的产品或服务可能会满足某个购买影响者的潜在需要。
- 你的公司收到一些参加交易会的潜在客户的"回应卡"，他们希望获得有关你的产品的进一步的信息。

- 合同即将到期时，该公司转而对你提供的产品感兴趣。

例子不多，但是意思很清楚。只要有一点销售机会，就把潜在客户的名字放在漏斗上。

对于写在漏斗上方的潜在客户，你需要做的就是试着确认你的产品能否满足他们的要求。所以，你必须与购买影响者或你的销售顾问进行接触。判断你的产品是否符合潜在客户的要求可以有许多方式：可能是客户最初的一个咨询电话，也可能是某个购买影响者把你介绍给其他的购买影响者，或者是对方直接邀请你现场进行产品演示。

尽管如此，有一个基本要素你必须把握，即你必须至少与一位购买影响者进行接触，了解自己的产品能否为对方带来增长或帮其解决问题。这是本阶段你应该完成的一个最基本的任务。

在漏斗中

把一个销售目标放进漏斗里的先决条件是你已经核实过了这个订单的可能性：你接触过至少一个购买影响者，并了解了他所期望的增长或面临的麻烦。

在漏斗的这个阶段，你要做的工作就是封底。这就需要用到我们已经讨论过的战略的所有关键元素。在封底部分，你要完成以下任务：

- 确定你的销售目标中所有的购买影响者，了解他们的影响程度，并且选派最合适的人去接触他们。
- 了解每一个购买影响者的反应模式，标明他们的急切程度，注意消除他们在增长模式或困境模式中所意识到的现实与预期间的差异。

- 确定每个购买影响者所需要达到的结果，并且使他们相信你的提案符合他们的利益。
- 继续评估销售图表，包括任何来自竞争对手的威胁，以便减少红旗的影响，充分发挥自己的优势。

我们说过，随着你把一个销售目标从漏斗的顶部一直挪到底部，时间和不确定因素是随之减少的，这也就是你需要完成以上任务的原因。

最优少量

把一个销售目标放进最佳范畴的必要条件是：在客户作出购买你的产品的决定时，你已经使其不包含任何的运气和偶然因素。当然，是否做到了这一点，我们只能依靠主观判断。因此，区分"在漏斗中"和"最优少量"，不如区分"漏斗上部"和"漏斗之中"那样容易。但是，这也不仅仅是一个主观的猜测，你可以通过记住以下这些情况来判断一个可能的订单是否可以进入最优少量的范畴。

- 在最优少量的范畴里，你知道需要自己做的剩余工作是什么。换句话说，需要你做的都是些收尾工作，如应对最后的反对意见、得到最终的购买确认、订单签字等。
- 在一个最优少量的目标里，由于你已把各个因素都考虑在内，所以，你的销售目标会更明确，胜算更大，具体表现在：你了解所有购买影响者及他们的反应模式；你使他们明白了自己会有怎样的获利；你已经处理了竞争对手在最后一刻的竞争威胁；你已经制订了可以消除所有红旗的计划……
- 总之，在最优少量的情况下，你至少有90%的可能在半个或更少的销售周期内完成销售任务。

最后需要说明的一点是，这里出现了一个大家不太熟悉的术语——正常销售周期，这一点对能否有效地利用销售漏斗非常关键。

正常销售周期

我们所说的正常销售周期通常指的是一个订单从漏斗顶层到底层所用的时间，换句话说，就是从最初的期望到真正签订购买合同的时间。

我们发现销售周期的长短在不同产业、同一产业甚至同一公司的不同产品之间是大不相同的。它受很多因素的影响，包括产品成本、购买影响者的身份和客户决定购买的复杂过程。有的销售人员在短短的一两周的时间里就可以把产品销售出去，但有些销售人员要花七八年的时间才能做成一笔向国外出售飞机的生意。所谓的正常销售周期，并没有一个统一的标准。

我们在此关注的是你自己的产品和服务的销售周期。虽然你的订单不可能总是以同一速率来实现，但是它们都接近一个平均周期。这个平均周期就是我们所说的正常销售周期。

现在花一点时间来确定你的正常周期。回顾一下过去一两年你的销售情况，考虑一下从最初与客户的接触到最终签订合同用了多久。在考虑你自己的平均周期时，刨去你的休息时间和那些从初次见面到最后签单只用了两天的特殊的合同。同样，除去那些特别难对付的购买影响者或购买过程特别棘手的非正常的订单。然后，把其余的求一下平均值。

比如，大多数情况下你的生意是用了3到9个月来完成，那么你的正常周期就是6个月。如果是10到20周，那么你的正常周期就是 15 周。它之所以重要，是因为这和"跟踪"有关。这是我们在设想将一个销售从一个阶段过渡到下一个阶段时所用的术语。在每次销售中，你的设想必须恰当。如果你设想的过渡时间太早或者太晚，你就很容易在这个销售目标上作出一些错误的举动，甚至使原本很有把握的订单化为泡影。这里有一个例子：

巴里是我们的一个销售文字处理设备的朋友。两年前他曾想向一家公司推销一套系统，但当时这家公司还买不起这个设备。公司主管显然想要这个系统，而且巴里做了大量的工作来说服每位购买影响者。唯一的瓶颈就是预算。他们告诉他这件事会放在下一个预算年考虑，但肯定会买。

他们告诉他，本来他们在 1 月份就想从巴里那里买下这个设备，但预算到 7 月份才会批下来。所以，巴里认为这 6 个月不会有太大的变化。

一般来说，巴里会在五六个月内完成一桩类似的交易。但由于在 1 月份时一切看来都很顺利，因此他认为这个订单已经是囊中之物了。换句话说，他已经在思想上把这项业务从"在漏斗中"这个阶段转移到了"最优少量"阶段。而且，他认为，在接下来这几个月中，他要做的就是等待该公司的新预算下来。

事实证明，这是个大错误。当他 7 月份再去见客户的时候，他发现自己已输给了一个竞争对手，因为在他放松的时候，对手却在一直关注着这个公司的决策者。

如果巴里当时记得"1/2 正常周期"这一规律，他就不会犯这样的错误。如果他意识到 6 个月超过了正常销售周期的一半时，他就会继续把订单保持在漏斗中，并且不断地和购买影响者交涉，直到 7 月份。假如他这样做了，就不会输给竞争对手。

请记住一句话：在跟踪你的销售目标时，时刻记得那些先决条件以及和漏斗的每一个层次相关的工作。只有当这些先决条件都得到满足，而且对于每一个销售目标，你都在恰当的时间做了恰当的工作，那么这个销售漏斗的操作才会真正有效。现在，在接下来的这个个人练习里，你可以实践这个理论。

个人实践练习 10：销售漏斗

在这个实践练习中，你需要列出自己当前的销售目标，搞清楚为了把这些销售从一个阶段向下一个阶段推进还需要做哪些具体的工作。你需要一个笔记本、一支铅笔和选择位置列表。这个练习需要花费 30 分钟。

第一步：列出你的单一销售目标

打开笔记本，翻出两页空白纸。列出你当前正在为之努力的个人销售目标。要具体一点。在第三章中我们说过，一个单一的销售目标：

- 是可衡量的。对于销售给谁、销售什么、何时销售的问题可以给出很多答案。
- 只关注某一笔交易中你正在努力达到的那个目标。
- 可以用一句简单的话来描述。

你可以仅仅列出几个，也可以列出几十个销售目标，关键是要列出那些确实有效或可能有效的订单，而不仅仅是客户。在销售漏斗中，你不能只写"已将镀锡铁钉销售给客户"，你需要的清单应该是这样的："6月15日出售12件39号包装的镀锡铁钉。"

从技术上讲，完全未经检验的预期客户是不应该列到这里的。因为在这个初期阶段，让你辨认来自某个客户的一个具体的生意还为时过早——让你列个时间表就更是不可能的了。换句话说,对于新的预期客户,指望一次销售你还不能完全辨别。这也无妨,为了完整起见,我们只希望你把已经成为你的销售议程一部分的那些销售或潜在的销售列出来。

第二步:把这些销售目标归类

在新的一页的顶端写下"销售漏斗"。然后,把这一页分成四部分,在每一部分的顶端写下一个次标题来描述这个漏斗的四个部分。

注意书写的次序:在左手边写"最优少量",第二部分写"概况",第三部分写"在漏斗上",在最右栏写下"在漏斗中"。我们明白,也许这不是你自己的顺序。下一章中我们会解释为什么你要这样来做。当你完成后,整个表格应该像下面的一样:

最优少量	概况	在漏斗上	在漏斗中

现在,根据你的每个销售目标尚待完成的工作,把它们分类填入四栏中。记得一定要包括那个你作为测试案例的目标。

第三步:检验你的归类

为了确保你刚才构建的销售漏斗的有效性,你可以通过问自己一些具体的问题来对每一个项目进行检测:

- 对"最优少量"这一栏,应该问:我把一切都考虑了吗?我有90%的把握能在不到一半周期的时间内完成销售吗?我是否知道为了完成销售还需要做什么事情?
- 在"概况"这一栏中需要问:我是从何处了解这个潜在客户关注的重点的?是否存在这样的可能,即我的理想客户和他们的做事方式有相同之处?
- "在漏斗上"这一栏中需要问:我是否有具体的数据来说明这个潜在客户当前的商业需求和我们提供的产品或服务间有一定的契合度?
- "在漏斗上"这一栏中需要问:我对这些资料进行确认了吗?我是否与至少一位购买影响者进行了接触,并且向他说明了这次销售能为其带来的收益?

如果你能回答以上这些问题,那就可以继续下一步了。如果不行,就再检查一遍,然后继续。

第四步:分析你的信息

现在再来看你刚刚分类出来的整个销售图表。你所看到的只是你当前整个销售形势的简要写照。利用这个写照及你对当前形势的了解,分析漏斗的四个层次中各销售目标的所处位置和运行情况。你要特别留意你的漏斗是不是快空了或被堵塞了。漏斗快空了,说明你没有足够的销售目标。堵塞了,说明你的销售目标过多,卡在一起了。

在理想状态下,在漏斗每一部分都要有一些销售目标存在,而且它们应该是按照一定的可预测的速度来向下一阶段推进的。假如不是这样,特别是你发现某个销售目标耽搁的时间超过了正常计划,那你就应该考虑改变自己的策略。

第五步：检查可供你选择的位置列表

最后一步就是搜寻能让你按计划平稳顺利实施的销售目标。现在就开始评估一下你的销售目标是怎样向漏斗的下一阶段推进的。从你一直为之努力的那个销售目标开始，问自己以下问题：

现在我可以做些什么具体的工作来把这个销售目标向销售漏斗的下一阶段推进？

这个问题的答案应该总是与一些具体的工作相关联，而这些工作又是你的销售目标所处的阶段所必须要做的。比如说，如果你的目标尚处于"在漏斗上"，那么恰当的选择位置应当是对潜在销售目标的数据进行审查。假如目标处于"在漏斗中"，那么你选择的位置就是考虑各方因素。如果它现在处于"最优少量"位置，那么一个好的选择位置应当是完成收尾任务来确保成功签约。

现在把这些问题的答案记录到你的选择位置列表中。请记住，你所列出的每一个选择位置除了与具体的工作有关外，还必须能够减少红旗，或使你借助实力撬动杠杆。

由于销售漏斗旨在帮助你计划所有的销售目标，最终你应该把它们付诸同样的分析，就像你现在做的一样。但是，你现在还不能这样做，因为对于那些其他的目标，你还没有足够的资料——你还没有对它们进行战略分析。一旦你看完这本书，你可以开始搜集这方面的资料，为你的所有目标确定战略，并进一步进行漏斗分析。随着你长期反复使用销售漏斗这个概念，你会发现它已经成为一个帮你制定整个销售战略的有力工具。

下面，我们要接着来介绍两个概念。如果你经常使用的话，它们肯定能带给你进一步的提高。

第 18 章

优先次序和分配：利用漏斗工作

你利用销售漏斗概念的最终目标是，以一个平稳的、可预测的速度把你的各种销售目标从漏斗上不断向下推进，这样你的收入也就会很稳定并可预知。你可以通过完成两个相联系的任务来实现此目标：

- 给需要完成的四种类型的工作设置合适的优先次序。
- 合理分配你有限的销售时间，这样才能保证四种类型的工作得以完成。

确定工作优先次序与分配时间并不等同。虽然它们经常在一起使用，但那些能最有效地利用销售漏斗概念的人知道它们是各不相同的操作。四种类型的工作要以一定的次序来完成，在给它们分配时间前，你要先确定你的重点。所以，我们这里将先讨论优先次序。

确定你的工作重点

我们这里所说的"确定工作重点"，就是你应该确定在这四个工作中，你应该先做什么，其次再做什么，然后再做什么，最后做什么。

当然，我们这里所说的不是单个销售目标的工作次序。所有的订单都从前景展望及资格审查开始，然后考虑各项因素，最后完成订单。我们所讲的是你在处理整个销售蓝图时所应该遵循的顺序。确定工作的优先次序就意味着作决定——对于任何一天或一周——你要决定出你应该首先做哪一个销售目标，然后再做哪个，哪一个你应该等到其他的都完成了才来做。

你很可能是从漏斗底部开始向上做。也就是说，你是以下面的次序来完成你的工作的：

1. 完成最优少量目标中的收尾工作。
2. 对于在漏斗中的任务完成封底工作。
3. 对漏斗之上的前景进行资格审查。
4. 通过在全局范围内展望来寻找全新的销售机会。

从心理学上说，这个顺序似乎是有道理的。因为在你向漏斗下部推进的时候，不确定因素越来越小，因此从反方向（即漏斗下部）开始工作是一个舒适模式。从最有把握的目标开始，这几乎就没有什么可担心的，然后再处理那些不确定因素居中的事情，对那些最没把握的推迟到最后才处理。

几乎所有销售人员都会这样做。事实上，在我们的商业生涯中，我们只遇到过两种销售专家：一种不喜欢预测，另一种谎称自己喜欢。通常，人们只有在没有更多选择时才会放弃从舒适模式开始工作。

问题是，这样做会缩小你在销售过程中的选择范围：假如你把什么都拖到最后，那你一定会挨饿。为什么？因为应对销售任务的传统的次序是恐怖的过山车效应的一个基本起因。

过山车效应：原因

为了有一个稳定的销售收入，你必须使销售活动平稳推进。我们刚才所描述的次序却让这一切变得不可能。原因很简单，如果你不断延迟你的预测和资格审评的工作，那就会使得这项工作永远不会成功。所以当你完成了最优少量的收尾工作及漏斗中的销售目标的时候，你的漏斗的顶部其实已经干涸了。

销售干涸综合征和过山车效应只是用来描述人们不愿意看到的同一个事实的两个比喻。处理这种事实只有两个途径：对的和错的。

错误的方式就是等到最后一刻然后惊慌失措。这种方法会被十分之九的销售人员采用。他们会一直忽视自己在漏斗上的目标，直到其他的一切销售都结束，他们才看到了麻烦，才开始疯狂地审视预测目标，将一切都放进漏斗中，希望事情会有所改观。

这种方法的不足之处有二：

第一点，假如你一直等到最后一刻才寻找销售机会，那么它就不会有足够的时间来发展成熟。大多数时候，你是不能加快正常销售循环的：如果你将一个新的潜在客户置于销售漏斗之上长达三个月，那么，你还要等多长时间才能看到结果？

第二点，从心理学角度出发，当你本人处于恐慌状态时，期盼新的交易是没有效果的。请记住我们在陶醉—恐慌连续体中提到的恐慌一端。当你对自己的定位担心时，就会着急去做一切事，这不会产生任何结果。当你疯狂地想要在竞争中领先时，总是难以作出明智的预测和判断。这时，即使你感觉到"现在我需要这笔交易"，也无法把你的自信心展示在任何一个销售竞争中。

过山车效应：解决方法

对待过山车效应的正确解决方法是安排好你工作的优先次序，使你永远不会处于干涸的漏斗中。以下是一种优先次序：

1. 对最优数量目标进行收尾工作。
2. 缩小预测范围。
3. 对漏斗上的销售目标进行审查。
4. 处理漏斗中的任务。

虽然顺序不合常理，但这是唯一能保证长时间内收入稳定的次序。

你可能也注意到了，这里我们遵照传统，建议你先去处理你的最优少量目标。那是常识。这样做能使你的投资迅速得到回报，因为你已为此投入了很多时间，在这最后阶段是该得到回报的时候了。而这段时间也是你最容易松懈、对手最容易抓住的一个机会，因为离签约不远了。忽视一个最优少量的订单就意味着冒险做了世界上最糟糕的事：你工作了，却让别人来收取你的佣金。

与传统不同的地方是我们坚持把"漏斗上面的工作"放在第二位。唯一一个可确保你的漏斗顶部不会干涸的方法就是你要坚持不断地花一些时间去考虑漏斗顶部的工作。因为人们往往会推迟这些工作，所以我们建议你在第二或第三步及早做这些事情，而不是推到最后。

当然，这也并不是说把你漏斗中的目标撒手不管。你在所有的销售目标上都应该保持封底工作。但是，大部分销售人员经常在这上面花费的时间过多，原因是这项工作要比前景展望和资格审查要舒服得多。请老朋友吃饭比冒遭到拒绝的风险请陌生的客户吃饭要有趣得多。但你必须要约束自己。假如不冒这样的风险，你失去的不仅是面子，还有经济利益。

为了帮助我们的客户记住刚才我们所说的有效的次序，这里我将提供给他们一个规则：

每次你要结束一个销售任务的时候，请展望或审查其他的一些销售机会。

最近我的一个从事咨询服务的同事告诉我，多年前当我们第一次告诉他这个规则时，他终于知道自己整整错了十年。我们问为什么，他说："自从我开始工作，我就认为销售繁盛期和匮乏期是不可避免的。从你们对填满漏斗概念的解释，我开始遵循一个新的系统。我每周用一个早上去寻找新客户——即使我手头的销售目标多得超出我的处理能力。这个规则使我在经济上大有收获，事业上一帆风顺，两年来我从来都没有哪个星期一无所获。"

这个经验是值得借鉴的。只有一种方法可以避免这个漏斗干涸，那就是确保不断地展望前景和进行资格审查，以发现新的销售机会。

时间的分配：一个动态的过程

一旦你为你的销售目标所要做的四项工作确定好了先后次序，那么接下来你就应该分别给每一种工作分配相应的时间了。

时间分配不是一个静态的过程。在这一点上，它与我们刚才所讲到的优先次序不同。优先次序是静态的，想得到最好的结果，你必须一直遵循相同的工作次序。从另一个方面来说，时间分配是一个随机的过程，依赖于若干个因素，你分配给漏斗每个层次的时间也是不断调整的。

1. 要完成任务的数量和类型

为了使你的目标在漏斗中平稳推进下去，首先最主要的因素就是销售任务的数量和类型。这个销售漏斗是你销售总任务某个时间点的简略反映。随着销售目标向前推进，这个图形也发生变化——根据这个变化，你应该调整你的时间分配。明白漏斗的各个阶段所需要的时间，也就意味着你必须专心去确定怎样分配各个分散任务所需的时间。

比如你今天的漏斗包含了 40 个单独的销售目标。如果你的漏斗保持着完美的平衡，也就是说在这四个层面各有十项业务，那么时间分配任务将是非常简单直接的：你应该在每一层上大概花上 1/4 周的时间。但是，如果在接下来的一周或一个月里，总量的 50% 已经接近最优少量阶段，那么你必须调整时间的分配，用一半甚至更多的时间去应付订单收尾工作。

2. 困难和工作总量的要求

每一个复杂的销售都是不同的，没有哪两个销售目标需要做的工作完全相同，所以你必须灵活调整这些销售目标的时间分配。

比如，你现在的销售漏斗中总共有 10 个可能的订单，但只有一种是处于最优少量的位置。按照严格的数学计算，你应该花不超过 10% 的时间来完成这个任务。但是，如果这是一个非常复杂的订单——比如收尾工作牵扯到很多个人的工作，而且你知道，任何一个人的工作没完成好都会影响到这项业务——那么，你会为了这个目标调整一下时间分配，在这个订单上花更多的时间。同样，如果你 80% 的订单是在漏斗之上，而且对在漏斗中的大部分订单你只要打个电话就行了，这个时候，如果你用 80% 的时间去进行资格审查，显然是没有必要的。设计销售漏斗的目的是用来帮助你最有效地分配时间的。根据你的实际销售需要，你必须在时间分配上做一些变动。

3. 涉及的税收数额

无论某个销售目标处在漏斗的哪个位置，当主要的收入指标下降时，必须引起你的注意。记住刚才提到的那位咨询师的建议。在去年的大半年里，虽然在他的销售漏斗里有大量的销售目标，虽然他的销售漏斗总是变化着，他却总是花费大概一半的工作时间来跟踪一个订单，从漏斗顶部到最优少量。他这样做是有原因的：这项业务，如果他能完成，会占他那年收入的一半还多。

记住：把你的时间用到那些具有高回报率的订单上，这样做永远是明智的。当然，前提必须是你也不能忽视漏斗的其他各个部分。

4. 潜在客户

许多年前，某个位列世界500强的公司与我们接触，说他们对我们的销售策略很感兴趣。我们很高兴地把它的名字放在漏斗上面，然后试图将其向下推进。我们没有成功，或许我们将来永远也不能成功。但是，我们仍然定期抽出一些时间去走访那个公司，因为我们知道，如果一旦成功，我们在它这里投资的每一分钟都是值得的。

我们不推荐把这个行为作为标准的做法。通常，如果一个订单处在漏斗顶部2到3年的时间，而我们又不能推动它向漏斗下方移动，那就放弃吧。然而，我们还是把这种做法看作一个将来的投资。我们定期地对其投资一些时间，是因为我们知道其潜在的回报是很高的。

5. 购买周期的调节

我们知道一个公司或一个行业是按照其购买周期运作的，也许这不是你喜欢的销售方式或喜欢采取的计划，但你也不能完全超出客户的购买周期，因此你不能忽略它。

对政府的销售更是如此。我们认识一位优秀的销售代表，她的主要客户群是各个大学，但她能试着调整自己的工作时间来适应政府的工作步调。政府里的购买影响者有自己的财政周期；有他们自己的出价、检测、再出价的系统；有他们自己的计划过程。我们的朋友之所以能成功，部分原因就是她了解他们的决策制定过程缺乏灵活性，并且愿意调整自己习惯的工作计划来适应客户的工作特点。

不管你的购买影响者的购买周期是多么奇怪，这都是你安排自己的工作计划时必须考虑的一个因素。

6. 产品混合定额

另一方面，你可能还需要调整你的时间分配以适应你们公司要求的销售定额。你可能得把比预期更多的时间花在一个低收益的产品销售上，原因是你的客户很看重这个产品。产品混合定额是工厂和市场投入支出的一部分，虽然我们都不喜欢它，可我们却不能忽视它，特别是当我们适应了这些特殊定额构成后会有所收益时。

有一个科研仪器制造商，它的产品很多，从价值数十万英镑的电路板检测设备到价值仅1500英镑的示波器都有。我们认识该公司的很多销售代表，可是我们还没见过哪位销售代表宁可只销售示波器，但是他们都会去推销，因为这是他们不可推卸的责任。

你可能在以后会发现其他能影响你的时间分配的因素，但这六点已足够去实现我们的目标了。时间的分配就像我们战略中的其他方面，必须不断调整。这种不断调整的目的是为了使你的潜在销售目标能够平稳、可预见地往漏斗底部推进，能达到这个目的的时间分配对你来说才是正确的。

个人实践练习11：优先次序/时间分配

现在想想在上一章中构建的销售漏斗图表，然后将我们在本章中的信息进行汇总。

第一步：区分你的工作重点

如果你看看你的漏斗图，你就会明白为什么我们要求你把最优少量列在左边，概况和在漏斗上方的列在中间，把在漏斗中列在右面。这种从左到右的顺序是你完成四种漏斗工作的最好顺序。

第二步：分析你需要做的工作的分配情况

现在注意一下，你在上一个实践练习中所列出的不同的销售目标在这个图表中是如何分布的。数一下每一个栏目中销售目标的数量，并把这个数字写在每一栏的底部。将每一栏中目标的数字与总的目标的数字相比较，从而决定漏斗的四个部分中的目标各占总工作量的百分比。把相关的比例写在每一栏的底部。这样根据要完成的任务的数量和类型，你就可以得到一个应该分配给漏斗的各个层次的大概数字。

第三步：考虑其他时间分配因素

现在，通过考虑那六个经常影响时间分配的因素，来重新调整你刚才得到的时间分配比率。问自己以下问题：

- 我是否应该给特别复杂或困难的目标更多的时间；
- 我是否应该把更多时间调整分配给那些有高价值的目标；

- 我是否该分一些时间给一位新客户，尽管他带来的价值不高，但潜力很大；
- 我是否应该调整自己的时间去适应不同客户的购买周期；
- 我是否该更新一下我的时间分配来适应产品混合定额的限制。

这些问题的答案应该能很好地帮助你重新评估你的时间分配。

第四步：比较现实的和理想的时间安排

你现在有一个可以帮你为不同的销售目标分配时间的图表，也就是说，这是一个理想化的图表。但是，这个漏斗的运行并不总是那么系统化的，而且我们也知道你实际在做的一些事情可能与这个理想化的图表并不相符。因此我们希望你把你的现状，包括你现在所遵循的工作重点及你分配时间的方法，与你刚才构建的理想化图表进行比较。对你的销售漏斗中的每一个销售目标都进行比较，并问自己以下问题：

- 根据其在漏斗中的位置，我对这个目标是否做了该做的工作？
- 我的工作次序是否正确——也就是说，首先应该是最优少量，然后是概况的，再就是在漏斗上面的，最后是漏斗中的。
- 在明确为完成销售目标所要做的工作后，我是否给其分配了足够的时间？

第五步：修正你的选择位置清单

最后，你可以利用对这些问题的回答来更新你的选择位置列表。这样，你就可以利用这个销售漏斗来为你的所有目标制定合适的战略了。现在，你就可以开始这个过程了：一方面，弄清你的销售目标在当前销售漏斗中的位置；另一方面，弄清楚你怎样做才能把这个目标向漏斗下方推进。

- 如果目标尚处于概况阶段，那么你该问自己你设定的销售对象是否真的与理想客户相符合。
- 如果目标尚处于漏斗上方，那么问问自己，你如何能够证明，你所得到的那些潜在销售目标的信息是正确的。
- 如果目标处于漏斗中，问问自己，你是否考虑到有助于完成销售的所有因素。
- 如果目标处于最优少量阶段，问问自己，在你签合同前还有什么需要做的事情吗？

在明确"任何一个位置列表都会帮你减少红旗，或借助杠杆，或兼而有之"这一原则的条件下，利用你在这里发现的信息，对你的位置列表进行适当的修改。

保存这个列表，并且保存你刚刚得出的这个销售漏斗图表。你刚刚完成的对销售漏斗的初步分析，只有当你在将来重新审视它，并且动态地利用它时，才会具有切实的可操作性。

长期使用销售漏斗

销售漏斗有最基本的特性，当然这个特性只有在你多次运用漏斗分析销售后才能体会出来。长期使用销售漏斗，你就会对你的销售的长期情况给出一个更整体的认识。你使用的次数越多，它就越能有效地帮助你弄清不断变化的销售形势。

比如说，你刚才所描绘的漏斗显示你在漏斗上方有很多的潜在销售。一个月后你作了另一个漏斗分析，却发现仅仅有一两个销售转移到了在漏斗中阶段。通过比较这两次的漏斗分析，你就会发现一个问题：你在确认最初的潜在销售数据上存在问题。

再比如，漏斗分析表明你的潜在销售在漏斗上都是平均分布的。但是你一个月前就在做的最优少量方面的销售却出现了扎堆现象，而在漏斗中阶段和概况阶段都几乎干涸了。这就告诉你两件问题：你必须在前景展望和资格审查上花更多的注意力；你必须找出到底是什么阻止了那些最优少量销售的完成。

销售不向漏斗底部运动也说明了在前一个漏斗分析中，你对这个销售进行了错误的分类。例如，你在几个月前把一个销售目标归入最优少量阶段，可能由于你没有考虑到所有的销售因素，它实际上只是处于在漏斗中阶段。通常，如果对于最优少量阶段的一个特定销售目标，你多次发现它处于低迷状态，那么这个目标很可能还没有达到最优少量的阶段。通过对漏斗的不断比较，你就会逐渐学会预测并避免类似的错误。

因为这样的比较非常有用，所以，我们建议你把所有完成的漏斗分析图表保存下来。通过对你的销售形势的比较，你最终就能构建出一个动态的图画来描述你的销售目标的长期发展状况。

漏斗的使用频率

你应该多长时间进行一次漏斗分析呢？这个问题是没有唯一答案的。你进行销售漏斗分析的频率完全取决于你的特定的销售形势的变化量及变化频率。一些人可能一周进行一次分析并能从中获益，有的人可能会一个月才进行一次。

一般来说，你的正常销售周期越长，两次漏斗分析的间隔就越长，只是时间不能过长。我们建议你至少一个月进行一次。因为你是刚开始接触这个概念的，所以我们希望你目前每两周做一次类似的分析。

最有效地利用销售漏斗概念的人，由于其开始时非常频繁地运用它，所以利用漏斗进行分析已经成了他们的习惯。这正是我们的目标。当你真正完全消化了销售漏斗的概念时，你就会清楚到什么时候该进行第二次分析了，而且你做这样的分析会越来越快。

需要记住的一点是，销售漏斗概念的使用应该是周期性的，而不是零散无规律的。即便你一个月进行一次分析，你都可以非常有效地使用这个概念，当然前提是你严格遵循这个一月一次的模式。

读懂将来

如果周期性地使用，那么销售漏斗概念不仅仅给销售人员提供了当前的一个精确描述，还能对将来的前景进行预测。我们在开始讨论销售漏斗概念时就说过，销售漏斗是一个能帮助你预测将来收入的工具，同时还可以避免过山车效应的不确定性因素。好多客户告诉我们，这是销售漏斗最吸引人的地方。"我不仅仅用它来跟踪我的销售，"一位区域经理告诉我们，"我还用它来预测将来。"

漏斗之所以能让你这样做，是因为从定义上我们知道，随着一项业务向收尾推进，其不确定性因素也逐渐减少。或者，从正面来说，成功的可能性在增加。我们也说过，只有当一个销售目标有90%的成功概率时，你才可以把它归类到最优少量阶段，它才有可能用你的正常销售周期的一半时间来完成。我们也可以大概分析出漏斗其他阶段的成功可能性。

当一个目标尚处在概况阶段时，也就是说，它还在等待你的资格审查时，那么你用正常销售周期的一半时间来完成这项业务的可能性是很小的，或许只有4%～5%。当它到了在漏斗上这个阶段时，你就开始审查它，可能性随之增加到10%～15%。一个已经前进到在漏斗中阶段的目标,其成功的可能性就有 20% ~ 80%。把这些数字作为一个大概的方针,你就会明白销售漏斗是如何为你预测未来的。

我们的好多客户之所以选择销售漏斗理念,就是看重它的预测未来的功能。惠普,这家我们已经向其出售过几百个项目的计算机和电子设备公司,现在已把我们的销售漏斗模式与自己的预测机制融合到了一起。还有 Sentient 公司,也把漏斗概念同自己的客户数据管理流程联系在了一起。我们还有很多的客户也已经成功地把销售漏斗概念转换成了一个局部与整体相结合的概念:他们把他们的销售代表的个人漏斗分析汇总到分支漏斗分析中,然后再放入区域性甚至全局性的漏斗分析中。

坚持使用销售漏斗能让你自由地向前看或回顾过去,让你自由地利用你有限的销售时间来保证销售利润的长期增长。它使得你可以回顾过去发生的事情,预测将来会发生的,而且以最有效的方式来分配你当前的时间。

第 6 部分

从分析到行动

第 19 章

你的行动计划

现在，你从这本书中学到了所有的原则，这些原则是制定坚实的战略所必需的，这不仅是为了你目前的销售目标，也是为了你今后的目标。将这些原则组合在一起便构成了一个方法论体系，它能够使你在处理每一笔交易时取得相对优势。虽然这些方法都非常有效，但是你应该将它们视为动态的计划工具——我们称之为"行动计划"——的一部分来使用。

一个行动计划是一系列具体可行的行动，这些行动在考虑到你的近期目标的基础上着力改善你的销售处境。它在先期战略分析和灵活处理销售过程之间架起了一座桥梁。作为你的战略中的最后一步，它能够使你在拜会客户之前知道你要在什么时候什么地点见什么人。

不要被"最后"这个词误导。的确，行动计划是你实现销售目标需要做的最后一件事情，但是它本身并不是一个终结，而且它不是一成不变的。作为评估—反馈—再评估这样一个无限循环的过程的一部分，行动计划是一个有效的、随需求变化而变化的工具。

在这一章中，你将为你自己确定的销售目标在理论与实践之间架起一座桥梁，包括你现有销售目标的购买影响者的状况，和你与他们会面时所预期的结果。与此同时，你在这儿制订的行动计划是你今后所有计划的一个模板。

一个重要的基本原则

在计划一些实际行动来改进你的处境时，重点要放在实用性上。你必须明确：你采取的每一步计划都确实能使你越来越接近你想要达到的目标。在我们的战略性销售计划中，有这样一个简单的基本原则能帮助我们时刻谨记"实用"的重要性：

作为你行动计划一部分的每一个行动都应该在一定程度上为销售成功增添筹码，消除或降低不利因素的影响，或一举两得。

在整本书中，我们一直在强调红旗/实力原则。我们可以将它说成是一种检验你的行动能否使你更接近销售目标的方法。

这条原则值得你去不断重复，虽然红旗是危险的信号，但你不应该把它视为问题或消极因素。在销售中，预知风险是你能做的最积极的事情。因此，找到红旗是你拥有的最好的保险，这样你的行动计划将建立在真正可靠的基础之上。不去发现红旗才是一个真正的问题。

将理论付诸实践

在制订实际行动的列表时，即你自己的行动计划模板，你可以从选择位置列表开始。把这个列表放在你的面前，然后利用每一个战略营销概念来审视自己的当前位置。如果你这样做的话，那么在你的笔记本上列出你可能采取的任何一个行动以改善自己的销售处境。注意这些方面：

- 你的单一销售目标；
- 销售目标所涉及的购买影响者；
- 每个购买影响者的反应模式；
- 每个购买影响者的获胜结果；
- 你的竞争实力和水平。

简单地测试每一领域，问自己一些问题来发现一些仍存在的红旗，然后想想什么行动能够把这些红旗变成机遇。现在就提供一些这样做的行动指南。

你的销售目标

为了在每一次销售中取得成功，你必须在着手之前清楚地知道你正在试图完成什么。一个行之有效的销售目标总是具体的、可衡量的和现实的。另外，通常它还有一个明确的时间界定——那就是说，你知道你什么时候应该完成它。如果你没有准确地界定目标，并且如果你无法确信自己能在规定期限内完成它，那么就说明你是毫无目标的。

因此，看看在第三章里你为自己界定的销售目标。它与我们这里给定的条件一致吗？如果不一致，你应该考虑再次界定它。

例如，假定你将你目前的销售目标界定为"在5月1日前销售给格里尔斯公司一套导航程序"，现在是3月下旬，而你迟迟无法与对方进行会谈。虽然该公司每一个人看上去都对你的产品很感兴趣，但是，据生产部门经理乔·加西亚所说，"对我们来说，一年中只有这段时间我们无法作出承诺"。面对这种情况，你可能不得不重新界定或重新安排你想要完成的目标。你的行动计划的再定义行动可能类似于这样：下周，约加西亚来谈谈他们公司的采购程序。

请注意，这个行动计划的措辞是非常精确的，制订它是为了改善你目前的处境，并且回答非常具体的问题。它告诉你：

- 谁将参与到销售会谈中来。在这里所举的例子中，只有你和一个购买影响者参与其中。然而请记住，一次会面可能涉及不止一个购买影响者——并且你不一定是实施每一步计划的最佳人选。

- 在什么地方和什么时间见面。会面地点既可能在你的公司或客户公司，也可能需要在其他地方进行。实施计划的理想时间是只要它方便于你和你的购买影响者就行。

- 你希望这次见面能带给你什么样的信息。每一步行动应该帮助你要么确定或鉴别可疑信息，要么帮助你获得你所缺乏的信息。

当然，行动计划除了要涉及会面的人物、时间、地点及内容外，还必须遵循基本规则。这个例子中就是符合基本条件的，因为这里制订的行动计划可以降低一个危险信号的冲击，而这个危险信号我们在第六章已经描述过了——信息缺失。

购买影响者

我们已经强调，了解与你的销售目标有关的所有参与人的身份是制定营销战略的基础，并且你可以通过定义复杂销售中的四种购买影响者角色的方法来确定那些参与者。在任何销售开始之前，根据这些关键信息估量一下你的处境是非常有必要的。

在你列出购买影响者表和可选位置列表后，你现在要做的是制订行动计划，以便借助各种实力并着力消除红旗。这些行动应该确保所有四个购买影响者都被考虑在内。也就是说，安排合适的人与他们进行接触。

当然，首先你要了解每一个购买影响者的身份。你的购买影响者表的四个分类中都应有至少一个名字。否则，你应该首先采取行动去消除这个红旗。你需要在表的空白区域填写哪些资料？谁能给你这些资料？你在什么时候和什么地方能够遇见那个人？这些问题的答案应该能够让你借助各种实力并消除红旗。

即使表中的各项都已填上，但并不一定把所有的关键参与者都囊括进来了。可能你无法接触到资金型购买影响者，因为她从不见销售商。这样的话，你可能需要安排一个和她同级别的主管去和她见面。你可以和你自己公司中的某个人商议——最好是给过你不错的指导的人——从而确定可以选派谁去与她会面。

或者你的销售建议得到资金型购买影响者的赞同，却受到技术型购买影响者的抵制。这时你可能考虑继续寻求销售顾问的帮助。也许你可以制订这样一个行动计划："周四和法利碰面，商议一下为什么斯坦博格感觉他在此次销售中会有所损失。"

或许你可以把另一位你已经确认的购买影响者多瑞斯·格林作为顾问，从而更好地理解斯坦博格为何会抵制你的销售计划。根据影响力概念，这个行动可能会带来额外的好处：具有较高影响力的格林，可以成为撬动像斯坦博格这样的中等影响力的杠杆。所有这些行动计划都遵循这样的基本规则：它们利用支持者的实力来克服技术型购买影响者的消极作用。

最后，请记住，任何时候去见一位资金型购买者，你都要找到一个站得住脚的商业理由，起码在对方看来是这样的。如果你首先给法利带去对他有用的信息，他自然会更愿意给你提供信息。建议在以下情况见面：提醒法利即将召开的全国生产力下降的讨论会；准备了一份过去双赢销售的汇总；或给他带去一本解决问题的杂志。和以往一样，你仍然要注意这些可能的会见的时间和地点。

反应模式

只有了解所有购买影响者对目前状况的感受，你才能预见他们对你的销售的接受程度。我们知道，购买影响者只有处于两种反应模式——增长模式和困境模式，才会乐于接受你的销售带来的改变。也只有在这两种模式中，购买影响者才会感知现状和他们想获取的结果之间的差距。因此，假如购买影响者处于这两种方式中的一种，他就是你可倚赖的"实力"；如果他处于平衡或自负模式，将会是一个"红旗"。

把购买影响者表和位置选择列表放在你的面前，将你的行动列出来，这些行动计划要让购买影响者知道：他们是可以为其消除现实和预期之间的差距的。

例如，在第八章中提到的购买影响者图表中，我们认为丹·法利（资金型购买影响者）和多瑞斯·格林（用户、顾问）是处于增长模式中，而加里·斯坦博格（技术型购买影响者）和安迪·凯利（顾问）处于困境模式之中。因此，目前最好的行动应该是集中于这四个人身上，而不是集中在处于自负模式的威尔·约翰逊（技术型购买影响者）身上，或者是平衡模式的亨利·巴恩斯（用户型、技术型购买影响者）身上。

推荐的行动计划：首先，跟格林和法利在星期五一起去吃午餐，从而获取更多的支持。然后，为了使斯坦博格不再反对你的销售，下周二和凯利一起去斯坦博格所在部门，让凯利告诉他你的销售建议可以解决他的问题——这是一个消除"红旗"的行动。千万记住，你不必亲自去向每个人推销。在这种情况下，凯利可能比你更适合去说服斯坦博格，因为他们两个对自身面临的问题有着共同的理解。

有一点必须注意：这四种反应模式只是指购买影响者对你的销

售的看法,并不是描述他们个人的性情。他们对销售的看法是会随时改变的。

获胜结果

每个销售战略的基本目标应该是:不仅使所有购买影响者获得成功,同时也使你自己获得成功。问题是你给他们带来的成功是无法物化和量化的:对他们来说,到底什么才算是成功呢?这是由他们个人的价值观和态度决定的。客观的销售结果是购买影响者获胜的途径,但这仅仅是一个开始。如果你只注重销售结果,那么,不仅购买影响者的利益会受损失,你也不会有什么利益可言。

你确信你的销售建议能够给每一个购买影响者提供能够给他带来个人利益的结果吗?看看你的获胜结果的图表。你是否清楚地陈述了你为每个购买影响者带来的获胜的结果?如果没有,那就是一面"红旗"。

例如,在我们第十章中建立的获胜结果图表中,我们没能为法利或斯坦博格描述他们的获胜结果。我们在那里标注红旗,从而告诉自己缺乏相关的信息。如果你负责这些销售,那么,你的行动计划就应该包含可以消除这些红旗的措施。向那些比你更清楚法利和斯坦博格的人请教,会有助于你确定派谁、何时、在何地与他们进行会面。例如,你可以制订这样一个行动计划:"跟安迪·凯利在星期五见面,让她告诉法利会在销售中得到的获胜结果。"

三点警告:第一,虽然你没有必要知道每个人在每单销售中的获胜结果——即使有时你可以在不知道的情况下完成一些销售——但只关注销售结果总归是不明智的。因为你要考虑到长期的销售业绩,所以,越清楚每个购买影响者所能获取的获胜结果,你在销售中的胜算就会越大。忽视购买影响者的销售策略,将最终导致你的计划全盘皆输。

第二，在每个复杂的销售中使每个人都有相同的受益似乎是不可能的，但是你的目标应该是提供给每一个相关的人最高的获胜率和最低的受损率。或许有时你所能做的只是使他们减少损失，在我们看来，这也是双赢。

第三，不要忘记你自己的获胜。你可能觉得这个提醒有些多余，但是有时确实是这样：我们曾经说过，有的销售人员一味向客户让利，希望总有一天他们会给予回报。千万别做这样的傻事，这只能使你处于"我输一你赢"象限中。

竞争

最后，你的行动计划要能够减少竞争对手在销售中的竞争力。请记住，正像我们给过的定义一样，竞争者并不只是想要抢单的跨国巨头。竞争者指的是任何能够替换你要提供给客户的销售方案的替代方案，包括建议客户使用其他可用的资源，提供机构内部解决方案，或什么都不做。

在设计行动计划时，要注意善于利用各种杠杆。你不能总是被动地考虑："我怎样才能避免挨打？"你应该更主动地去应对对手的挑战。想想你能给这些客户带来哪些附加价值？只有这样才能使你的销售计划更具有吸引力。

在寻找你所带来的附加价值的过程中，要多关注产品以外的东西。可能你所提供的是优质的售后服务，也可能是帮助客户设计新的产品标准。不管它是什么，你所制订的行动计划必须显示出你的不同之处，必须说明你解决问题的方案是独一无二的，而不仅仅是便宜。这一特点对购买影响者来说就是："我们主要的目的不是推销商品，而是谋求帮助你打理好生意。"

最终的清单

一个行动计划应该包含哪些行动？我们建议使用简短的清单，因为行动计划是一种动态的工具，被设计好了帮助你改进现有的定位。一旦你把这些行动应用在销售拜会中，那么，根据惯例，你的销售处境就会发生变化。一旦它发生变化，你就必须重新评估你的战略并且制订下一个行动计划。在我们每毫秒旋转一英里的地球上，你要是给自己的任务列了 20 项内容，时间跨度 6 个月，就没有任何意义了。因为，当你刚把那个清单执行到一半的时候，它就已经过期了。

对于一个销售目标，如果你能将你的行动计划精减至四五个行动，那么你实行起来就比较容易。只要每个行动都能使你更加接近你的销售目标，那么你完成任何一项销售任务都不在话下。只要你能遵守销售战略的各项原则，那么在制订行动计划时，你就可以迅速而准确地确定哪些行动是切实有效的。当然，你所选择的行动都是处在销售漏斗的特定阶段的必须完成的任务。

可能你会想运用理想客户的理念去检验某个销售目标的可行性。如果你制订的行动计划不能有效地改善你的处境，那么你的行动计划必定存在问题。此时，你需要对其进行调整。而对于一些难度实在太大的销售目标，有时放弃也是一种明智的选择。

严峻的考验

下面给出的是一种可以检验你的行动计划的可行性的测试方法。在第三章中我们说过，有时你自己对所处销售形势的直接感受比理智分析得到的结果更可靠。而这种对销售形势的判断也可用来检验你制订的行动计划的可行性。

对你所制订的行动计划中的每一个行动，问问自己它能否使你对整体销售处境的感觉更好。如果你的计划中的行动能够减少你的压力感、不适感或不确定感，那么它们很可能是你的最佳行动。如果不是这样的话，你应该再检验你的计划，消除使你感到不舒服的东西，并且确保自己在下一个行动之前获得较好的感觉。

从策略到战略——再从战略到策略

你制订的行动计划既为你提供了一个可供长期使用的模式，也使你有能力处理好各个购买影响者的特定需求。因为销售过程是灵活多变的，一旦你处理完那个需求，相应的那个计划也就失去作用，因为它已经完成了自己的使命。这时你就要考虑新的行动了。

正像我们先前提到的那样，策略和战略是不同的，但也是有联系的。策略和战略要协同工作，就像一只手与另一只手协作一样。你设计的每一个行动计划都会使你很好地应对某个销售的特定要求，这样，一旦你和购买影响者接触时，你就能将你的销售战略运用到最高水平。同时，每一个需求将为你提供关于你的销售目标的附加信息，这对你更好地把握销售目标是很有好处的。

运用这些信息，你可以重新估计你的销售处境，重新考虑你可以借助的实力和面临的困难，并且规划下一阶段的行动。每一次对销售战略的应用都是你重新评估自己处境的机会，而你的不断优化的行动计划正是重新评估的动力。

第 20 章

时间紧迫时的策略

像上一章所做的一样,制订一份典型的行动方案可能要花费你一个小时的时间。如果你有足够的时间,可以在进行所有的销售之前针对各个销售对象来完成这种方案的制订。你的销售业绩会告诉你:花这些时间是值得的。

但是,你没有这么多时间。尽管你在制订一个完整的行动方案时会变得越来越熟练,尽管这些计划有助于你掌握销售对象的各种情况,但事实是你的时间是一个有限的资源,你根本不可能在每一个潜在的客户身上都花上一个小时的时间。

但这并不意味着,你在决定哪个销售对象最值得你全力以赴时完全靠碰运气,也绝不表示你需要为每一个销售任务制定策略,而不管它能否盈利。在决定你应该为哪一个销售任务投入更多精力时,我们建议你使用下面介绍的方法。

第一,确定哪一个销售任务和销售对象需要长期的行动方案——分配给它们应有的时间。第二,对那些情况不允许加大应对力度的销售对象和即将到来的销售需求,则采取短期方案分析。

长期方案分析：什么时候需要这种办法

在许多采取我们的销售策略的大公司中，为了成功实现那些满足一定条件的销售目标，长期的分析是很有必要的。每个客户的情况都不一样，但从总体来说，这些情况大都与资金投入和长期合作潜力有关。在一些公司，销售人员必须为经理提供所有销售额超过 10 万英镑的销售对象的完整分析，还有一些公司甚至要求为 5 万英镑。有的公司虽然没有规定具体的数额，但是如果经理发现某个销售可能会带来不错的效益，也会要求销售人员就此次销售提供完整的分析。

由于销售形势千差万别，对于哪种销售你必须投入全部的时间并没有一个固定的标准。然而，有些标准总的来说还是可信的。比如，你可以考虑下面的销售情境：

1. 你刚刚从别的销售人员那里接手了一个重要的客户。
2. 你正在与一个有极大价值的客户打交道，或者在与一个一旦没能成功获得订单就会带来许多不利影响的客户打交道。
3. 你所面临的竞争非常激烈。
4. 你不知道竞争对手是谁。
5. 你正在与一个代表新的销售市场或新型产业的客户打交道。
6. 你的销售目标卡在了销售漏斗中，预期的完成订单的时间已经过了，你不知道接下来要做什么。
7. 你需要与你的销售经理重新分析一个棘手的客户。
8. 你缺少对于销售至关重要的信息，却又不知道该如何获取。

类似这些情况，我们建议你不要选择短期分析。当你的销售计划涉及大量的资金，或者能显著改变你的长期销售前景，或者充满不确定因素时，我们强烈建议你为其投入充分的时间。中肯地说，如果你在这些销售上没有一个详尽的计划，那么你是在自欺欺人，也是在为竞争对手大开方便之门。

需要运用短期分析的时候

反过来说，当你的销售目标涉及金额不大，涉及的风险也不是特别高，其中的不确定因素不多，或者只有极少的购买影响因素时，短期分析法能显示出明显的优势。

当不必制订完整的行动方案，或者你没有时间去制订时，我们建议你采用下面两个模式，至于选择哪一个，则视具体情况而定。

案例分析 1：10 分钟的简短分析

假设你刚刚接手一个很小但是有可靠销量的销售任务。你当前的销售目标是在半年内使该客户赞成一个引入新生产线的计划。你已经同资金型购买影响者及一些用户型购买影响者见过了面，并且按计划今天下午 4 点钟你会再次同他们见面。你希望为这次会面起草一个行动方案，但是你的其他业务占用了你全部的时间。现在是下午 3 点 40 分，你会作出哪种策略安排呢？

像你在本书中所作的那些分析一样，这里要作的分析需要你思考一下你能否发现这次销售中的不确定因素，能否提升自己在销售中所处的地位。你只有 10～15 分钟的时间，很明显你不得不把范围缩小到那些至关重要的问题。我们建议你考虑以下四点：

- 我知道我的所有购买影响者都是谁吗？就是说，我知道销售对象中的关键人物的身份及角色吗？如果答案是否定的话，我是否至少知道谁是这次销售中最有影响力的资金型购买者？

- 我知道这些购买影响者期望的收益吗？我是否知道他们每个人是怎样从我的销售中获得个人利益吗？
- 我是否能借助杠杆？是否能消除或减少红旗的影响？
- 在这次交易中，我是否至少有一个可信赖的帮手？

如果对所有这些问题的回答都是肯定的，那么你可能处于一个相对占优势的地位。通过这些简短的分析，你能够进一步明确获胜的结果，更加充分地利用杠杆作用，消除红旗的影响。

如果你不能肯定地回答这些问题，那么你必须开始寻求答案。在你拜访购买影响者之前问自己这四个问题的好处是：即使你最后没达到预期目标，你也会知道你在哪里缺少了信息，你还需要获取哪些数据。

怎样才能让别人向你提供这些信息呢？——就是说，怎样设计和询问这些问题以使你更了解本次销售——这是一个战术问题而不是战略问题。战略营销就是为了让你在会见购买者之前，对于销售形势有尽可能全面的理解。检验你对销售形势的理解程度，就要看你对这四个问题的回答了。

案例分析 2：紧急分析

当然有些时候，这四个问题你甚至都不用考虑 10 分钟，这里还有更为简洁的分析模式。

或许这只是一个小小的销售，根本没必要去进行战略分析。也许这只是对一个希望不大的销售的例行探访。也许这是一个新的销售任务，你的经理把一张便条扔在你的桌子上："刚刚发现 CPI 公司的莱西明天上午就要出发去澳大利亚了，他想今天下午 4 点钟见你。"还有 52 秒就到规定的时间了，可你连客户是谁也不知道。

没必要恐慌，即使你以前没有为这个销售对象和销售目标做过任何销售计划，但你起码知道一些相关的事情——比如关于客户的一些道听途说的信息或销售中的几个关键人物的名字。在那52秒里你要做的就是收集你所知道的一切信息。这样，当你拜访那个购买影响者时，至少让人知道你对这个销售的一些想法——尽管有些想法还不太成熟。

像许多分析一样，对自己定位清晰就意味着要问自己一些恰当的问题。用于分析的时间越少，你该问的问题就应该越基本。下面就是一个最基本的问题：

> 困难总是发生于增长之前。我知道有哪些购买影响者吗？如果不知道的话，我是否知道谁是这次销售目标中的资金型购买影响者？

要在52秒内回答这些问题，是不允许你仔细考虑销售中的每个细节的，而是要确定销售的关键决策者，时刻提醒自己他们在你的销售目标中所起的作用，把主要精力集中在我们反复强调的好的销售基础之上。如果你不知道谁是关键人物，也不知道他们怎样看待你的销售，那么实际上你对此次销售一无所知。

例如，众所周知，如果你不知道谁是用户型购买影响者，那么你所处的销售形势不容乐观。但是，如果你连自己缺乏什么信息都不知道，那就更糟糕了。如果你意识到你什么都不知道，那么你就必须利用接下来的销售去弥补信息的不足了。

这个问题的底线是，销售前所执行的任何战略分析都会给你带来好处——即使它只能给你提供一些未知的信息。唯一的例外就是，如果客户根本没有购买的愿望，那么在这种情况下是没有任何信息和战略原则可以来指导你的行动的。苏格拉底关于人生的论述，在销售领域也是一条适用的真理：认识自己的无知就是最大的智慧。

为了不总是引用名人名言,请听听我们所认识的一位部门销售经理所说的话,他把近期一个季度突破的销售记录归功于我们的体系:"没有弄清楚谁是你的潜在购买者就去参加会谈,就像戴着眼罩走进一间屋子。在学习你们的战略营销之前,我经常那样做——结果我总是碰壁。而问自己那些基本的问题就像是把眼罩摘掉。尽管有时我并不能精确地判断自己在销售中的位置,但至少我知道屋子里的家具在哪里。"

战略是第一位的

我们不建议你使用紧急分析或简短分析来代替一个更为详细的分析。简短分析的最大优点在于你能够利用已经掌握的信息,对一个销售形势进行快速评估。紧急模式是一个仅在紧急情况时适用的模式。有时这些模式都不适用,你就必须花时间进行一个全面的行动方案分析。你为每一项销售选用的分析模式,取决于有多少必要的准备工作要做。

这其实还是战略问题,归结到我们在第二章提出的观点:战略和战术对于长期销售的成功都很重要,但是战略经常是第一位的。对于特定的销售对象和销售活动,只要你事先进行了战略分析,无论你运用哪种分析模式,说到底你也是从销售的战略中获益。如果你已经坐在法利的办公室了,却还在怀疑他是否是真正的资金型购买影响者,这说明你根本没有事先进行战略分析,那么,你的销售会成功吗?所以,首先利用这些战略问题来分析形势,你才能在销售活动中做自己最擅长的事情——推销。

如果你总是立刻运用策略进行分析,那么不管在销售中你的时间多么有限,你都能保证自己最充分地利用了时间。

第 21 章

战略销售：一个长期的策略

销售进阶课程通常是以一个简短而有力的演讲来结束，内容大多是关于积极进取的态度和努力工作。通常在演讲的最后，培训者还会给参加培训的销售代表送上美好的祝愿。但是，我们不会以这种方式来结束我们的培训，也不会以这种方式来结束这本书，因为，当你策略性地看待你的销售的时候，它不仅仅是运气的问题。

战略销售是成功的，因为它减少了与运气、尝试、错误以及盲目的选择等联系在一起的不确定性。它已经在数十个不同的行业有效地运行了 30 年，因为它是建立在逻辑的基础上，以及对复杂销售的所有关键因素的充分理解的基础之上的。坚持不懈地使用我们的方法，你会为自己创造出好运来。

战略销售专家们能够创造他们自己的运气，其原因在于他们理解了成功销售的两个关键。

首先就是方法。战略销售专家通常以一个计划好的销售步骤体系来进行他们的销售，而这个体系是符合逻辑的、可见的，而且还是可重复的。这些销售专家懂得，就像其他的人类活动一样，在销售领域，是他们做事情的方式使得他们能从竞争中脱颖而出。

第二个因素则是我们在个人训练中反复强调的东西，那就是不断地重新评测的重要性。因为变化是一个复杂销售中唯一不变的因素，也只有在你无法适应变化的时候，你才会为变化所破坏。如果你能把战略销售看作一个动态的体系，一个处于不断更新的过程，那么你就可以从中获得最大的好处。

从我们的观察中，我们得到这样一个结论：你使用战略销售的次数越多，它就越能更好地为你服务。不仅如此，这个体系也会变得越容易使用。

当我们描述销售漏斗的使用时，我们注意到，重复使得漏斗分析变成了一个日渐简单的工作，以至于它最后就变成了你的第二本能。一旦你使用过销售漏斗分析几次后，其中所涉及的技巧和概念将会内化，你也因此能更快更有效地执行进一步的分析。

对于战略销售，整体上我们也可以这么说。随着练习的增多，不但这六个关键因素会变得易于使用，而且随着时间的推移，这个系统本身也会得到增强。通过对参加我们培训的人员进行跟踪调查，我们发现：最成功的人士，把他们的所有销售的长期的成功都归功于对我们的策略的坚持使用。一位部门经理把他获得"年度最佳销售经理"称号的原因归功于我们的培训。用他的话来说："我运用得越多，我就越幸运。"

我们希望你能像其他的参加者一样来看待这个总结，把它作为将来成功的格言。对于复杂的销售来讲，战略销售将是一个长期的策略。本书中你所用作案例的分析就是一个很好的例子。如果在你将来的销售中，你不断运用并更新这个例子，慢慢地你就会说，这就是我之所以能做得最好的原因。

一位非常聪明的文案人员曾说道："运气，只出现在准备与机会的交汇点上。"很多实践也多次证明，战略销售能让任何专注的销售专家更有效地去发现销售机会。如果通过运用本书中提到的原则和技巧，你和你的购买影响者在你所有的销售目标中能够获胜，那么，我们米勒·黑曼公司也将同样获胜。

30年后：对客户提出的最具挑战性的问题的答复

在我们向销售人员介绍战略销售的这30年中，我们非常荣幸能够听到他们提出了数百个很有争论的问题，以及很多概念上的疑问。这些客户参与的例子给了我们很大的满足感，因为是他们使得我们不得不一次又一次地跟踪我们的建议并对其不断地进行更新。

对于大部分客户促使我们所作的修改，我们已将其糅进了这个全面扩充的版本之中。但是，其中的一些问题是如此重要，如此具有挑战性，以至于它们需要一些特殊待遇。因此，我们就以对这些问题的回答来结束本书。我们这些同行在这个领域经历了很多，这15个问题也是对他们的看法与困惑的一个最好的总结。在这里，我们对这些问题作出回答，以此来继续这个令人激动的话题，我们称之为销售。

1. 我应该从哪儿开始？我该从哪个层面开始我的销售？因为接近资金型购买影响者是很重要的，那么我是否该总是从顶层开始呢？

如果你能，而且你在资金型购买影响者那里信誉很好，那么回答是肯定的。对于任何一个复杂的销售，你应该从你最有信誉的地方开始。这在逻辑上也符合我们对优势杠杆的强调。如果你同经理相处融洽，那么好，从经理这里开始吧。但是，如果你从没见过这个人，而在一个用户购买者那里能得到支持，那么从这个用户购买者开始吧。你的目标就是尽可能地从一个坚实的基础开始你的销售过程，并且随着你的信誉的提高来进一步夯实这个基础。你最不该做的就是：在你还没有完全了解该组织目前的问题或者资金型购买影响者的个人盈利之前，就贸易闯到一位资金型购买影响者面前。如果你不首先明白这些问题，或如果你不能让别人来帮助你理解这些问题，那么，你可能也能进入那扇门，但是我们敢说，你一旦从这扇门走出去，它将不会再为你而开启。

2. "一条腿的板凳"。我同我的客户公司内的一个人做了五年生意，最近他被解雇了，我该怎么办？

只同公司内一个购买影响者建立良好的关系，这是一个非常普遍的现象，同时也是一个非常致命的错误。这也就是我们所说的"一条腿的板凳"的策略，因为其稳定性就像这个单脚板凳一样脆弱。当你在应对一家现代企业内部如同迷宫一样的组织结构时，尽可能地多发展一些关系还是非常有必要的，而且要通过可靠的辅助网络来加强这些关系。

我们曾多次说过，变化是现代社会的唯一永恒。如果你唯一的联系人离开了，你发现自己受到了冷落，那么你应该把这当作一个教训，同时也是一个很好的开始。我不确定你能否挽回曾取决于这个唯一联系人的生意，但是你可以为将来的机会开始发展关系。从头开始并不是一个很好的选择，但至少你不会因为错误的自信而迷惑。有时候，认识到自己的无知是一个很好的起点，它为你提供了建立一个稳固的工具所需要的激励。

3. 我的一个购买影响者说他有最终的决定权，但我不能确定。他到底有没有这个权力呢？我该如何辨别他是否是一个真正的资金型购买者？

如果每一个说自己有决定权的人都真的有这个权力的话，那么数百万的生意就可以由一个小小的经理在一天内定下来。而事实却是，通常来说，说"没有人在我之上"的人，他这样说是想阻止你见到那个可以否决他的决定的人。在这种情况下，购买者描述自己的权力的方式将会给你一定的线索，你可以据此来确定真假。当你不确信时，我们建议你间接地问一些问题来确定最终决定权的归属。你最好这样问："决策的进程怎么样了？"而不是直接问："你最终会同意吗？谁有权决定资金的使用或者我们还需要得到其他人的同意吗？"

当你问这样的问题时，你通常会发现一些自相矛盾的地方。通常来说，那些大肆鼓吹自己权力的人——如果不来找我，我就从一开始把你这项业务否定掉——通常只是一些技术型购买者，他们没有最终的决定权。真正的资金型购买者是不会那么狂妄的。因为，他们有权力，不需要这样来威慑你。请记住，真正有最终决定权的人对命令是很随和的。如果那个鼓吹自己有最终决定权的人对于失掉这项业务很紧张，那么他很有可能并没有最终的决定权。

4. 不是因素的因素。如果一个人没有那么大的影响力，那么我为什么还要同他交谈？

两个原因。首先，你可能看错了形势。你所认定的那个影响力不是很大的人物，实际上权力比你想象的要大得多。如果你把他当作不相关的人物，那么至少你留给自己一个不很牢固的基础。再回忆一下我们对拥有较小影响力的资金型购买者的评论：如果有必要，他可以随意增加这种影响；这对其他购买影响者也是一样的。吉姆今天可能没有这个权力或兴趣来左右你的销售，但是明天，很多因素就可以让他作出改变。所以，你也应该对最底层的购买者时刻注意，并且留意可能"从幕后现身"的决策者。

第二，确切地说，事情总是在变化的。降低那些具有较小影响力决策者的重要性，容易产生潜在的敌人——心怀怨恨的反对者——不仅仅是对目前的生意，还包括将来的。即便你对一个人当前的权力或兴趣的判定是正确的，因他们不怎么重要而忽视他们，在他们能够影响决策的时候，也会造成一个回旋效应。在现今这种职位频繁更替的气氛下，周一早上还是一个底层用户购买者的人，很有可能在周末就成了一个具有高层影响力的经济购买者。时刻谨记购买者会报复这一残酷的事实。就像莎士比亚曾经说过的一样，地狱里也不会有一个像被鄙视的购买者一样疯狂的人。

5. 内部客户。我的一些很棘手的客户在我自己的公司里。你不得不向你自己的产品或支持者推销一个方案的时候，你是否该像对待其他的购买影响者一样来对待他们？

绝对是，因为他们也是购买影响者。请记住，我们所说的购买影响者指的是任何可以影响你的销售结果的人物。很明显，这也包括你自己的组织内相当多的一些人——从生产、设计、调研、市场到服务跟踪——没有这些你就没法完成一个有质量的销售。他们所有人也都是一个个的个体，有自己的需要、接受水平及利益结果。尽管某种程度上，和他们打交道同和那些更为明显的购买影响者打交道有所不同，但一个非常重要的策略要求是一样的：你必须得到他们的承诺，否则你的销售就会出现麻烦。

很不幸的是，一些销售人员经常会错误地认为，这些承诺问都不用问，是肯定有的。"我们是在同一个团队里，"他们对自己这样说，"所以这里的每一个人都会希望我能做成这项业务。"当你快要结束这项业务，却发现没有支持者的时候，你就会明白这的确是个致命的错误。向自己人推销方案和向客户推销是一样重要的。在我们的大客户管理过程中，我们发现了上述事实，在此我们推荐一个"全面的组织性承诺"的企业策略。得到了这个承诺，你才能向自己人销售。

6. 打通渠道。我们是通过配货的渠道间接地向最终用户销售的，那我们又该从何处来寻找我们的资金型购买影响者呢？

这取决于这个最终用户所拥有的影响力的大小。现在，销售人员通过一些渠道进行销售是非常普遍的，不管是通过配货商、经销商，还是增值转售商。但是，以上任意两个渠道都不会是相同的，因此，当你游走在这个渠道中的时候，对决策作出一个笼统的总结是非常不切实际的，暂不说是愚勇的。如果你在销售一个产品的内部组件，比如一台个人计算机的电路主板，而琼斯先生，也就是那个在零售点购买这台计算机的人，可能从来没有见过你的产品，因此他也就对产品的规格、交付或价格没有任何影响。因此，即便他是购买这台个人计算机的最终决策者，但他不是电路板的重要购买影响者。从另一方面来说，如果琼斯先生经营着一项大型的全国级业务，需要购买数百台个人计算机，对那些转售商或零售商来说，他可能会对产品规格、交付时间，甚至卖主的选择都具有举足轻重的作用。那样的话，他的决定可能直接影响你的销售。他甚至都可能是你的资金型购买影响者。

这里当然说的都是"可能"。在任何一个给定的销售机会中，你的首要任务就是弄明白，在这次销售机会中，那些各种各样的人是怎样起到一个或多个购买影响者角色的作用的？把这个做好了，就意味着你能区别看待每一个新的形势，然后询问问题以弄清楚决策过程。没有一个通用的模式，所以你也不能假设。如果你不清楚一个终端用户是如何牵扯到你的转售商的购买决定中去的，那么就去查明吧。否则，你就会有阴沟里翻船的危险。

7. 谁需要顾问？在从事销售的 15 年里，我以前从来没需要过顾问，为什么现在我要为寻找一个顾问而担忧呢？

在业务开展初期，我们经常听到类似的说法。现在我们听到的越来越少了，因为大部分销售现在都变得越来越复杂，而且销售人员也意识到了，没有辅导的策略就像盲目地飞行。现在那些声称不需要指导的人，大致可以分成两类：一类就是保守派的坚定代表，他们从事销售可能有 15 年，甚至 30 年了，但总是没能完全发挥出自己的潜力；另一类人在整个职业生涯中都在使用顾问，只不过是称呼方式不同。很有可能，他们已经从内部销售人员或资金型购买者那里得到了指导。他们对此如此熟练，以至于他们一直从中获益，只是他们没有意识到而已。

我们没有创造"辅导"这个概念。我们只是鉴别出了最成功的销售人员在他们的复杂销售中所用到的顾问类型，并把最好的顾问所要达到的三个标准提取出来。米勒·黑曼主张培养顾问，也早已不是什么新鲜的事情，只是一个常识而已，而且是一个最优秀的销售人员经常使用的常识。

8. "双重间谍"顾问。指导我的人可能同时也在指导我的竞争对手。我该怎么来辨别，我又该怎么做呢？

没有所谓的"双重间谍"身份的顾问。从定义上来说，顾问就是一个人，当你的建议被采纳时他会获益：他是希望你能做成这笔生意的。当然，有的顾问可能同时给好多人提供消息。他这样做可能只是出于工作的性质。基于这个原因，可能也有顾问的消息提供者。但不是所有的信息都是一样的。如果给你提供信息的人是一个真正的顾问,那么他会给你,而且只给你一个人提供你做成这个交易所必需的最独特、最有效的信息,也就是说,是有质量的信息。

当然,要作出准确的判断不是很容易的事。因此,你需要一个顾问网络,用其他人的信息来验证某个人的信息。而且,这也是为什么你要经常问自己:这个信息是否能有效地帮助我更好地理解我的客户的决策过程?是否改善了我同购买影响者的关系?是否使得我对这个销售的管理更有可预见性?如果你对这些问题不能作出肯定的回答,那么给你提供信息的这个人可能就不是你真正的顾问。更糟糕的是,他可能是在指导你的竞争对手。如果真是那样的话,你应该解雇他,并从其他地方获得指导意见。

9. 产品之外的东西。我们的产品几乎和我们竞争对手的没有什么区别,但是,我们的价格更高。有没有什么办法能让我做成这笔生意?

如果你确信没有区别,那我们也没有什么办法能让你做成这项业务。但是,很可能是有区别的,可能不是在产品或服务本身方面。或许能使你的产品胜出对手的是更好的服务体系,你可以带给你的客户一些更专业的知识,或者是你组织内的某个关键人物,甚至是你个人的魅力。从产品或服务之外的一些东西上,找出那些能让你的产品物有所值的因素。

如果在任何方面真的都没有任何不同,那么你是正确的,你不可能得到这项业务。我们从事的是商品游戏,低价是肯定会赢的。但是作为一名专业的销售人员,你应该着眼于价格之外的东西。除了简单的报价或回答一些竞标外,你要做一些其他的事情来证明,只有你才能对他们的公司作出一些很独特的贡献。你的利益和技巧必须着眼于理解客户的目的,然后证明给他们,只有你和你的公司,才能最好地帮助他们达到他们的目的。

10. 什么?我们担心竞争?我们公司是这个行业内毋庸置疑的领头羊。我们为什么要担心竞争?

除非你们能准确地预测,在将来的很长一段时间内,你们的行业或你的客户的行业会发生怎样的变化,否则,你最好考虑一下竞争。至少你应该经常且诚实地问自己一个问题,你给你的客户提供的解决问题的方案同其他竞争对手的有什么不同。也就是说,你应该经常回头审视,自己是怎么变成领头羊的,以便让你自己对那些使你达到这个位置的因素进行进一步的加强。销售实质上就是一门解决问题的艺术。即便是世界上最大的公司,如果停止思考自己为什么能做得最好,那么它也可能在一夜之间失去自己的领导位置。

我们不是说你应该为他人的做法所困扰。正如我们在关于竞争的那一章所强调的那样,一个普遍但致命性的战略,就是你把自己的注意力从客户的需要那里转移开来,过分地关注你的竞争对手。当然,忽视竞争也是致命的。没有哪个行业的佼佼者强大到不能被推翻的程度。一家才起步的公司之所以能击败一家很大的公司,就是因为这家大公司过分地沉迷于自己的领导地位。

11. 陷入"马戏场"。我的潜在客户不愿和我交谈,他们想要的就是一场短暂而隆重的展示。在这种情况下,我甚至都不能辨认,更别说理解我的购买影响者了。我该怎么做?

当被问及怎样进行一场展示的时候,我们的首选答案就是:你要尽力避免这种情况的出现。因为很明显,这一切都显示出他们对你重视不够,而且等待你的将是一个强迫的、没有意义的比较,它能使你的与众不同之处变得模糊。如果展示真的是必须要进行的话,那么我们建议你在安排的展示开始以前，首先尽力去和关键人物接触。如果你没有建立好关系，就贸然进入这种场合，那么你就处于劣势了。我们不能过于绝对地说你不会得到这项业务，但如果你真的得到了，那将会是少有的销售幸运者的实例，而不是因为你做了充足的准备。

如果你不能避免这种情形，另一个可以考虑做的事情就是，不要简单地做一场单向的展示，而是尽量创造一种能够相互交谈的氛围。记住，在这样冗长的大型场面上，潜在客户通常会感到很无聊，甚至失去感知能力。如果你能从中得到他们的一些意见，而没有令他们眼花缭乱，那么实际上你已经处于一个比你的竞争对手有利的地位了。一个交谈式、互动式的表演不仅会把你同其他的演讲人区别开来，而且它将会帮助你知道客户的想法，而也正是客户的想法能让你有目的地展示出自己的优势。

你可以使用所有你想用的灯光、挂图和器具，但避免在准备阶段耗费过多的时间。在一开始的五分钟内，你要积极寻找并能得到一些反馈。如果能这样的话，即便你是在做一场展示，你的购买影响者也会感觉好像是在交谈。这也是所有优秀的销售人员成功的关键。

12. 超越特色和利益。我喜欢能体现成功和结果的想法。但是，获胜结果的表述从根本上不是和特点—利益的表述是一回事吗？

不是一回事。特点和利益兼具的结果通常是通过生产和销售部门内在地形成的，它隐含了你们对自己出售的商品的一些看法。这样的描述，从本性上来讲是笼统的。不管说得有多好，做工有多精细，隐含在产品或服务自身内部的东西才算得上是好东西。"这种型号的油每加仑能让你在城市中行驶34里"。——就是类似这样的东西。

另一方面，获胜结果的表述把主观和客观融合在了一起。除此之外，它对于不同的购买影响者来说还具有不同的针对性。这种说法是在特定的情况、特定的时间，在一个特定的形势下对一个特定的人来说的，是具体的。如果你把它当作普遍的客观来看待，那么你就在冒一刀切的风险。那是一种填鸭式的产品推销，并终将失去业务。

13．按部就班。我的一位客户远不是我想象中的理想客户，我真想放弃。但是失去他的业务，代价真是太大了。我该怎么做？

如果我们都有那么多这样的期望，即我们能够忽视理想客户以外的所有人，那该多好啊。不幸的是，这种情形对我们大部分人来说都是不现实的。在现实世界中，销售人员被分派了他们不能一走了之的客户，并且他们开发那些太赚钱以至于不能放弃的业务，不管它涉及多少让人头疼的事。那就是为什么当我们介绍理想客户这一关键因素时，我们说它的作用有两个方面：一是通过把注意力集中在最可能双赢的客户身上，二是预测那些不合标准的人所带来的麻烦。

在预测这些问题的过程中，你可以寻找两家公司之间搭配不完美的地方，同时你也应尽可能早地处理在每笔生意中的差错，并且相应地调整自己的策略。你不断地利用潜在收入来衡量潜在的麻烦，从而来决定你愿意作出多大牺牲以得到这项业务。我们认为这个方法是可行的，只要你能对风险作出一个估量，并且时刻保持头脑清醒。尽管有时候，在一项不是很完美的业务中，减掉所有的红旗是不可能的。至少，理想客户的轮廓可以让你知道他们的所在。

14．完成生意。在一切都说好了，都做了以后，你仍然要来结束这项业务。有没有什么可靠的方法来帮助我们提高命中率呢？

没有。销售经理们一直希望有这样的"终结者",也就是能维持很高的"命中率"的人。实际上,大部分关于销售的书籍,都会包含一章关于"完成生意"或"16条方法让他在合同上签字"的内容。本书没有这样写,因为我们认为,传统的对于完成生意的技巧的强调是不恰当的。在我们看来,完结不是因为你的顺利交谈而得到的奖赏,或是你强迫你的客户接受的东西。当你这样"索取"一个客户的订单时,我们认为你没有取得成功。

你利用各种技巧来获得的生意很有可能是不真实的,而且是短暂的。因为,它是建立在诡计之上的,它不会带给你每一个专业人员所想要的长久的生意。从另一方面来说,一个完美的收尾应该是一个销售过程的必然结果,是建立在承诺和双方理解的基础上的。如果你还是在"索取订单",那么很可能是你没有完全按照那个过程来做。因为,用我们的一个客户的话来说,如果你和你的客户都是为了一个相互满足的方案而努力的话,那么,这个结果应该说是"自动的"。我们承认,不是完全自动的——我们不是在变戏法。但是,对于日益增长的成功销售来说,是足够接近的。就像另一位客户说的一样,如果我与我的客户有了很深入坚实的沟通,通常是我的客户问我该在哪里签字。

15. 成功的秘诀。我们经常被告知,销售人员成功的一个最重要的素质就是坚持不懈。你们对此是怎么看的?

坚持确实是一种令人敬佩的品质,但是它也不一定总是能让你成功,除非你所坚持的对象信任你,而且你也坚信他们可以信任你。每一名成功的销售人员所应该具备的素质是讲信用,而不是坚持不懈。这是每一位销售领导都知道的成功秘诀。当你或你的公司对客户来讲是有信誉的,这也就意味着你是可靠的、可信的,你值得他们的信任和承诺。这也就意味着客户可以相信你的话,并且确信你不会硬向他们推销东西。如果你能用这样的态度来对待你的客户，那么你也就远远地超过了那些"坚持不懈"的竞争者了。

美国音乐家科尔·波特曾经这样评论风格："如果你已经拥有了它，那么你就不再需要其他任何东西；如果你还未曾拥有它，那么其他什么东西也拯救不了你。"对于信誉，我们也可以这样说。当然，即便你的客户信任你，说信誉是你所需要的全部也是不对的。你仍然需要产品知识、分析技巧，当然还有坚持不懈的精神。但是，如果在你的客户的眼里，你没有任何信誉而言，那么其他的一切都不重要了。这可以说也是用来结束本书的一个很好的建议。销售成功的开端是信任感，而双赢的哲学则是得到这种信任感的方法。

关于米勒·黑曼公司

米勒·黑曼出版公司成立于1978年，它的成立宣布了非操纵营销哲学的问世。这种营销哲学随后成为该公司战略销售策略的基础。它摒弃了传统的控制客户的销售方式，转而强调流程。米勒·黑曼公司提出了"销售就是合资经营"的理念，并且引入了"双赢"概念。新营销策略的影响很快就显现了出来，世界最著名的企业出现在公司的客户名单上。同时，米勒·黑曼公司力图把培训项目做成一种产业。新营销战略奠定了该公司在全球营销开发领域的领导地位。

如今，米勒·黑曼公司在全球30多个国家和地区向企业提供服务和公共项目，包括把米勒·黑曼销售流程翻译成近20种语言。米勒·黑曼的战略销售计划经得起时间的检验，它提供了如何把始终一致的销售流程引入整个机构的方法，如何辨别每个销售团队的实力与缺点，并且能在训练项目中进行销售文化的灌输。

通过一致的现场操作流程、标准测试工具、开发计划以及流程咨询，米勒·黑曼公司那些世界级的销售实践者戏剧性地大幅度提高了他们的销售量。

对于单个销售从业者，米勒·黑曼公司提供了经过实践检验的、有利于职业发展的基本知识。通过数天的公共培训项目、教材阅读以及网络资源的利用，单个销售者同样能够找到成为金牌销售的途径。

米勒·黑曼公司理解所有的销售主管都要面临的各种各样的问题与挑战，从产品的制造、销售到技术、金融等，几乎在每个大的企业均是如此。